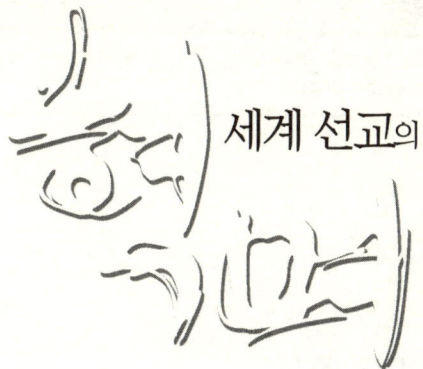

세계 선교의

Revolution in World Missions

세계 선교의 혁명
Revolution in World Missions

초판 1쇄 찍은 날 · 2006년 7월 25일 | 초판 1쇄 펴낸 날 · 2006년 8월 1일

지은이 · K. P. 요하난 | 옮긴이 · 임승환 | 펴낸이 · 김승태

편집장 · 김은주 | 편집 · 정은주, 이덕희, 권희중 | 디자인 · 노지현, 이훈혜
영업 · 변미영, 장완철 | 물류 · 조용환, 유일용
드림빌더스 · 고종원, 이민지 | 홍보 · 설지원

등록번호 · 제2-1349호(1992. 3. 31.) | 펴낸 곳 · 예영커뮤니케이션
주소 · (110-616) 서울 광화문우체국 사서함 1661호 | 홈페이지 www.jeyoung.com
출판사업부 · T. (02)766-8932 F. (02)766-8934 e-mail: jeyoungedit@chol.com
출판유통사업 · T. (02)766-8931 F. (02)766-8934 e-mail: jeyoungsales@chol.com

ISBN 89-8350-403-X (03230)

값 10,000원
▪ 잘못 만들어진 책은 교환해 드립니다.

세계 선교의 혁명
Revolution in World Missions

K. P. 요하난 지음
임승환 옮김

예영커뮤니케이션

"나는 방금 『세계 선교의 혁명』을 다 읽었습니다. 이 책은 나에게 큰 도움을 주었고, 다른 어느 책보다도 큰 도전을 주었습니다. 어떻게 하면 이 책을 더 많이 주문할 수 있을까요?"

—J.P. 목사, 레익사이드, 오레곤

"저는 20년간 나이제리아에서 선교사로 있었으며, 이 책이 무엇에 대해서 말하고 있는지 잘 알고 있습니다."

—D.T. 부인, 커어니, 아리조나

"저는 이 책을 읽고 마음에 감동을 받아 눈물을 흘렸고 기도하도록 도전을 받았습니다! 자국인 선교사들을 위한 당신의 사역에 관해서 더 많은 정보를 알려주십시오. 하나님이 계속해서 당신을 축복하시고 사용하시기 원합니다."

—J.S. 자매, 타우선, 메릴랜드

"목사님의 책을 읽고 이 책이야말로 내가 읽은 가장 역동적이고 실제적인 책들 중의 하나라고 생각합니다. 나는 우리 목사님, 각 제직들, 우리 교회의 다른 성도들에게도 이 책을 주고 싶습니다."

—P.W. 형제, 산타 마가리타, 캘리포니아

"나는 K.P. 요하난의 저서 『세계 선교의 혁명』을 방금 다 읽었습니다. 캐나다 출신 선교사 한 사람을 후원하는 비용으로 아시아의 자국인 선교사들을 10명 이상이나 후원할 수 있다는 사실에 크게 놀랐습니다."

—S.D. 형제, 칼거리, 알버르타 주, 캐나다

"우리 모두는 K.P.의 책을 읽은 후에 감동을 받았고 복음의 확장을 위해서 생활 방식의 일부를 바꾸기로 결심했습니다. 우리가 더 용감해져서 더욱 많은 일들을 할 수 있기를 바랍니다."

— D.F. 부부, 로스 알라모스, 뉴멕시코

"K.P. 목사님, 나는 목사님의 책 속에서 내 모습을 수없이 많이 보았습니다. 비록 우리가 지금은 경제적인 어려움 가운데 있지만, 세상의 다른 대부분의 지역과 비교할 때 우리는 얼마나 큰 축복을 받았는지를 깨닫습니다. 목사님의 비전이 무엇인지 이제 알 것 같네요."

— S.S. 부인, 체사픽, 버지니아

"목사님의 책을 읽은 후에 우리 가족은 이제 어떻게 하면 아시아에 있는 하나님의 교회를 위한 그분의 계획에 참여할 수 있는지를 생각하는 중입니다. 만약 제안할 것이 있으시면 목사님의 조언, 특별히 목사님의 과거 경험을 듣기 원합니다."

— P.P. 형제, 포트 애트킨슨, 위스컨신

"우리는 『세계 선교의 혁명』을 읽고 도전과 감동을 받았습니다. 아시아에서 진행되는 하나님의 사역에 참여할 수 있는 기회를 예수께서 지금 우리에게 주신다고 믿습니다. 우리는 이 기회를 결코 놓치고 싶지 않습니다."

— M.D. 부부, 패시피카, 캘리포니아

"『세계 선교의 혁명』을 읽은 후에 저는 이 선교회에 드리는 적은 돈이 우리가 돕는 다른 많은 단체보다도 더 많은 일을 하리라고 확신하게 되었습니다."

— I.T. 부인, 휴스턴, 텍사스

"좋은 메시지를 전하는 사람들은 많지만, 실제로 그 말씀대로 사는 사람은 많지 않다. 아시아복음선교회(Gospel for Asia)는 미전도 종족들에게 복음을 전하는 일에 있어서 매우 진지하다……. 10/40창은 복음이 전파되어야 할 지역이다. GFA는 오늘날 이 일을 감당하는 주요 기관이다. 그들은 지구상의 미전도 종족들을 대표한다. GFA는 10/40창을 정복하는데 필요한 요건들을 갖추고 있다."

— 루이스 부시(Luis Bush), World Inquiry 대표

"아시아복음선교회는 훌륭한 신뢰 체계를 가진, 효율적이고 선구적인 선교 단체들 중 하나가 되었다……. 그들의 사역은 탁월하다."

—패트릭 존스톤(Patrick Johnstone), 세계기도정보(Operation World)의 저자

"아시아복음선교회는 단순한 운동이 아니라, 하나님의 놀라운 역사이다. GFA는 금세기의 가장 중요한 선교 단체들 중 하나가 되었다."

— 조지 버워(George Verwer),

오엠(Operation Mobilization) 창립자 및 전 국제 감독

"하나님은 때때로 우리의 마음을 잘 분석하고 치료를 위한 정확한 진단과 처방을 내릴 능력 있는 일꾼을 그의 백성들에게 보내 주신다. K.P. 요하난이 바로 그런 사람이다. K.P.는 거룩한 생활로 표현되지 않는 추상적인 지식, 온 세상의 교회들로 하여금 하나님의 영광을 위하여 자라도록 결단하게 하지 못하는 그런 종류의 지식을 도무지 참지 못하는 사람이다. 그리고 그는 자신이 설교하는 바를 실천한다. 만약 그의 말을 주의 깊게 경청한다면 당신의 마음에 영원을 도장 찍게 될 것이다."

—어윈 루처(Erwin Lutzer) 무디 교회 담임목사, 시카고, 일리노이

"이 세상에는 많은 훌륭한 기독교 단체들이 활동하고 있지만, 나는 아시아복음선교회야말로 독특한 단체라고 생각한다. 한 명의 선교사로 하여금 널리 효과적으로 예수 그리스도를 전할 수 있도록 돕는 것은 매우 적은 금액으로도 가능하다. 나는 이 단체의 임원들과 함께 일도 해 보았다……. 그리고 온전한 헌신과 섬김의 귀중함도 배웠다. K.P. 요하난은 성실 그 자체를 숨쉬며 사는 사람이다. 이러한 성실함은 그의 사역 전체에 그대로 반영되었다. 나는 GFA의 파트너가 된 것을 영광으로 생각한다.

― 스킵 하이트찌히(Skip Heitzig)
오션힐 커뮤티니 교회 담임목사, 샌 후안 카피스트라노, 캘리포니아

"나는 아시아복음선교회를 추천하게 되어 기쁘다. 자국인 선교사들을 통해 전 세계를 복음화하려는 그들의 비전을 세계 복음화에 관심을 둔 모든 복음주의 성도들에게 적극적으로 추천해 마지않는다."

― 존 월부어드 박사(Dr. John Walvoord), 달라스 신학교 명예 총장

"K.P. 요하난은 인도에서 복음 전도와 교회 개척 활동을 하면서 가장 큰 선교운동 중 하나를 주도하고 있다. 아시아복음선교회는 성장하고 발전하면서 사역의 균형을 잡아가고 있으며 다른 선교 단체들과도 적극적으로 협력하고 있다. 인도에서 GFA의 사역이 끼치는 영향력은 특별히 복음 전도, 사역자 양성 훈련, 라디오 방송, 교회 개척 등의 분야에서 매우 중요하다."

― 조셉 드수자(Joseph D'Souza), 인도 오엠 행정 감독

"그 눈을 뜨게 하여
어두움에서 빛으로,
사단의 권세에서 하나님께로
돌아가게 하고
죄사함과 나를 믿어
거룩케 된 무리 가운데서
기업을 얻게 하리라"
행 26:18

이 책을 오엠(Operation Mobilization) 선교회의
창립자이며 전 국제 감독인
조지 버워(George Verwer)에게 바칩니다.
주님께서는 그를 사용하셔서
나를 사역의 길로 부르셨으며
어느 누구보다도 그의 모범적인 삶은
내게 큰 영향을 끼쳤습니다.

한국에 계신 그리스도 안의 형제 자매들에게,

내 심장의 맥박을 전해 주는 저의 이야기가 한국어로 출간되어 얼마나 기쁜지 모르겠습니다. 아시아의 잃어버린 수많은 사람들이 예수 그리스도의 구원의 지식에 이르기를 간절히 보기 원하는 저의 부르짖음을 당신도 듣게 될 것입니다.

이 책을 통하여 놀라운 변화를 체험한 서양의 수많은 성도들처럼 여러분도 감동받고 변화되기를 기도합니다. 그리스도의 몸 된 교회의 희생을 통하여 자국인 선교사들이 훈련받고 파송되어 아시아 전체가 마침내 예수 그리스도께로 돌아오는 것을 함께 목격하기 원합니다.

부디 이 이야기를 읽으면서, 아직 예수님의 이름조차 들어보지 못하고 죽어가는 수억 명의 잃어버린 영혼들을 향한 하나님의 고동치는 심장의 맥박을 당신도 느끼게 되기를 기도합니다. 그리고 당신도 변화를 받아 믿음의 경주를 다하는 사람이 되기를 바랍니다.

그리스도 안에서 형제 된
K.P. 요하난 드림

차례_

추천의 글 ▪ 16
감사의 말 ▪ 18
머리말 ▪ 19

제1장 시작에 불과합니다 ▪ 21
제2장 "오 하나님, 내 아이들 중 하나를 전도자로 삼으소서!" ▪ 27
제3장 미래의 변화를 위한 씨앗 ▪ 37
제4장 황홀경에 빠지다 ▪ 45
제5장 속박된 채 잠든 나라 ▪ 55
제6장 너는 여기서 무엇을 하고 있는가? ▪ 61
제7장 "이것은 놀라운 특권입니다!" ▪ 75
제8장 선교의 새 시대 ▪ 87
제9장 선교가 선택인가? ▪ 97
제10장 심판을 지체하시는 하나님 ▪ 105
제11장 괜히 문제를 일으킬 필요가 있을까? ▪ 113

제12장   선행과 복음 ▪ 125

제13장   여러 이름을 가진 희망 ▪ 133

제14장   혁명의 필요성 ▪ 149

제15장   진범은 영적 혹암 ▪ 157

제16장   십자가의 원수들 ▪ 165

제17장   남의 컵에 담긴 생명수 ▪ 175

제18장   세계를 향한 비전 ▪ 183

제19장   교회의 우선적인 과업 ▪ 193

제20장   "주여 끝까지 진실하게 하옵소서!" ▪ 203

제21장   직면하는 시험 ▪ 215

제22장   아시아의 잃어버린 영혼들을 향한 비전 ▪ 227

결론 ▪ 235

부록 1: 질의응답 ▪ 241

부록 2: 후원자들이 하는 말 ▪ 256

부록 3: 사무실 연락처 ▪ 258

각주 ▪ 260

메인스 부부(David and Karen Mains)

우리는 종종 큰 꿈을 품고 있는 그리스도인들을 의심의 눈초리로 바라본다. 그 이유를 분명히 알지는 못하지만, 아마도 높은 이상을 추구하면서도 형편없는 삶을 살아가는 사람을 너무도 많이 보았기 때문일 것이다.

내가 기억하기로는 K.P. 요하난을 처음 만났을 때 우리는 그를 집으로 데려와 저녁을 대접하였고, 그 깡마른 인도인을 어느 고등학교 체육관에서 열리는 스파게티 파티에 초대하였다. 종이 식탁보 위에는 마늘빵과 장식물이 있었고, 그 한가운데에는 메인스 가족이 만든 마른 해조류와 파스타로 가득 찬 도시락이 놓여 있었다. 그 자리에서 우리는 인도뿐 아니라 아시아 전 지역을 그리스도께 인도하겠노라는 그의 꿈에 대해서 들었다.

일리노이 주, 시카고 서부의 그 떠들썩한 체육관에서 가졌던 그날 저녁의 모임 이후 우리는 많은 경험들을 서로 나누었다. 달라스로부터의 전화, 인도의 여러 도시들과 시골 거리를 누빈 여행, 짚으로 지붕을 만들고 대나무로 벽을 두른 장소에서 가졌던 목회자 모임, 함께 웃고, 제 2/3세계를 여행하며, 함께 기도하기도 했다.

아주 쉽게 말해서, 우리는 K.P.를 믿게 되었다.

우리는 또한 세계 복음화를 향한 그의 계획을 믿는다. 그 계획은 심오하게 단순하면서도 과학 기술의 복잡함을 능가하며, 아시아인들로 하여금 그들의 동족을 그리스도께로 인도하는 일에 삶을 드리도록 도전하는 계획이었다.

이 책 『세계 선교의 혁명』(Revolution in World Missions)은 마지막 때가 오기 전에 이 세상을 구원하시려는 하나님의 놀라운 계획 중 하나를 보여 준다. 우리는 절대적인 확신을 가지고 본서의 저자이며 하나님의 사람인 요하난의 인격을 보증할 수 있으며, 아시아복음선교회의 사역 때문에 감격하고 있다.

당신은 이 책을 읽으면서 아시아의 미전도 마을들을 구석구석 찾아다니는 복음 전도자들이 문명 사회의 안락함 속에 파묻혀 사는 우리들보다 복음에 대해 더 깊은 열정, 더 깊은 진지함, 더 깊은 사랑을 가지고 있음을 깨닫게 될 것이다.

우리는 그러한 전도자들과 만나 대화해 보았기 때문에 이를 잘 알고 있다. 그들과 비교할 때 우리의 모습은 너무나 부끄럽다.

선교지의 현지인늘이야말로 선교를 위한 새로운 용사들이다. K.P. 요하난의 책은 그 꿈이 오늘날 어떻게 실현되고 있는지를 구체적으로 보여 준다.

그는 우리가 더 이상 의심하지 않는 이상가(理想家)이다. 이 책을 통해서 그 이유를 직접 발견하게 될 것이다.

감사의 말_

수백 명의 사람들이 본서에 영향을 끼쳤습니다. 좋은 제안을 주신 분들로부터 시작해서, 격려해 주신 분들, 저의 삶과 사역에 영향을 끼친 분들이 많이 있습니다. 그 모든 분들께, 그리고 여러분께 감사드립니다. 그리고 여러분을 나의 삶의 여정 속에 보내 주신 주님께 감사를 드립니다.

특별히 오랫동안의 집필, 편집 및 교정 기간 중에서 솔직한 충고와 변함없는 지원을 아끼지 않은 메인스 부부(데이빗과 캐런 메인스)와 게일 어윈(Gayle Erwin)에게 감사드립니다. 이 책의 원고를 타자해 준 마가렛 죠단(Margaret Jordan), 하이디 첩(Heidi Chupp), 그리고 케이티 맥콜(Katie McCall)에게 감사드립니다. 그리고 이 개정판을 위해서 수고한 저의 비서 테레사 첩(Teresa Chupp)에게 특별한 감사를 드립니다.

본서에 균형을 제공하고 오해가 될 소지를 제거하도록 제안해 준, 프론티어스(Frontiers)의 캐나다 감독이었던 밥 그랜홈(Bob Granholm)에게 특별한 감사를 드립니다.

물론, 누구보다도 가장 큰 도움을 준 사람은 제 아내 기셀라(Gisela)입니다. 그녀는 원고를 신중하게 읽으면서 여러 부분에서 좋은 조언을 해 주었습니다. 그녀의 정신적, 영적 지원이 있었기에 본서의 집필이 가능했습니다. 분주했던 지난 몇 년 동안 그녀가 곁에서 격려해 주지 않았다면 이 책과 본서가 전하는 메시지는 결코 출간될 수 없었을 것입니다.

1980년대 후반기가 지나가기 전까지는 서구의 대부분의 복음주의 성
도들이 선교 역사를 단지 두 개의 큰 흐름과 관련해서 이해하려는 경향이
있었다.

첫 번째 흐름은 사도들이 주님의 지상 명령에 순종했던 주후 1세기 때
초대 교회에 밀어닥쳤다. 그 물결은 로마 제국 내의 유대와 이방 지역을
휩쓸며 지중해의 모든 지역과 남유럽과 심지어 아시아의 일부 지역에까
지 구원의 메시지를 확산하였다.

두 번째 흐름은 주로 18세기 인도에서 선교 사역을 개척한 윌리엄 캐
리(William Carey)로부터 시작된 것으로 추정된다. 이 때부터 유럽 열강의
식민지들을 대상으로 하여 19-20세기 선교의 큰 시대가 시작되었다. 제2
차 세계 대전으로 식민주의는 종말을 고했지만 아직도 서양의 많은 성도
들은 선교라면 식민주의를 통한 선교를 연상한다.

그러나 오늘날 전 세계에 걸쳐서 성령께서 아시아와 아프리카의 여러
국가들 가운데 역사하셔서 새로운 선교사 군대를 일으키고 계시다. 수천
명의 헌신된 남녀들이 그들의 동족들에게 구원의 소식을 전하고 있는데,
문호가 굳게 닫힌 국가에서 살아가는 수백만의 잃어버린 영혼들은 이전
에는 결코 다른 어떤 방법으로도 하나님의 사랑에 대해서 들어본 적이 없
었던 사람들이다. 이 겸손하고 이름 없는 복음의 선구자들은 십자가의 기

치를 높이 들고 식민 시대의 선교 단체들이 떠나버린 지역에서 복음을 전하고 있다. 이것이 바로 선교 역사의 세 번째 물결, 즉 "자국인 선교 운동"(the native missionary movement)이다.

이 제3의 물결이 세계 선교에 있어서 어떤 의미를 갖는지를 많은 성도들이 차츰차츰 이해하면서 삶의 자세와 생활 방식에 있어서 많은 도전을 받고 있다. 수많은 개인과 교회들이 자국인 선교사들을 위해서 믿음의 전선에서 기도하며 지원하고 있다.

본서 『세계 선교의 혁명』은 과거 수 년 동안 여러 차례의 개정을 거듭하였다. 나는 서구 선교사들의 역할 변화와 자국인 선교를 신뢰할 수 있는 기준 등, 자국인 선교 운동을 둘러싼 몇몇 오해들을 분명히 밝히고자 노력했다.

본서의 영향은 계속해서 급증하고 있다. 많은 목사님들이 내게 편지를 보내 그들 교회의 선교 활동이 어떻게 극적으로 변화되었는지를 알려주고 있다. 남편과 아내, 그리고 자녀들이 자국인 선교사들을 후원하기 위해서 더욱 검소하고 창의적인 삶을 사는 것을 배우고 있다. 영적인 문제들에 직면한 젊은이들은 하나님 나라를 위해서 살 것을 결단하고 있다.

제3의 선교 물결이 전 세계의 관심 있는 성도와 교회와 선교 기관들 속에 놀랍게 파고들 때, 나는 우리 세대가 그리스도의 사랑으로 정복되는 것을 보리라고 믿는다. 우리가 모두 함께 한 마음으로 그리스도께 더욱 가까이 나아가며 잃어버린 영혼들, 죽어가는 영혼들을 향한 그분의 고동치는 심장을 느낄 때, 우리는 하나의 왕국과 한 분의 왕을 함께 섬긴다는 사실을 깨닫게 될 것이다. 이 책을 통해서 하나님의 뜻 앞에 한 마음으로 순종하기를 힘쓰는 모든 성도들이 더욱 연합하며 협력하게 되기를 바란다.

제1장

시작에 불과합니다

코친(Cochin)에 있는 커다란 강당에는 조용히 흐느끼는 소리만 정적을 뚫고 들릴 뿐이었다. 하나님의 성령께서 죄를 깨닫게 하시고 주님의 사역을 위해 사람들을 부르시면서, 놀라운 권능으로 그 강당 가운데 역사하고 계셨다. 그 집회가 끝나기 전에 그곳에 참여한 1,200명의 목회자 및 기독교 지도자들 중에서 120명이 "북쪽에서의 부름"에 응답하며 강단 앞으로 나왔다.

그들은 "기꺼이 가겠습니다."가 아니라, "지금 갑니다."라고 말하고 있었다. 그들은 가정과 고향과 사업과 직장을 떠나서 장차 미움과 증오를 받게 될 곳으로 가기로 결정하였다. 한편 다른 600여명의 목회자들은 자신들의 교회로 돌아가서 인도 남부를 떠나 북부 지역으로 갈 선교사들을 양성하기로 서약했다.

나는 강단 주변에 둘러선 하나님의 군사들을 위해 기도하며 거룩한 침묵 가운데 조용히 서 있었다. 하나님의 임재 앞에 압도당하고 만 것이다.

기도할 때, 강단 앞으로 나아온 이 젊은이들을 보면서 가슴이 뭉클해졌다. 앞으로 얼마나 많은 사람들이 얻어맞고 굶주리고 추위와 외로움에 시달리게 될까? 얼마나 많은 사람들이 그들의 믿음 때문에 감옥에 앉게 될까? 나는 그들을 향한 주님의 축복과 보호를 위해 기도했고, 그들을 도울 수 있는 후원자들이 바다 건너에 더 많이 나타나기를 위해서 기도했다.

그들은 물질적 풍요와 혈연 관계와 나름의 야망을 모두 등지고 떠나는 사람들이었다. 단지 이방인 가운데서 지내게 될 새 삶이 기다리고 있을 뿐이었다. 그러나 나는 수천 명의 많은 사람들이 그리스도께로 돌아와 그곳 북인도의 미전도 마을들에 교회를 세우게 될 때 그들이 영적인 승리를 경험하리라는 것 또한 알고 있었다.

나와 함께 이 집회에 참석했던 미국 기독교 방송국의 데이빗 메인스는 부흥을 간절하게 사모하는 구도자였다. 그는 집회의 한 강사로서 코친에서 우리와 합류하였는데, 하나님이 그 집회를 얼마나 놀라운 방법으로 주관하셨는지를 후에 간증하였다.

그는 이렇게 기록했다. "예수님이 친히 우리 가운데 계시지 않았다면 그 모임도 다른 모임들과 별다를 것이 없었을 것입니다. 예배의 영이 강당을 가득 채웠습니다. 찬양은 감동적이었고 성령님의 능력이 청중 위에 임했습니다. 사람들은 말 그대로 대성통곡하며 기도했습니다. 나는 미국의 초기 기독교 역사 가운데 두 차례의 대각성 운동(Great Awakening)과 같은 회개의 역사가 있었다는 것을 읽은 적은 있지만, 그것을 직접 경험하게 되리라고는 생각조차 못했습니다."

하지만 주님께서 단순히 현지 사역자들을 수없이 부르시는 것만은 아니었다. 우리가 전혀 가능하리라고 생각조차 못했던 수많은 사람들을 죄로부터 구원하고 계신 것이었다. 구원이 선포되는 아시아 구석구석마다 수많은 사람들이 급속도로 그리스도께 나아오고 있었다. 인도나 인도네시아, 필리핀, 태국 등지에서는 과거 1년에 걸친 교회 성장을 1개월 만에 이룩하는 것이 예사가 되어 버렸다.

이러한 대규모의 개종과 교회 성장에 대한 사실들이 서양에서는 대수롭지 않게 다루어지고 있다. 부분적으로는 출판 작업이 여의치 않은 이유 때문에 아시아에서 이루어지고 있는 하나님의 놀라운 역사가 말로 전달되어야만 한다. 한국이나 필리핀과 같은 몇몇 나라를 제외하고는 이러한 사실들이 외부로 알려지지 않고 있다.

하룻밤 새에 급속하게 성장하는 자국인 선교 운동의 한 전형적인 예는 인도 남부 출신인 한 자국인 형제의 활동에서 찾아볼 수 있다. 그는 퇴역 장교로서 명예와 출세를 포기하고 인도 북부에 복음 전도단을 형성하였고, 지금은 400명 이상의 전임 선교사들을 양성하고 있다.

다른 자국인 선교 지도자들처럼 그는 10명의 "디모데"를 양성하여서 모든 사역을 마치 군대처럼 조직적으로 운영하고 있다. 이 "디모데"들은 각각 수십 명의 일꾼들을 추가로 지도하게 될 것이며 이 일꾼들은 또한 나름대로 제자들을 갖게 될 것이다.

그는 아내와 함께 사역자들을 위해서 마치 사도 바울의 방법과 유사한 방법을 세웠다. 53일 동안 계속되었던 한 전도 여행에서는 오릿사(Orissa) 주에서 가장 낙후된 부락에까지 식구들과 함께 황소가 끄는 마차를 타거나 걸어서 여행하기도 했다. "야만적"이라고 밖에 표현할 수 없는 매우 원시적인 생활을 하는 사람들 가운데에서 내리쬐는 더위 속에 일하면서도, 그는 수백 명의 회심자들을 보았다. 그 전도 여행을 통해서 귀신이 쫓겨나거나 질병의 기적적인 치유가 매일 일어났다. 예전에 우상과 정령숭배에 노예 되었던 수천 개의 부락들이 열심히 복음을 들었다.

한 달 안에 그는 회심자들을 15개의 구역으로 나누어 교회를 형성했으며, 각 구역에 자국인 선교사를 임명하여 그곳에 남아 신앙 성장을 돕도록 했다.

현재 이와 유사한 놀라운 움직임들이 인도의 거의 모든 주와 아시아의 여러 나라들 가운데서 시작되고 있다.

자국인 선교사 제수 다스(Jesu Das)는 어느 마을을 처음 방문했을 때 그곳에 기독교인이 한 명도 없음을 알고는 깜짝 놀랐다. 그곳의 모든 주민들은 수백 가지의 다양한 신들을 섬기고 있었으며, 네 명의 교주들이 마법으로 그들을 지배하고 있었다.

이 교주들이 마법으로 가축들을 죽이거나 농작물을 훼손시킨다는 이야기가 나돌고 있었다. 사람들은 갑자기 병에 걸려 영문도 모른 채 죽어갔다. 주민들을 억압하는 파멸과 멍에는 상상하기조차 어려웠다. 전적으로 어두움의 지배를 받고 있었으므로 그들의 표정에는 상처와 부패, 사망의 어두운 그림자만이 역력했다.

제수 다스가 그들에게 그리스도에 대하여 말했을 때, 그들은 하나님이 진노를 달래기 위해 제사나 예물을 요구하는 그런 신이 아니라는 사실을 처음으로 듣게 되었다. 제수 다스가 계속해서 시장에서 설교하자 많은 사람들이 주님을 알게 되었다. 하지만 교주들은 노발대발이었다. 마을을 떠나지 않으면 신들을 불러 제수 다스와 그의 아내와 자녀들까지도 다 죽이겠다고 위협했다. 제수 다스는 그럼에도 불구하고 떠나지 않았다. 그는 계속 복음을 전했으며 마을 사람들은 계속 주님께로 나아왔다.

결국 몇 주가 지난 후 교주들이 제수 다스에게 와서 그 능력의 비결을 물으면서 이렇게 말했다.

"우리들의 마력이 효력을 발휘하지 못한 것은 이번이 처음입니다. '푸자'(puja, 힌두교의 제사—역자 주)를 행한 뒤에 우리는 영들에게 가서 당신의 가족을 죽이도록 기도했는데, 영들이 돌아와서는, 당신의 집은 항상 불길로 둘러싸여 있어서 접근할 수가 없다고 하더군요. 그래서 우리는 더 강력한 영들을 당신에게 보냈습니다. 하지만 그 영들도 역시 돌아와서는 당신의 집은 불에만 싸여 있는 것이 아니라 또한 천사들도 당신을 항상 지키고 있다고 하더군요."

제수 다스는 그들에게 예수 그리스도에 대해서 말하였다. 성령께서는 그들 각 사람의 마음을 감동하셔서 악령을 따랐던 죄와 장차 임할 심판에 대해서 깨닫게 하셨다. 그들은 눈물을 흘리며 회개하였고 그들의 신과 우상을 내버리고 예수 그리스도를 주님으로 영접하였다. 그 결과 수많은 다른 마을 사람들도 죄와 속박으로부터 벗어나게 되었다.

태국의 한 현지인 기관을 통해서 200명이 넘는 자국인 선교사들이 마을 개척 전도를 하고 있는데, 어떤 전도팀은 두 달 동안 무려 10,463명에게 개별적으로 복음을 전했다. 이들 가운데 171명이 그리스도를 영접했으며 여섯 개의 교회가 개척되었다. 같은 기간에 또 한 곳에서는 1,000명 이상의 사람들이 그리스도께 돌아왔다. 그런 결과가 전혀 나타나지 않았던 불교 국가에서 이러한 놀라운 수확이 현재 일어나고 있음을 명심하라.

위와 같은 문서화된 보고들이 거의 모든 아시아 국가들의 자국인 선교팀들로부터 매일 우리에게 들어오고 있다. 그러나 나는 이러한 보고들이 부흥의 첫 빗방울들에 지나지 않음을 알고 있다. 절실한 영향력을 끼치기 위해서는 수천, 수만 명의 더 많은 사역자들을 파송해야만 한다. 우리는 더 이상 흔히 말하는 "축복의 단비"를 위해서 기도하지는 않는다. 오히려 나는 하나님이 앞으로 우리에게 말 그대로 축복의 폭풍우를 주시리라고 믿는다.

이 책은 내가 어떻게 아시아의 이처럼 놀라운 영적 부흥의 일부가 되었는지를 보여 준다. 이 모든 일은 어느 소박한 시골 어머니의 기도로부터 시작되었다.

"오 하나님, 내 아이들 중 하나를
전도자로 삼으소서!"

아치아마(Achyamma)의 눈은 쓰라린 눈물로 가득 찼다. 그 눈물은 화롯불이나 냄비에서 풍겨나는 매운 양념 때문은 아니었다. 그녀는 세월의 덧없음을 깨달았다. 장성한 여섯 아들들은 자라면서 그녀의 영향력을 벗어나고 있었다. 어느 아들도 아직까지 복음 사역에 관심을 보이지 않았다.

"요하나칸"(Yohannachan)으로 알려진 막내인 나를 제외하고는 모두 마치 세상의 일을 위해 태어난 것처럼 보였다. 형들은 인도 남부 케랄라 주의 니라남(Niranam) 마을 부근에 살면서 일하는 것으로 만족해하는 것 같았다.

어머니는 간절하게 부르짖었다. "오 하나님, 제 아들 중 한 명이라도 전도자가 되게 하옵소서!" 성경에 나오는 한나 다른 많은 경건한 여인들처럼 내 어머니는 우리 형제들을 주께 바치셨다. 그날 아침 어머니는 아침을 준비하면서, 하나님이 한 아들을 사역자로 부르실 때까지 남몰래 금식하기로 결심하셨다. 그 후 3년 반 동안 어머니는 매주 금요일마다 금식하셨다. 어머니의 기도는 언제나 동일했다.

하지만 아무런 일도 일어나지 않았다. 마침내 집에는 어리고 깡마른 아이에 불과한 나만 남게 되었다. 내가 전도자가 될 가능성은 거의 없어보였다. 비록 여덟 살 때 전도 집회에 참석해서 구원 초청에 일어나 응한 적이 있기는 했지만, 나는 소심하고 겁이 많았으며 믿음을 속으로만 간직하곤 했다. 아무런 지도력도 없었고 운동이나 학교 활동도 회피하였다. 늘 주변만 맴돌기를 좋아했고, 아무도 눈치 못 채게 슬그머니 행동했던 그림자 같은 존재였다.

그러던 내가 16세가 되었을 때 어머니의 기도들이 응답되었다. 우리 교회를 방문한 오엠 선교회의 전도팀이 머나먼 인도 북부를 향한 도전을 던졌다. 90파운드(40kg) 밖에 되지 않는 나의 작은 체구는 전도팀이 인도 북부에 관한 슬라이드를 보여 주며 설명할 때 한마디도 놓치지 않으려고 귀를 쫑긋하고 있었다.

그들은 북인도의 건조하고 무더운 평야에 위치한 라자스탄(Rajasthan)과 비하르(Bihar)의 미전도 마을에서 그리스도를 전하다가 얻어맞고 돌에 맞았던 경험을 이야기했다. 내 조국에 대해서 내가 아는 곳이라고는 서부 가츠(Ghats: 인도의 양대 산맥으로서 서부 가츠는 벵갈만 연안을 따라, 그리고 동부 가츠는 아라비아 연안을 따라 놓여있다—역자 주)의 높은 봉우리에 의해 인도의 나머지 부분과 격리된 말라바르(Malabar) 해안의 우거진 케랄라 정글뿐이었다. 그리고 말라바르 해안에는 인도에서 가장 오래된 기독교 지역들이 위치하고 있는데, 페르시아만과의 해상 무역 덕택에 예수님의 제자 도마가 주후 52년에 크라나고어(Cranagore) 근처에서 예수 그리스도를 소개함으로써 시작되었다. 그보다 200년 앞서 그곳에 도착했던 유대인들도 있었다. 말레얄람(Malayalam)어를 사용하는 서남 해안의 사람들에게 인도의 나머지 부분은 바다 건너에 있는 나라처럼 느껴졌으며, 내게도 예외는 아니었다.

그러나 전도팀이 내 조국의 나머지 지역의 절박한 상황, 즉 50만 개가 넘는 마을에 복음이 들어가지 못한 상황을 묘사할 때, 나는 잃어버린 영혼들에 대한 어떤 이상한 슬픔을 느꼈다. 그날 나는 북부의 낯설고 신비한 마을들에 예수 그리스도의 복음을 전하겠노라고 결심했다. "모든 것을 버리고 그리스도를 따르라."는 도전에 나는 다소 성급하리만큼 신속하게 응답해서, 인도 북부의 미전도 지역들을 방문하는 여름철 단기 학생 선교팀에 합류하기로 동의했다.

내가 그 사역에 참여하기로 결정한 것은 주로 어머니의 신실한 기도의 결과였다. 비록 그때는 내가 그 사역을 아직 주님의 참된 소명으로 이해하고 받아들이지는 못했지만, 어머니는 이 문제에 대해서 마음에 믿는 바대로 따르도록 격려해 주셨다. 내 결정을 말씀드리자 어머니는 기차표를 사기에 충분한 돈 25루피(약 500원: rupee는 인도의 화폐 단위, 1루피는 약 20원―역자 주)를 묵묵히 건네주셨다. 나는 트리반드럼(Trivandrum)에 있는 선교본부로 지원하고자 여행길에 올랐다.

그곳에서 나는 첫 번째 퇴짜를 받았다. 내가 미성년이었기 때문에 선교팀 감독은 처음에는 북쪽으로 가는 선교팀에 나를 받아 주지 않았다. 하지만 나중에는 카르나타카(Karnataka)의 방갈로(Bangalore)에서 열리는 연례수련회에 참석하도록 허락받았다. 그 수련회에서 나는 처음으로 선교 정책가 조지 버위(George Verwer)의 강의를 들었는데, 그는 놀랍고 혁신적인 제자의 삶에 내 자신을 헌신하도록 크게 도전하였다. 나는 조지 버위가 잃어버린 세상을 위해서 직업이나 가정이나 자아보다 하나님의 뜻을 그처럼 중요시한 것에 깊은 감동을 받았다.

그날 밤 나는 잠자리에서 홀로 하나님과, 그리고 내 자신의 양심과 갈

등을 벌였다. 새벽 두 시까지 내 베개는 땀과 눈물로 젖었고 나는 두려움에 떨었다. 만약 하나님이 내게 길거리에서 설교하라고 하시면 어떻게 하지? 어떻게 내가 감히 대중 앞에 서서 말할 수 있을까? 돌에 맞고 구타라도 당한다면 어떻게 하지?

나는 내 자신을 너무나도 잘 알고 있었다. 나는 적대적인 사람들에게 하나님에 대해 공개적으로 말하는 것은 고사하고, 친구와 대화할 때에도 눈동자조차 쳐다보지 못하는 사람이다. 그런 생각을 하고 있을 때, 나는 모세가 부름을 받았을 때 취했던 행동처럼 나도 행동하고 있다는 사실을 깨달았다.

문득 나는 방안에 나 홀로 있는 것이 아니라는 느낌이 들었다. 사랑의 위대한 감격과 내가 사랑받고 있다는 느낌이 그 방을 가득 채웠다. 나는 하나님의 임재를 느끼고는 침대 곁에 무릎을 꿇었다.

"주 하나님……" 나는 그분의 임재와 뜻에 복종하면서 흐느꼈다. "당신을 위하여 말씀 전하는 일에 제 삶을 드리겠습니다. 하지만 당신이 나와 함께 하심을 먼저 깨닫도록 도와주옵소서!"

아침에 일어났을 때는 세상과 사람들이 문득 달리 느껴졌다. 집밖으로 나왔지만 인도의 거리 풍경은 예전과 다름이 없었다. 아이들이 어른들 다리 사이로 뛰어다니고, 소나 돼지나 닭들이 여기저기를 누비고 있었으며, 상인들은 갖가지 꽃과 과일이 든 바구니를 머리에 이고 다녔다. 나는 전에는 결코 느껴보지 못했던 초자연적이고 무조건적인 사랑으로 그들 모두를 사랑했다. 마치 하나님이 나의 눈을 제거하시고 대신 그분의 눈을 주심으로써 하나님 아버지께서 사람들을 보시는 것과 같은 시각으로, 즉 복음을 모르고 궁핍에 처했지만 주님께 영광을 돌리고 그분을 드러낼 잠재력이 있는 사람으로 나도 이제 사람들을 볼 수 있게 된 것 같았다.

나는 버스정거장으로 걸어갔다. 나의 눈에는 사랑의 눈물이 가득 고였다. 나는 이 사람들이 모두 지옥으로 가고 있음을 알았고, 하나님은 그들이 지옥에 가는 것을 원치 않으신다는 사실도 알고 있었다. 갑자기 이 많은 사람들을 향한 마음의 부담을 강하게 느낀 나머지, 나는 가던 길을 멈추고 벽에 기댄 채 몸의 균형을 잡아야만 했다. 바로 그것이었다. 나는 인도의 잃어버린 수많은 영혼들에 대해서 하나님이 품으신 사랑의 부담을 몸 전체로 느끼고 있음을 알았다. 하나님의 사랑의 심장이 내 속에서 힘차게 박동하고 있었기 때문에 나는 숨을 쉬는 것조차 어려웠다. 긴장이 극도에 달했다. 나는 다리가 후들거린 나머지 무릎이 서로 맞닿지 않게 하려고 계속 이리저리 몸을 움직였다.

나는 부르짖었다. "주님, 제가 무엇인가 하기 원하시면 제게 알려주시고 용기를 주옵소서!"

기도를 끝내고 눈을 들자 큰 바위가 보였다. 나는 그 바위에 올라가 정거장에 모여 있는 사람들에게 복음을 전해야겠다고 즉시 깨달았다. 바위를 오르면서 나는 마치 1만 볼트의 전류가 내 몸을 통과하는 듯 느꼈다.

나는 아이들이 부르는 쉬운 찬송을 부르면서 시작했다. 그것이 내가 아는 전부였다. 찬송이 끝날 즈음 사람들이 바위 밑으로 모여들었다. 나는 말할 준비가 되어 있지 않았지만 갑자기 하나님이 내 입을 그분의 사랑의 말씀으로 채워 주셨다. 예수께서 제자들에게 명하신 것처럼 나는 가난한 자들에게 복음을 전했다. 하나님의 권세와 능력이 나를 통해서 흘러나오면서 나는 초인적인 담대함을 가지게 되었다. 분명히 위로부터 내리는 능력을 힘입어서 이전에는 전혀 생각지도 못했던 귀한 말씀들이 내 입에서 쏟아져 나왔다.

전도팀의 동료들도 멈추어서 내 설교를 들었다. 그 후로는 결코 내 나이나 소명에 대한 질문이 제기되지 않았다. 그때가 1966년이었는데, 나는 계속해서 7년 동안 복음 전도팀들과 함께 다니며 활동했다. 우리는 결코 한 마을에 오래 머물지 않고 인도 북부의 모든 지역을 방문했다. 가는 곳마다 동료들이 책과 전도지를 나누어 주는 동안 나는 길에 서서 말씀을 전했다. 가끔 작은 마을에서는 집집마다 다니며 간증을 하기도 했다.

세월이 지나면서 인도의 시골 사람들과 가난한 군중들에 대한 나의 강렬한 사랑은 더욱 깊어갔다. 사람들은 심지어 근대 인도의 아버지 마하트마 간디(Mahatma Gandhi)의 이름을 따라 나에게 "간디쟁이"(Gandhi Man)라는 별명을 붙여 주었다. 간디처럼 나도 인도를 복음화하는 일은 시골사람들을 사랑하는 갈색 피부의 현지인들에 의해서 이루어져야 함을 누가 말해 주지 않아도 알고 있었다.

복음서를 공부하면서 분명하게 깨달은 것은 가난한 자들에게 먼저 찾아가는 이 원리를 예수님도 잘 이해하셨다는 것이다. 그분은 큰 도시나 부자들이나 유명하고 권세 있는 사람들은 피하셨고, 오히려 가난한 노동자들에게 사역의 초점을 맞추셨다. 가난한 사람들에게 전도한다면 우리는 인도의 대다수에게 전도하는 것과 다름이 없다.

여행하면서 이방 종교들이 인도에 끼친 영향들을 관찰했을 때, 나는 인도의 수많은 사람들이 죄의 노예가 되어 있기 때문에 굶주림에 허덕이고 있음을 깨달았다. 굶주림과 가난에 대한 전쟁은 사실 세속주의자들이 주장하는 것과 같은 사회적, 물질적 전쟁이 아니라 영적 전쟁이다.

아시아의 질병, 기아, 불의, 가난과의 전쟁에서 효과적으로 이길 수 있는 유일한 무기는 예수 그리스도의 복음이다. 굶주린 아이의 슬픈 눈동자나 약물 중독자의 낭비된 인생을 바라보는 것은 바로 사탄이 이 세상을 쥐고 있다는 증거를 보는 것이다. 모든 악한 일들은 사탄의 소행이다. 사탄은 인류의 최대의 대적이며, 할 수 있는 대로 사람을 죽이고 멸하고자 할 것이다. 이런 강력한 적을 세상적인 무기로 맞서는 것은 돌멩이로 탱크와 겨루려는 것과도 같다.

이런 사탄의 능력을 접했던 극적인 사건 하나를 나는 결코 잊을 수가 없다. 때는 1970년 어느 매우 후덥지근한 날이었다. 우리는 "왕들의 사막"이라고 불리는 인도 북서부의 라자스탄 주에서 복음을 전하고 있었다.

평상시 노방에서 전도할 때처럼 나를 포함한 여덟 명의 사역자들은 빙 둘러서서 찬송을 부르며 리듬에 맞추어 손뼉을 치고 있었다. 많은 사람들이 모여들었고 나는 그 지역 언어인 힌디어로 말을 시작했다. 많은 사람들이 처음으로 복음을 들었으며, 쪽복음과 전도지를 앞다투어 받아서는 열심히 읽었다.

한 청년이 내게 다가와서 읽을 책을 한 권 달라고 요청했다. 그와 대화하면서 그가 하나님을 알고자 갈망하는 것을 영적으로 감지했다. 우리가 전도용 차량에 올라타려고 했을 때 그는 우리와 함께 가기를 원했다.

차가 흔들거리며 출발하자 그는 울면서 이렇게 부르짖었다. "나는 흉악한 죄인입니다. 어떻게 여러분과 함께 앉아 있을 수 있겠습니까?" 그렇게 말하고는 움직이는 차에서 뛰어내리려고 하였다. 우리는 그를 붙들었고 다치지 않도록 바닥에 강제로 앉게 하였다.

그날 밤 그는 우리와 함께 숙소에 묵었고 다음날 아침에는 기도회에도 함께 참석했다. 우리가 찬송을 부르며 중보 기도를 드리고 있을 때 갑작스런 비명 소리가 들려왔다. 그 젊은이가 혀를 늘어뜨리고 눈이 뒤집힌 채 바닥에 쓰러져 있는 것이었다.

이방인 지역의 유일한 성도들이었던 우리는 그가 귀신에 들렸음을 곧 알았다. 우리는 그 청년 주위에 둘러서서 그의 입을 통해서 더러운 말을 하고 있는 지옥의 영들을 예수님의 권능으로 제압하기 시작했다. "우리는 74마리나 된다……. 지난 칠 년 동안 우리는 이 청년으로 하여금 맨발로 인도 전역을 돌아다니게 했다. 이 청년은 우리 것이야……." 그 귀신들은 계속해서 신성모독과 저주를 퍼부으며 우리에게 대항하며 도전하였다.

그러나 우리 세 사람이 기도하자 귀신은 더 이상 그 청년을 붙들 수 없었다. 그 귀신들은 우리가 예수님의 이름으로 떠나라고 명령하자 그 청년에게서 나왔다.

선다 존(Sundar John)은 구원을 받았고, 예수께 자신의 삶을 드렸으며, 세례(침례)를 받았다. 그는 2년 동안 성경대학에서 공부하였다. 그때 이후로 주님은 그에게 능력을 부으셔서 수천 명의 사람들 앞에서 그리스도에 대해 가르치며 설교하도록 하셨다. 그 결과 몇 개의 자국인 교회들이 세워졌다. 이 모든 것은 사람들이 정신병원에 수용하려고 했던 한 사람을 통해서 이루어졌다. 인도에는 그와 같이 귀신에게 속아서 욕심과 정욕의 노예가 된 사람들이 문자 그대로 수백만 명 이상 존재한다.

이러한 종류의 기적들을 경험하며 나는 7년 동안 순회 전도팀에 속해서 이 마을 저 마을로 돌아다녔다. 우리들의 생활은 사도행전에 기록된 것과 유사했다. 거의 매일밤 우리는 길가의 도랑에서 잠을 잤는데 그곳은 비교적 안전했다. 불신자들의 마을에서 잠을 잔다는 것은 매우 위험스러운 일이었다. 우리 팀이 가는 곳마다 항상 소동이 일어났고 심지어 돌에 맞고 구타를 당하는 일도 가끔 있었다.

내가 함께 사역하며 이끌기도 했던 이동 전도팀은 내게 마치 가족과도 같았다. 나는 집시와도 같은 떠돌이 생활과, 순회 전도자들에게 없어서는 안 될 주님을 향한 철저한 희생을 즐기기 시작하였다. 우리는 핍박을 당하고 증오와 멸시를 받았다. 그러나 그리스도를 전혀 알지 못하는 지역들에 복음의 흔적을 남길 수 있다는 기쁨에 그 일을 계속했다.

라자스탄 주에 분디(Bhundi)라는 마을이 그런 마을이었다. 그곳은 내가 처음으로 복음을 전한다는 이유로 돌에 맞고 구타당한 곳이었다. 때때로 전도용 문서를 몰수당하기도 하였다. 가는 곳마다 폭도들이 우리를 감시하는 듯 했으며 여섯 번씩이나 우리의 노방 집회를 방해하였다. 우리 팀의 지도자들은 되도록이면 분디 마을만은 피하면서 다른 지역에서 사역하기 시작했다. 3년 후에 다른 자국인 전도팀이 그 지역에 와서 이 번잡한 마을에서 또다시 복음을 전했다.

그들이 도착하자마자 한 사람이 전도지를 찢기 시작했고 19세의 어린 선교사 알렉스 샘(Alex Sam)의 목을 움켜잡았다. 샘은 심하게 구타를 당하면서도 길바닥에 무릎을 꿇고 증오에 가득 찬 그 도시의 구원을 위해 기도했다.

"주님, 저는 이곳 분디에 다시 와서 여기서 주님을 섬기기 원합니다. 이곳에서 기꺼이 죽겠습니다. 하지만 이곳에 다시 와서 주님을 섬기고 싶습니다."

여러 선배 지도자들이 그의 결정을 반대하며 설득하려고 했지만, 결심이 굳은 그는 결국 분디로 되돌아갔고 작은 사글세방에서 지내기 시작했다. 전도용 문서가 도착했고, 그는 수많은 어려움을 당하며 복음을 전하였다. 지금 이곳에는 100명 이상이 모이는 작은 교회가 있다. 사도 바울의 경우처럼 예전에 우리를 핍박했던 사람들이 이제는 예수님을 예배하고 있다.

이것이 바로 북인도 마을들을 그리스도께 인도하는 데 거름이 되었던 헌신과 믿음이다.

한번은 복음을 전하기 위해 한 도시에 새벽에 도착한 적이 있었다. 그런데 우리가 그 전날 전도한 부근 마을로부터 이곳까지 어느새 소문이 퍼져 있었다.

우리가 노점에서 차를 마시고 있을 때 그 지방의 깡패 우두머리가 내게 다가왔다. 그리고는 감정이 섞이지 않은 낮은 음성으로 이렇게 말했다.

"다시 트럭에 올라타서 5분 안에 이곳에서 나가지 않으면 당신들을 트럭과 함께 불사르겠소."

그의 말이 농담이 아님을 나는 직감했다. 그의 뒤에는 폭도들이 있었다. 비록 우리는 그날 "발에서 먼지를 털어야" 했지만, 오늘날 그 마을에는 교회가 세워져 있다. 복음을 심기 위해서 우리는 위험을 무릅써야 한다.

한 번 나가면 여러 달 동안 나는 한낮의 더위 속에서 먼지투성이의 길을 걸어야 했으며, 밤에는 추위에 떨었다. 오늘날에도 수천 명의 자국인 선교사들이 잃어버린 영혼들에게 복음을 전하기 위해서 이러한 고통을 겪고 있다. 장차 나는 과거를 돌이켜 보면서 마을을 다니며 전도하던 그 칠 년 동안의 생활을 나의 생애에 있어서 가장 귀중한 배움의 기간으로 회상하게 될 것이다. 우리는 복음을 전혀 듣지 못한 수많은 사람들 가운데 그리스도를 구체적으로 보여 주며 그를 대표하면서 예수님의 발자취를 따라 걸었다.

나는 무척 열정적이고 분주한 삶을 살았다. 복음 사역에 너무도 분주하고 흥분한 나머지, 미래에 대해서 많은 것을 생각할 겨를이 없었다. 언제나 싸워야 할 전투가 앞에 놓여 있었다. 그러던 중 나는 중대한 삶의 한 전환점을 맞게 되었다.

제3장

미래의 변화를 위한 씨앗

나는 1971년에 존 하가이(John Haggai) 박사가 시작한 싱가포르의 한 선교연구소에서 1개월간 지내도록 초청을 받았다. 그 연구소는 아직 초창기였는데, 아시아 교회의 지도자들이 그리스도의 증인이 되기 위해서 훈련을 받는 곳이었다.

하가이 박사는 많은 이야기를 알고 있는 사람이었다. 그 모두가 어려움을 극복한 성도들, 하나님께로부터 받은 비전을 결코 놓치지 않은 위대한 신앙인들의 이야기였다. 받은 소명에 대한 성실함이야말로 큰 상급을 받을만한 덕목이다. 그는 하나님에게는 불가능이란 없다는 사실을 나로 하여금 믿게 한 첫 번째 사람이었다. 하가이에게서 나는 불가능을 결코 용납하지 않는 모습을 발견하였다. 다른 사람들이라면 인정할 일반적인 한계조차 그에게는 존재하지 않았다. 그는 모든 사물을 광범위하게, 하나님의 시각으로 보았으며 죄를 용납하기를 거부하였다. 세상이 복음화되지 않았다면 그 이유가 도대체 무엇인가? 사람들이 굶주리고 있는 현실에 대해서 우리는 무엇을 할 수 있겠는가? 하가이는 세상을 있는 그대로 받아들이는 힌두교인들의 사고방식을 거부하였다. 이 세상을 변화시키는 집행자가 되기 위해서 개인적인 의무를 기꺼이 감당하려고 하는 모습을 나는 그에게서 발견하였다.

선교연구소에서 지내는 한 달의 기간이 끝나갈 무렵, 존 하가이는 나에게 내가 지금껏 경험했던 것 중에서 가장 뼈아픈 자아성찰을 하도록 도전했다. 그 고통이 너무 커서 사실 몇 년 동안 나의 마음에는 평안이 없었고, 이 때문에 결국 나는 하나님의 궁극적인 뜻을 발견하고자 인도를 떠날 수밖에 없었다.

하가이의 도전은 처음에는 단순하게 여겨졌다. 그는 나에게 방에 돌아가서 남은 생애 동안 하고 싶은 가장 중요한 일 하나를 적어보라고 하였다. 그것이 자기중심적이거나 속된 것이어서는 안 된다고 규정했다. 그리고는 한 가지 더, 그것이 반드시 하나님께 영광을 돌리는 것이어야 한다고 조건을 붙였다.

나는 그 한 문장을 쓰기 위해 방에 들어갔다. 그러나 그 종이는 몇 시간, 며칠이 지나도 백지로 남아 있었다. 그리스도 안에서 나의 모든 잠재력을 실현하지 못할 것 같은 두려움 때문에 나의 생활과 사역의 모든 부분을 재평가하기 시작했다. 결국 그 연구소를 떠날 때에도 그의 질문은 내 귓가에서 맴돌았고, "너는 오직 한 가지……. 하나님의 은혜로, 바로 그 한 가지를 해야 한다"는 하가이의 말이 몇 년 동안 계속 들려왔다.

나는 처음으로 나 자신을 한 개인으로 생각하면서 새로운 자유를 만끽하며 싱가포르를 떠났다. 바로 그 순간까지 나는 대부분의 아시아인들처럼 항상 나 자신을 가족이나 전도팀과 같은 한 단체의 일부로만 보았다. 비록 하나님이 나를 위해 어떤 특별한 사역을 가지고 계신지는 전혀 몰랐지만 하나님을 위해 "내 개인의 최선"을 다해야겠다고 생각하기 시작했다. 미래의 변화를 위한 씨앗이 심겨진 셈이었고, 나의 삶에 마치 폭풍우처럼 다가오는 엄청난 변화를 그 어느 것도 막을 수 없었다.

나의 가장 큰 열정과 관심은 복음이 전해지지 않은 인도 북부의 미전도 마을들이었지만, 한편으로 나는 인도 전 지역을 광범하게 여행하고 있었다.

1973년 나는 마드라스에서 열리는 오엠 춘계수양회에서 가르치도록 초청을 받았다. 나는 그곳에서 매력적인 독일 자매를 한 명 만났다. 내 강의에 학생으로 참석했던 그 소녀의 순수한 믿음은 나에게 큰 감명을 주었다. 얼마 지나지 않아서 나는 '그녀가 인도 사람이었다면 나의 결혼 대상자가 될 수 있을 텐데……' 하고 생각하였다.

한번은 그녀와 눈이 마주쳤을 때, 우리는 짧은 순간이나마 서로의 모습을 눈에 가득히 담고 있다가, 정신을 차리고는 의식적으로 그 자리를 피하고 말았다. 나는 남녀간의 그러한 만남을 불편하게 느꼈다. 내가 속한 인도 문화권에서는 미혼 남녀가 같이 이야기하는 일이 거의 없다. 심지어 교회나 전도팀에서도 남자와 여자는 엄격하게 구분된다.

그녀를 다시 볼 수 없을 거라고 확신한 나는 그 매력적인 독일 자매에 대한 생각을 떨쳐버리려고 했다. 그러나 여전히 결혼에 대한 생각은 품고 있었다. 나는 장차 내 아내가 될 사람에게서 가장 바라는 여섯 가지 덕목의 목록을 만들고는 바른 선택을 할 수 있도록 자주 기도하였다.

물론 인도에서는 부모가 자녀의 배우자를 결정하며, 나 역시 인생의 반려자를 내 부모님이 잘 선택해 주기를 기대해야 했다. 하지만 복음을 위해 함께 헌신하고 전도하기 위해 이리저리 떠도는 생활을 기꺼이 함께 해줄 아내를 우리 부모가 어디서 구할 수 있을지 의문이 생겼다. 수양회가 끝나자 나는 여름 전도 계획 때문에 다른 것들을 생각할 겨를이 없었다.

그 해 여름에 나는 몇몇 동역자들과 함께 지난 몇 년간 방문했던 편잡주의 여러 마을들을 다시 방문했다. 이 지역을 여러 차례 드나들면서 나는 전도 사역의 열매를 간절히 보기 원했다.

인도의 곡창 지대이며 인구가 1,500만 명이나 되는 편잡 주는 무사(武士) 계급이며 독립심이 강하고 근면한, 머리에 터번을 쓴 시크교도들 (Sikhs)이 지배하고 있다.

인도와 파키스탄이 분리되기 전에도 그 주에는 많은 회교도들이 있었다. 그 지역은 오늘날까지도 세계에서 가장 복음화 되지 않은 소외된 지역으로 남아 있다.

우리는 과거 2년 동안 그 주에 있는 수백 개의 도시와 마을들을 다니며 노방에서 전도했다. 많은 영국 선교사들이 그곳에 병원과 학교를 지었지만 지금까지 남아 있는 그리스도인들은 매우 적었다. 지극히 민족주의적인 시크교도들은 기독교가 영국의 식민지와 깊게 연관되어 있으므로 이를 완강하게 거부하였다.

나는 큰 규모의 형제팀에 속해 있었고 다른 자매팀도 같은 주의 도시인 줄런더(Jullundur)에서 일하도록 파송되었다. 내가 이끌게 될 형제팀과 합류하기 위해 북쪽으로 가는 도중 나는 뉴델리에 있는 북인도 선교본부를 잠시 방문하였다.

그런데 놀랍게도 그 독일 자매가 거기에 있었다. 그녀는 우리 민족의 고유의상인 사리(sari)를 입고 있었다. 또 알게 된 사실은 그녀 역시 자매팀에 소속되어 편잡에서 여름 기간 동안 사역할 계획이었다.

지역 감독이 내게 그녀와 함께 북쪽 줄런더까지 동행해 달라고 요청했고, 우리는 같은 차에 올라탔다. 그녀의 이름이 기셀라(Gisela)임을 알게 되었는데, 그녀를 보면 볼수록 나는 그녀에게 더욱 매료되었다. 그녀는 음식을 먹고 물을 마시며 무의식중에 우리의 풍습과 규칙을 따르고 있었다. 우리가 나눈 짧은 대화는 영적인 문제와 인도의 잃어버린 마을들에 관한 것이었다. 나는 마침내 나의 소명과 비전을 함께 나눌 수 있는 짝을 찾았다고 즉시 깨달았다.

낭만적인 사랑은 대부분의 인도인들에게는 단지 소설책에서나 읽는 것이었다. 애정을 다룬 대범한 영화들도 인도 풍습에 적절하게 결말 맺도록 조심스럽게 다룬다. 그렇기 때문에 그녀를 향해 품은 불가능하고 금지된 사랑을 그녀에게 전하는 것은 나에게 큰 문제였다. 물론 기셀라에게는 아무 말도 하지 않았다. 그러나 그녀의 눈은 우리 둘만이 이해할 수 있는 무언가를 말하고 있었다. 하나님이 우리를 하나로 묶어 주실 수 있을까?

몇 시간 후면 우리는 다시 헤어질 것이고, 나는 해야 할 다른 일들을 억지로 기억해 냈다. 게다가 여름이 지나면 그녀가 독일로 돌아가게 될 것이고 어쩌면 그녀를 다시는 만나지 못할지도 모른다. 하지만 놀랍게도 우리는 여름 내내 오고가며 마주쳤다. 그때마다 나의 사랑은 점점 강해졌다. 마침내 나는 떨리는 마음으로 편지로써 나의 사랑을 표현했다.

한편, 펀잡 지방에 대한 조사는 내 마음을 아프게 했다. 마을마다 우리의 문서 사역과 설교가 그다지 영향력을 끼치지 못한다는 것을 발견했다. 사역의 결실이 남아 있지 않았다. 우리가 방문했던 대부분의 마을들이 과거와 다름없이 여전히 높은 문맹률과 우상숭배와 사탄의 지배 아래 있었다. 마을 사람들은 여전히 질병과 가난과 고통에 묶여 있었다. 마치 복음이 뿌리를 내리지 못한 것처럼 보였다.

마침내 어느 한 마을에서 나는 너무도 깊은 절망감에 빠져 그대로 땅에 주저앉아서 흐느껴 울었다. 나는 어린아이처럼 엉엉 울고 말았다.

"너의 사역은 헛수고다. 오리 등에서 물방울이 뚝뚝 떨어지듯이 사람들은 다 너의 말을 귓전에서 흘려버리고 있어." 마귀가 내 귀에 조롱하며 속삭였다.

나 자신이 지쳐 있음을 깨닫지 못한 채 (아니면 영적으로 내게 무슨 일이 일어나고 있는지를 모른 채) 나는 무력감에 빠졌다. 요나나 엘리야처럼 나도 너무도 기진한 나머지 사역을 더 지속할 수가 없었다. 보이는 것은 오직 한 가지, 즉 내 사역의 열매가 하나도 남아 있지 않다는 사실이었다. 과거 어느 때보다도 나의 사역을 재평가해야 할 필요성을 절실하게 느꼈다.

내가 속으로 갈등하는 것을 보고 무엇인가가 크게 잘못되었음을 눈치챈 내 동역자들은 나에게 한 달간 쉬면서 재충전할 것을 권유하였고 나는 그 권유에 따라 봄베이로 갔다.

그곳에서 나는 기셀라와 편지를 주고받았다. 그녀는 그동안 독일로 돌아갔다. 나는 2년 동안 사역을 쉬며 공부하면서 앞으로의 사역과 결혼 문제를 위해 중대한 결정을 내리고자 결심하였다.

나는 해외에 편지를 쓰기 시작하였고 영국에 있는 성경학교에 입학하는 일에 관심을 품게 되었다. 또한 독일에 있는 교회들로부터 설교 초청을 받았다. 나는 기셀라의 가족과 유럽에서 성탄절을 보낼 계획으로 12월에 비행기표를 구입하였다.

독일에서 나는 처음으로 문화 충격을 겪었는데, 이것은 나중에 지진과도 같이 크게 느껴졌다. 눈이 내리자 나를 제외한 모든 사람들이 한결같이 내가 겨울 외투와 장화를 사야 한다고 했다. 그러나 가격표를 보았을 때 나는 크게 놀라고 말았다. 독일에서 외투와 장화를 살 수 있는 돈이면 인도에서 몇 개월 동안 편안히 생활할 수 있었다.

기셀라의 부모님은 "믿음으로 사는 삶"의 개념을 받아들이기 어려워했다. 인도에서 온 단돈 한 푼 없는 거리의 전도자가 어디에 있는지도 모르는 학교에서 공부를 하겠다고 고집하며, 게다가 자기 딸을 달라고 하니 얼마나 어처구니가 없었을까!

그러나 하나 둘 씩 기적이 일어났고 하나님은 모든 필요를 채워 주셨다.

첫째, 미국 텍사스 주의 달라스에서 그레샴(E. A. Gresham)이라는 전혀 알지 못하는 사람으로부터 한 통의 편지가 왔는데, 그는 기독체육인협회의 지역 감독이었다. 그의 스코틀랜드 친구로부터 나에 관해서 듣고는 달라스에 있는 크리스웰(Criswell) 성경학교에서 2년 동안 공부할 수 있도록 나를 초청하였다. 나는 그의 초청에 기꺼이 응했고, 가지고 있던 돈을 몽땅 털어 값싼 비정기 뉴욕행 비행기표를 예약했다.

나중에 안 사실이지만, 내가 그 비행기를 타게 된 것도 하나의 기적이었다. 나는 특별한 학생 비자가 필요하다는 사실도 모른 채 반환이 불가능한 표를 샀다. 만약 비행기를 놓친다면 좌석도, 비행기표도 잃어버리고 말았을 것이다.

나는 한 가닥 남은 믿음을 가지고 하나님이 역사하셔서 비자를 위한 서류 문제가 잘 해결되도록 기도했다. 내가 기도하는 동안, 텍사스 달라스의 친구는 이상하게도 하나님의 감동하심을 받아 차에서 내려 사무실로 돌아가 내 서류를 끝낸 후에 이를 우체국으로 손수 들고 갔다. 하나님이 섭리하신 "우연들"이 연속되는 가운데, 서류는 비행기 출발 몇 시간 전에 도착하였다.

미국으로 떠나기 전에 나와 기셀라는 약혼식을 올렸다. 하지만 신학교는 나 혼자 가야 했다. 우리가 언제 다시 만나게 될지는 전혀 알지 못했다.

제4장

황홀경에 빠지다

　뉴욕 JFK 국제공항에서 달라스로 가는 비행기를 갈아타면서 나는 내 주위의 광경과 소음으로 온통 정신이 없었다. 유럽과 아시아에서 자란 사람들은 미국의 풍요와 번영에 대해서 귀로 듣기는 했지만 그것을 두 눈으로 확인할 때까지는 단지 동화 속의 이야기로만 생각한다.

　미국인들은 자신들의 풍요를 잘 모를 뿐만 아니라, 때때로 그것을 마치 경멸하는 것처럼 보인다. 휴게실 의자를 찾으면서 나는 그들이 자신의 예쁜 옷과 구두를 어떻게 취급하는지 놀라움으로 쳐다보았다. 훌륭한 옷감과 색조는 내가 지금까지 보아온 것보다 훨씬 뛰어났다. 거듭해서 발견한 사실은 이 나라가 그들의 엄청난 부를 타성적으로 당연시 한다는 것이다.

　그 후 얼마 동안 나는 거의 매일같이 불과 몇 주 전에 떠나온 자국인 선교사들의 옷과 미국인들의 옷을 비교하였다. 수많은 자국인 선교사들은 맨발로 마을을 다니거나 다 해어진 덧신을 신고 일을 한다. 그들의 닳아

빠진 옷은 미국에서는 걸레로도 사용하지 않을 것이다. 나는 미국인 중 대부분의 옷장이 이따금씩만 입는 옷들로 가득 차 있다는 사실을 발견하고는 수년 간 몇 벌의 옷만 등에 걸치고 여행하며 사역했던 시절을 기억해 보았다. 나도 대부분의 자국인 선교사들과 마찬가지의 삶을 살았던 것이다.

경제학자 로버트 헤일브로너(Robert Heilbroner)는 미국의 전형적인 중산층 가정이 만일 제 2/3세계의 10억이 넘는 가난한 사람들 속에서 산다고 했을 때 포기해야만 하는 사치 품목들을 다음과 같이 묘사한다:

먼저 어느 미국인 가정에 들어가 그 가구를 빼앗는다고 가정하자. 침대, 의자, 탁자, TV, 전등, 그 모든 것을 빼앗는다. 낡은 담요와 식탁과 나무의자는 남겨 놓는다. 장롱과 함께 옷도 뺏는다. 식구들마다 각각 자기의 오래된 정장 한 벌과, 셔츠나 블라우스 한 벌만 가질 수 있다. 그 집의 가장(家長)을 위해서는 한 켤레의 신발을 허용하지만 부인이나 자녀를 위해서는 아무것도 허용하지 않는다.

이제 부엌으로 가보자. 이미 부엌의 모든 주방 기구가 없어졌으므로 찬장 속을 들여다본다. 거기에는 성냥 한 통과 작은 밀가루 한 포대, 약간의 설탕과 소금이 있다. 이미 쓰레기통에 던져진 곰팡이 낀 감자는 오늘 저녁 끼니를 위해 남겨 놓아야 한다. 또 양파 몇 개와 마른 콩 한 접시도 남겨 놓을 것이다. 고기, 신선한 야채, 통조림, 과자, 사탕 등 나머지는 모두 가져간다.

이제 우리는 그 집을 말끔히 비웠다: 목욕탕이 제거되었고, 수돗물도 끊겼으며, 전기도 더 이상 들어오지 않는다. 다음으로 할 일은 집을 아예 없애 버리는 것이다. 식구들은 헛간으로 갈 수밖에 없다……. 외부와 연락을 취할 방법도 없애야 한다. 더 이상 신문이나 잡지나 책도 모두 없애자.

문맹률을 높게 해야 하기 때문에 어차피 그런 것은 필요도 없다. 그 대신 우리의 빈민굴에 오직 라디오 한 대만은 허용할 것이다…….

이제는 정부의 공공 혜택을 끊어야 한다. 우체부도, 소방대원도 없다. 학교가 있기는 하지만 3마일(5km)이나 떨어져 있으며 교실도 두 개밖에 없다……. 물론 근처에는 병원이나 의사도 없다. 가장 가까운 진료소도 10마일(16km)이나 떨어져 있고 그것도 오직 한 명의 산파가 운영하고 있다. 자전거가 있는 사람만 이 진료소에 갈 수 있는데 그나마 자전거를 가진 집도 거의 없다…….

마지막은 돈이다. 우리는 이 가정에 5불(5천원) 가량의 현금만 허용할 것이다. 그 돈이면 이란의 한 농부가 입원비로 착각한 단돈 4천원이 없어, 치료받을 수 있었는데도 시력을 잃어버린 것과 같은 비극을 이 가정이 당하지는 않을 것이다.[1]

이상은 내가 살아온 곳의 생활에 대한 정확한 묘사이다. 미국 땅을 밟는 그 순간부터 나는 믿기 힘든 현란함 속에서 지내 왔다. 이처럼 상이한 두 개의 생활 모습이 어떻게 지구상에 동시에 공존할 수 있을까? 처음에는 모든 것이 내게 압도적이며 혼란스러웠다. 공중전화를 사용하거나 잔돈을 거스르는 등의 매우 간단한 일들조차 배워야 했을 뿐만 아니라, 민감한 기독교인으로서 나는 보는 모든 것들에 대해서 언제나 영적인 평가를 내리고 있었다.

몇 주의 시간이 흐르면서 나는 대부분의 서양 성도들의 영적인 가치관이 얼마나 잘못되어 있는지를 놀라움 속에 깨닫기 시작했다. 슬프게도 그들은 세속 문화를 지배하는 인본주의적이고 물질주의적인 가치관에 대부분이 심취해 있는 것처럼 보였다. 나는 미국에 다가오고 있는 두려운 심판을 즉각적으로 감지하였고 하나님이 이러한 풍요를 그들에게 영원토록 베푸시지는 않을 것을 하나님의 사람들에게 경고해야 한다고 느꼈다. 그러나 메시지가 마음속에 떠오르지 않았고 그러한 죄에 대항해서 말할 수 있는 용기와 능력을 덧입으려면 몇 년이 더 걸릴 것 같았다.

한편으로 나는 미국을 여러 면에서 축소해 놓은 텍사스에서 가장 흔한 일들 때문에 충격을 받았다. 나를 접대하는 사람들은 그들이 가장 위대한 업적이라고 여기는 것들을 나에게 열심히 설명해 주었다. 그들이 거대한 교회 건물이나 고층빌딩과 대학교들을 보여 줄 때 나는 예의상 고개를 끄덕거렸다. 하지만 나는 별로 큰 인상을 받지 못했다. 나는 일찍이 암릿사르(Amritsar)의 황금신전, 타지마할(Taj Mahal), 잔시(Jhansi)의 궁궐들, 구자라트(Gujarat)의 바로다(Baroda) 대학 등을 직접 보았기 때문이다.

정작 제 2/3세계에서 온 관광객들을 놀라게 하는 것은 미국인들이 당연하게 여기는 단순한 것들이다: 하루 스물네 시간 사용할 수 있는 깨끗한 물, 무제한의 전력, 전화, 전국을 뒤덮는 포장된 도로망 등. 인도에서는 물, 전기, 전화, 대중교통이 산만하게 운영된다. 전화하는 것은 악몽이다. 장거리 전화를 걸려면 며칠씩 기다려야 했다. 그 당시만 해도 인도에는 TV가 없었지만, 내가 접대한 미국인 집에는 마치 방마다 TV가 있는 듯했고 밤낮으로 방영하고 있었다. 대중 매체의 끊임없는 소음은 나를 괴롭혔다. 어떤 이유에서인지 미국인들은 항상 주변을 소음으로 채워야 하는 사람들 같았다. 듣는 사람이 아무도 없는 데 차내에 라디오가 켜져 있는 것을 보았다.

"왜 그들은 언제나 즐기거나, 남을 즐겁게 하려고만 할까?" 나는 궁금했다. 그것은 마치 아직 규명하지 못했거나, 심지어 무엇인지도 알지 못하는 어떤 죄책감에서 도피하려는 것처럼 보였다.

내가 느끼기에 대부분의 미국인들은 항상 등치가 커 보였다. 미국인들은 몸집이 크기 때문에 큰 차와 큰 집과 큰 가구를 필요로 한다.

먹고 마시고 담배를 피우고 약물을 사용하는 것이 서양인들의 생활 가운데 얼마나 중요한지를 깨닫고는 깜짝 놀랐다. 심지어 성도들의 모임에서도 음식이 교제 활동의 중요한 일부였다.

물론 먹는 것 자체가 나쁜 것은 아니다. 신약성경의 교회 생활에서도 "애찬식"은 하나의 중요한 부분이었다. 그러나 먹는 것도 그 정도가 지나칠 수 있다. 아이러니컬한 것은 미국인들이 음식을 위해 지출하는 비용이 상대적으로 적다는 사실이다. 1998년 조사된 미국인의 개인당 1년 평균 지출은 19,049불(약 1천9백만 원)인데, 그 중에서 1,276불(약 128만 원)은 식비로, 나머지 17,773불(1천7백80만 원)은 다른 용도로 지출하였다. 하지만 인도에서는 개인당 평균 지출이 겨우 276불(약 28만 원)이며 그 중에서 음식비로 134불(13만4천 원, 전체의 48.4%), 그리고 나머지 다른 모든 용도에 고작 142불(14만2천 원)을 사용하였다.[2] 나는 매일 이러한 현실 속에서 생활했지만, 미국인들은 이러한 관점에서 생각하는 데 큰 어려움을 겪는다.

내가 교회의 모임에서 현지 사역자들의 고충과 필요에 대하여 말하면 종종 사람들이 감동을 받는 것처럼 보였다. 그들은 보통 헌금을 거두어서 대단히 많은 액수로 여겨지는 수표로 내게 주곤 했다. 대체적으로 친절한 그들은 모임이 끝난 후에 교회의 지도자들과 함께 나를 식사에 초대하였다. 그런데 놀랍게도 음식과 "교제"에 사용된 돈은 그들이 방금 선교를 위해 드린 돈보다 더 많기가 일수였다. 그리고 나는 미국인 가정이 아시아의 한 가정이 일주일 동안 먹고도 남을 분량의 고기를 한 끼에 먹는 것을 보고 대경실색했다. 하지만 나 말고는 아무도 이것을 눈치 채는 사람이 없는 것 같았고, 그들이 내 설교의 의미를 깨닫지 못했음을 서서히 알게 되었다. 그들은 해외의 엄청난 필요를 이해하지 못하고 있었다.

심지어 요즈음에도 나는 미국에서 여행하면서 음식을 자유롭게 주문하지 못할 때가 종종 있다. 음식의 가격을 보면서 그 동일한 금액의 돈이 인도나 미얀마(과거의 버마), 필리핀에서는 얼마나 큰 돈일까를 생각하면 갑자기 식욕을 잃고 만다.

많은 자국인 선교사들과 그 가족들은 먹을 음식도 없이 며칠을 지낼 때가 있다. 자원해서 금식하기 때문이 아니라 쌀을 살 돈이 없기 때문이다. 이런 일은 특히 그리스도인이 아무도 없는 마을에서 새롭게 사역을 시작할 때 자주 겪는 일이다.

현지 사역자들이 당하는 비통한 어려움을 생각할 때 나는 가끔 내 앞에 놓인 후식을 먹을 수가 없다. 그런다고 굶주린 그들에게 음식을 가져다주는 것은 아니지만, 아시아의 사역자들은 굶주리고 있는데 나 혼자 먹는 즐거움을 누릴 수는 없었다. 이러한 필요는 현재 우리가 후원하고 있는 자국인 선교사 모세 파울로스 형제의 사역을 통해서 내게 더 실제적으로 다가왔다.

가난하고 무식한 수백만 명의 어부들이 아시아의 수천 개의 섬과 엄청나게 긴 해안가의 침체된 지역에 살고 있다. 그들의 집은 보통 나뭇잎으로 만든 작은 오두막이며 그들은 즐거움이라고 거의 없는 고된 노동의 단순한 생활을 살고 있다. 이러한 어부들과 그 가족들은 세상에서 가장 복음화되지 않은 사람들 가운데 속한다. 그러나 하나님은 모세 형제와 그의 가족을 부르셔서 인도 동해안에 위치한 타밀 나두(Tamil Nadu)의 어촌에 복음을 전하게 하셨다.

그의 가정을 방문했을 때가 기억난다. 모세 형제가 그 마을을 방문하기 시작했을 때 발견한 첫 번째 사실은 그곳의 문맹률이 너무 높아서 전도지나 인쇄물을 효과적으로 사용할 수 없다는 것이었다. 그래서 환등기를 사용하려고 했지만, 영사기도 없었고 또 그것을 구입할 돈도 없었다. 그래서 그는 필요한 돈을 마련할 때까지 여러 차례 병원을 다니며 자기의 피를 뽑아 팔았다.

그렇게 해서 구입한 환등기 때문에 모여드는 사람들을 보면서 그는 기뻐했다. 스크린으로 사용할 흰 천을 걸어 놓기만 하면 수천 명의 어른과 아이들이 해변을 따라 모여들었다. 파울로스의 아내는 자동차 배터리로 작동하는 확성기를 사용해 복음성가를 불렀으며, 다섯 살 난 아들은 지나가는 사람들에게 성경구절을 암송하였다.

해가 떨어지면 파울로스 형제는 환등기를 보여 주며 말씀을 전하기 시작했다. 수천 명의 사람들이 파도가 출렁이는 바다를 등지고 모래 위에 앉아서 몇 시간 동안 복음의 메시지에 귀를 기울였다. 마침내 떠나고자 짐을 꾸릴 때는 모래 위에 잠든 수백 명의 아이들을 밟지 않으려고 조심스럽게 걸어야 했다.

그러나 이 모든 일 배후에는 파울로스와 그의 가족이 남몰래 굶고 있었다는 슬픈 사연이 있었다. 한번은 그의 아내가 배고파 우는 아이들의 허기진 고통을 억누르려고 물병에 있는 물이라도 먹이려고 아기들을 달래는 소리를 들었다. 집에는 우유를 살만한 돈조차 없었다. 음식이 없다는 사실을 이웃의 불신자들이 알게 될까봐 파울로스는 단칸방 셋집의 창문과 방문을 걸어 잠그고는 굶주린 네 아이들의 울음소리를 그들이 듣지 못하도록 했다.

한 번은 영양실조에 걸린 한 아이가 굶주린 나머지 기운을 잃고 수업시간에 잠이 들어버린 적도 있었다. "나는 선생님이나 이웃들에게 말하기가 부끄러웠어요. 오직 하나님과 우리 자녀와 내 아내와 나만 참된 내막을 알고 있지요. 하지만 아무런 불평도 불행도 없습니다. 우리는 주님을 섬기는 일에 전적으로 만족하고 있지요. 주님을 위해서 고난을 받을 수 있는 것을 특권으로 생각할 뿐이에요."라고 그는 말했다.

심지어 선생님이 자기 자녀들을 집중력이 없다는 이유로 꾸중해도 파울로스는 남모르는 고통을 이야기함으로써 그리스도의 이름을 부끄럽게 하지 않았다. 다행히 이때는 관대한 미국 성도들의 도움으로 즉시 그를 도와줄 수 있었다. 그러나 다른 수많은 사람들의 경우에는 상황이 이처럼 다행스럽게 끝나지는 않는다.

파울로스 형제와 같은 사람들이 굶고 지내는 것이 과연 하나님의 잘못일까? 나는 그렇게 생각하지 않는다. 하나님은 파울로스 형제의 필요뿐만 아니라, 제 2/3세계의 모든 필요들을 채우기에 충분한 물질을 이미 주셨다. 그 물질은 서구 선진국들 가운데 있다. 북미의 성도들만으로도 큰 희생 없이 제 2/3세계 교회들의 모든 필요를 채울 수 있다.

달라스에 있는 한 친구는 최근에 7,400만 불(740억 원)을 들여서 지은 교회 건물이 달라스에 있다고 알려 주었다. 그 엄청난 액수를 생각하고 있을 때, 그 친구는 그 교회에서 1분 거리 이내에 700만 불(70억 원)짜리 또 다른 교회 건물이 솟고 있다고 말했다.

이처럼 호화로운 교회 건물은 제 2/3세계의 시각에서 볼 때 정신 나간 행동일 뿐이다. 미국에서 건물 하나에 사용된 7,400만 불의 돈이면 인도에서는 보통 크기의 교회를 7천 개 이상 지을 수 있다(인도에서 평균 크기의 교회를 지으려면 약 1만 불(1천만 원) 정도 소요된다—역자 주). 7,400만 불의 돈은 인도의 한 주 전체나 아시아의 몇몇 작은 나라들을 복음화하는 데 충분한 액수가 될 것이다.

그러나 나는 그러한 주제에 대해서는 거의 입을 열지 않았다. 나는 한 명의 손님에 불과했다. 그런 건물들을 지은 미국인들이 내가 다녔던 학교도 지었으며 나의 수업료도 내주었다. 그럼에도 불구하고 이런 건물들이, "여우도 굴이 있고 공중의 새도 거처가 있으되 오직 인자는 머리 둘 곳이 없다."(마 8:20)고 말씀하신 예수님을 예배하기 위해 지어졌다는 사실이 나를 놀라게 하였다.

아시아에서는 지금도 예수께서 집 없이 방황하고 계신다. 그분은 머리

둘 곳을 찾고 계신데 그곳은 "사람의 손으로 짓지 않은" 성전이다. 새롭게 거듭난 성도들은 건물을 지을 능력이 있을 때까지 주로 자기들 집에서 모인다. 비기독교 지역에서는 교회 용도로 건물을 빌리는 것이 때때로 불가능하다.

미국에서는 교회 건물들에 대한 관심이 지나치게 높은 나머지 교회가 사람들이 모이는 장소가 아니라 바로 모이는 사람들 그 자체라는 사실을 우리는 종종 잊고 만다.

그러나 교회의 건축 계획과 맞서 싸우라고 하나님이 나를 부르신 것은 아니다. 교회의 낭비보다 더 내 마음을 아프게 하는 것은 이러한 노력들이 속된 사고방식을 보여 준다는 사실이다. 왜 우리는 헌금의 10%만이라도 세계 복음화를 위해 드리지 못하는 것일까? 2000년에 미국의 성도들만이라도 그렇게 결단하고 헌신했다면, 무려 100억 불(10조억 원)을 복음 전도를 위해 사용할 수 있었을 것이다.[3]

더 나아가서, 만약 이 금액으로 자국인 선교를 지원했다면, 우리는 큰 도시의 인구만큼 많은 선교사들의 병력을 선교지에 파송할 수 있었을 것이다.

제5장

속박된 채 잠든 나라

나는 미국에서 종교가 수십억 불의 엄청난 사업임을 발견하였다. 교회를 들어서면서, 양탄자와 가구들과 냉방장치와 온갖 실내장식에 눈이 휘둥그레졌다. 많은 교회가 그리스도와는 별로 관계도 없는 분주한 활동들을 위해 체육관이나 친교실을 가지고 있다. 오케스트라, 성가대, "특별한" 음악—때로는 설교마저도—이 내게는 예배보다는 유흥을 위한 것처럼 보였다.

북미의 수많은 성도들은 해외의 극빈자들뿐만 아니라, 자기들 도시의 극빈자들의 필요 등의 현실로부터 격리된 채 살고 있다. 그 모든 풍족함 중에서도 기독교인들이 교외로 빠져나간 자리에 수백만 명의 극빈자들이 살고 있다. 나는 이곳의 그리스도인들이 영적으로 보이는 활동들에는 기꺼이 참여하려고 하지만 복음에 대한 책임은 회피하려고 한다는 사실을 발견하였다.

예를 들면, 어느 날 아침 나는 서양의 유명한 기독교 지도자들이 쓴 흥미 있는 글과 이야기와 세계 각처의 소식들이 실린 한 유명한 기독교잡지를 집어 들었다. 나는 이 잡지에 21개의 기독교 대학, 대학원, 통신교육 프로그램에 대한 광고와, 다섯 종류의 영어 번역 성경, 일곱 종류의 협의회와 수양회, 다섯 가지의 새로운 기독교 영화, 19종류의 성경 주석과 신앙 서적, 그리스도인의 건강과 다이어트를 위한 일곱 가지 프로그램, 다섯 가지의 모금 사업에 대한 광고가 실린 것을 보았다.

하지만 광고는 그것으로 끝이 아니었다. 온갖 종류의 물건과 직업들에 대한 광고도 있었다. 상담, 목회, 저술을 위한 강좌, 교회 첨탑, 성가복, 벽 십자가, 침례탕과 온수기, 티셔츠, 레코드, 테이프, 입양 기관, 전도지, 시, 선물, 독서회, 펜팔 등에 대한 광고들이 있었다. 매우 인상적이었다. 아마도 이 중 그 어느 것도 그 자체로는 잘못된 것이 아닐 것이다. 하지만 나의 조국에는 매일 40,000명의 사람들이 복음을 한 번도 듣지 못한 채 죽어가고 있는데 한 나라가 그처럼 엄청난 영적 사치를 누린다는 사실이 나를 슬프게 했다.

미국의 풍요가 나를 놀라게 했다면, 성도들의 풍요는 나를 더욱 놀라게 했다. 미국에는 5,000여 개의 기독교 서점과 선물센터가 있는데,[1] 나의 상상을 초월하는 온갖 종류의 물건들을 취급하며 많은 일반 서점에서도 종교 서적을 팔고 있다. 지구상의 13,500개의 언어 중 6,800개 이상의 언어가 아직도 성경의 일부분조차 모국어로 번역되지 않았는데 말이다![2] 로청가 푸다이테(Rochunga Pudaite)는 그의 저서 『My Billion Bible Dream』에서 이렇게 말했다. "오늘날 인쇄되는 모든 성경의 85%가 전 세계에서 영어를 사용하는 오직 9%의 사람들을 위해 영어로 되어 있다. 전 세계 인구의 80%는 한 권의 성경도 가지지 못한 반면 미국인들은 각 가정에 평균 네 권의 성경을 가지고 있다."[3]

서적 이외에도 미국에는 8,000종류 이상의 기독교 잡지와 신문이 범람하고 있다.[4] 기독교 방송국이 없는 나라가 많은데 반해서, 미국에는 1,600개가 넘는 기독교 라디오 방송국이 미국 전역에 온종일 복음을 방송하고 있다.[5] 세계의 미전도 지역으로 직접 방송되는 프로그램은 모든 라디오/텔레비전 프로그램의 0.1 퍼센트에 불과하다.[6]

서방 세계의 대부분의 기독교 전파 활동에 대해서 내가 가진 가장 슬픈 관찰은 불신자들을 복음화하기 위한 방송이 거의 없다는 사실이다. 거의 모든 방송이 성도들을 위한 프로그램이다.

600,000개의 교회들이 산재한 미국은 1백 50만 명 이상의 전담사역자, 다시 말해서 성도 182명당 1명에 해당하는 전담사역자들을 가진 축복받은 나라이다.[7] 이것은 20억 명 이상의 사람들이 아직도 복음을 모르는 세계 다른 지역의 현실과 비교할 때 얼마나 큰 차이인가? 복음을 듣지 못한 "숨겨진 종족들"에게는 오직 7만 8천 명당 선교사 한 사람이 있을 뿐이며,[8] 복음을 전하는 교회가 전혀 없는 독특한 문화 집단들이 아직도 전 세계에 1,240개나 된다. 예수님은 바로 이런 사람들을 위해서 우셨고 돌아가셨다.[9]

미국이 받은 가장 놀라운 축복 중 하나는 종교의 자유이다. 성도들은 라디오와 TV의 혜택을 누릴 뿐만 아니라(이것은 대부분의 아시아 국가에서는 들어본 적도 없는 일이다), 집회, 전도, 출판의 자유를 또한 누리고 있다. 이것은 성도들에 대한 정부의 핍박이 보편적이고 때로는 합법적이기까지 한 여러 아시아 국가들에 비교할 때 얼마나 다른가!

네팔의 경우가 그러한데, 자기의 종교를 바꾸거나 타인에게 개종하도록 영향을 끼치는 것도 최근까지 불법이었다. 네팔의 국법에 따르면, 네팔인들은 태어날 때부터 부모로부터 받은 종교를 고수해야 한다. 그래서 네팔의 성도들은 때때로 그들의 믿음 때문에 투옥되기도 한다.

어떤 자국인 선교사는 1960년부터 1975년까지 14개의 감옥에서 옥살이를 했다. 그는 그 15년 중에 10년 동안은 자기 동족에게 복음을 전했다는 이유로 조롱과 고문을 당했다.

그의 시련은 아홉 명의 새신자에게 세례(침례)를 주고 그로 인해 체포되면서 시작되었다. 새로 믿게 된 형제 다섯 명과 자매 네 명도 체포되어 모두 일 년 동안 감옥살이를 하였다. 그는 그들에게 영향을 끼친 죄로 육 년 동안 수감되었다.

네팔의 감옥은 아시아의 전형적인 감옥으로서 그야말로 죽음의 토굴이다. 25-30명의 사람들을 환기나 위생 시설도 없는 좁은 방에 채워 넣는다. 지독한 악취 때문에 새로 들어온 수감자는 반 시간도 못되어 기절하고 말 정도이다.

P형제와 그의 새신자들이 수감된 곳은 이와 바퀴벌레가 잔뜩 기어 다니는 곳이었다. 수감자들은 더러운 바닥에서 잠을 잤다. 밤에는 쥐들이 사람들의 손가락과 발가락을 갉아먹었다. 추운 겨울에도 난방장치가 없었고 여름에는 통풍장치도 없었다.

수감자들은 하루에 쌀 한 컵을 음식으로 배당받지만 쌀을 익히려면 땅바닥에 불을 지펴야 했다. 굴뚝이 없었기 때문에 방은 항상 연기로 가득 찼다. 그렇게 미비한 음식을 먹은 까닭에 대부분의 수감자들은 심한 질병에 시달렸고 그들의 구토물에서 나는 악취는 다른 썩는 냄새와 뒤섞였다. 하지만 놀랍게도 성도들 중에는 일년 내내 하루도 아픈 사람이 없었다.

아홉 명의 새신자들은 일 년 동안의 옥살이를 끝내고 풀려났다. 하지만 정부는 P형제를 문초하기로 작정했다. 그에게서 성경을 빼앗고 손발에 쇠고랑을 채우고는 낮은 통로를 지나 어떤 작은 방에 억지로 밀어 넣었는데, 그곳은 죽은 죄수들의 시체를 친척들이 찾아갈 때까지 보관하는데 사용했던 창고였다.

간수는 P형제가 그 축축하고 깜깜한 방에서 며칠만 지나면 미치광이가 될 것이라고 예측했다. 그 방이 너무 작았기 때문에 P형제는 일어서지도 못했고 바닥에 눕지도 못했다. 음식을 위해 불을 지필 수가 없었지만 다른 수감자들이 문짝 밑으로 넣어주는 음식으로 목숨을 부지했다.

이가 속옷을 갉아먹어 갔지만 쇠고랑 때문에 긁을 수도 없었고 쇠고랑에 손목과 발목이 긁히고 패여 뼈가 드러날 정도였다. 그때가 겨울이었기 때문에 그는 여러 차례 얼어 죽을 뻔했다. 그는 낮과 밤을 분간할 수 없었지만, 눈을 감으면 하나님이 신약성경을 펼쳐보게 하셨다. 비록 그의 성경은 빼앗겼지만 칠흑 같은 어두움 속에서도 성경을 읽을 수 있었다. 혹독한 고문을 당할 때에도 주님의 말씀이 그에게 힘이 되었다. 다른 사람과 말하는 것이 삼 개월 동안 허락되지 않았다.

P형제는 다른 여러 감옥으로 이송되었다. 옮겨 다닐 때마다 그는 간수와 죄수들에게 끊임없이 자기의 믿음을 전했다.

그처럼 여러 차례 감옥을 드나들면서도 그는 결코 은밀하게 교회를 만들고자 하지 않았다. 그는 말했다. "성도가 어찌 잠잠할 수 있겠습니까?" 그는 물었다. "교회가 어떻게 지하로 들어갈 수 있습니까? 예수님은 우리를 위해 공개적으로 죽으셨습니다. 십자가로 가는 도중에 숨으려 하지도 않으셨습니다. 우리도 마찬가지로 어떤 결과가 오든지 관계없이 그분을 위해 담대하게 말해야 합니다."

나도 인도에서 나의 믿음 때문에 얻어맞거나 돌에도 맞아 보았기 때문에 자기 조국에서 핍박받는 소수에 속하는 것이 무엇인지를 알고 있다. 서구 세계에 왔을 때 종교적으로 자유로운 분위기를 느낄 수 있었다. 북미인들은 핍박의 두려움을 전혀 모른다. 그들에게는 불가능이라는 것이 없어 보인다.

나는 인도에 있을 때 언제나 북미를 기독교의 요새라고 우러러보았다.

어느 나라보다도 뛰어난 영적, 물질적 풍요를 가진 나라, 온전한 자유를 누리는 교회가 있는 이런 나라들로부터 담대한 증인들이 많이 나오리라고 기대했다. 다른 민족들은 결코 경험하지 못한 하나님의 은혜가 이 나라와 교회 위에 분명하게 쏟아 부어졌다.

하지만 내가 발견한 것은 영적으로 쇠퇴하고 있는 교회였다. 미국 성도들은 여전히 선교를 위해 많은 헌금을 하지만 그것은 역사적인 전례 때문이지, 내가 찾고자 기대했던 깊은 확신에 근거한 것은 아니었다. 교회에서 말씀을 전하거나 일반 성도들을 만나보면 그들이 교회의 선교 사명에 관해서 엄청난 오해를 가지고 있는 것을 발견했다. 교회 모임에서 나를 접대하는 사람들의 질문을 듣거나 제2/3세계에 대한 그들의 견해를 접하면 내 마음속에 거의 터질 듯한 고통을 느낀다. 나는 이 사람들에게 훨씬 더 많은 능력이 있음을 알고 있었다. 그들은 영적으로 죽어가고 있었지만, 하나님이 그들에게 다시 생명을 주기 원하신다는 사실을 나는 알고 있었다. 하나님은 그분의 교회가 도덕적인 사명과 선교적인 의식을 되찾기 원하셨다.

그 방법에 대해서 나는 아직 알지 못했다. 언제일지도 몰랐다. 그러나 한 가지 확실하게 아는 것은 하나님이 성도들이 사치와 방종과 영적인 무기력 속에서 살도록 그처럼 큰 축복을 이 나라에 쏟아 부으시지는 않았다는 점이다.

믿음으로 나는 하나의 부흥, 즉 그리스도의 몸 된 교회가 복음의 능력과 복음에 대한 책임을 재발견하게 될 그 날이 다가오는 것을 볼 수 있었다. 그러나 현재 내가 할 수 있는 일은 그들의 상황이 얼마나 잘못되어 버렸는가를 인식하고 기도하는 것이었다. 하나님은 내가 눈으로 보는 것을 분명하게 표현할 말과 설교할 강단을 아직 내게 허락하지 않으셨다. 그 대신 주님은 내게 가르치실 중요한 교훈들을 가지고 계셨고, 나는 그것을 내 사랑하는 조국 인도를 떠나 머나먼 타향에 와서 배워야 했다.

제6장

너는 여기서 무엇을 하고 있는가?

성경은 "심는 이와 물 주는 이"가 각각 다르다고 말한다. 살아계신 하나님은 이제 "물주는 것"에 관해 가르치시려고 나를 지구 반대편으로 데려오셨다. 주님께서 다시 씨 뿌리는 일을 내게 믿고 맡기시기 전에 나는 인도에서 내가 회피해 왔던 교훈, 즉 세계 복음화를 위한 하나님의 원대한 계획 가운데 지역 교회가 차지하는 중요성을 배워야 했다.

그 교훈은 오직 전능하신 하나님만이 하실 수 있는, 우연의 일치와 같은 신기한 일을 통해서 시작되었다. 그 당시 나는 달라스의 크리스웰 성경대학(Criswell Bible Institute)에서 과목마다 열심히 심취해서 공부하는 분주한 신학생이었다. 하나님이 기적적으로 마련해 주신 장학금 덕분에 과거 어느 때보다도 하나님의 말씀을 깊이 연구할 수 있었다. 나는 처음으로 체계적이고 심도 깊은 공부를 하였고 성경은 나에게 많은 비밀들을 보여 주었다.

나는 첫 학기를 마친 후 기셀라와 결혼하였고 1974년 10월에 시작되는 다음 학기 초부터는 기셀라도 달라스에서 함께 지냈다. 주말에 설교를 하거나 아시아에 대해 소개하는 모임들을 제외하고는 나는 공부와 새 가정을 꾸리는 일에 전적으로 매달렸다.

어느 주말에 동료 학생이 자기가 목회하는 달라스의 한 작은 교회에 와서 설교해 달라고 나를 초청하였다. 비록 미국인 회중이었지만 그들 중에는 아메리칸 인디언들도 많이 있었다.

기셀라는 특별히 흥분하며 기뻐했는데, 어렸을 때 "아메리카 대평원의 붉은 인디언들"을 위한 선교사가 되고자 오랫동안 기도했기 때문이었다. 다른 여학생들은 결혼이나 백마 탄 기사를 꿈꾸고 있을 때 그녀는 인디언들을 향한 복음 사역을 위해서 기도하고 있었다. 깜짝 놀란 사실은 그녀가 아메리카 인디언의 부족 생활과 역사에 관한 책을 100권 이상 구입하여 읽었다는 것이다.

나는 이 작은 교회에 대해서 이상하게도 마음이 끌리고 부담을 느끼고는 마음을 쏟아 열심히 설교하였다. 하지만 아시아를 향한 나의 비전과 부담에 대해서는 한 번도 언급하지 않았다. 그 대신 성경을 한 구절씩 강해하였다. 이 사람들을 향한 사랑이 내 안에 샘솟았다.

나중에 안 사실은 내 친구 목사가 바로 같은 날 교회를 사임한 것이다. 교회 집사들은 다음 주, 또 그 다음 주에도 와서 말씀을 전해달라고 부탁하였다. 하나님은 이 사람들을 향한 초자연적인 사랑을 우리에게 주셨고, 그들도 우리를 사랑해 주었다. 그 달 말에 교회의 당회에서는 당시 23세였던 나를 담임목사로 청빙했다. 기셀라와 내가 그들의 청을 받아들인 후부터 나는 하루 24시간 이 사람들을 위한 부담을 짊어지게 되었다.

나는 사실 인도에 있을 때 부끄럽게도 목회자들과 그들의 문제를 얼마나 경멸했는지 모른다. 그런데 이제 내가 성도들을 중재하며, 상처받은 심령을 치료하며, 모임의 연합을 유지하는 입장이 되고 나서야 사물을 전혀 다른 시각에서 보기 시작했다. 하나님의 백성이 직면하는 문제들 중 어떤 것들은 세계 어디에서나 동일하기 때문에 나는 죄를 지적하며 거룩한 삶을 살도록 설교했다. 하지만 다른 문제들(서양에서는 유행병처럼 퍼졌지만 인도에서는 거의 들어본 적도 없는 이혼 등의 문제들)에 대해서는 전혀 속수무책이었다.

나는 비록 체중이 106파운드(약 48kg)까지 늘기는 했지만 세례식 때 250파운드(약 113kg)나 되는 어떤 개심자에게 예식을 집행하려다가 물속에 빠질 뻔하기도 했다. 사람들은 계속해서 그리스도께 나아왔고 성도들의 수는 점점 늘었으며 일주일에 6일씩 계속해서 모임을 갖는 등 영혼을 구원하는 일에 무척 분주하게 활동하였다.

곧 몇 달의 세월이 흘러갔다. 학교에 가지 않는 날은 교회의 형제자매들과 함께 지내며, 북인도의 마을들을 다니며 설교할 때와 같이 철저한 헌신으로 내 삶을 그들에게 쏟아 부었다. 우리는 집을 심방하고 병원의 환자에게 전화하며 결혼식과 장례식을 치르는 절차들을 배워 나갔다. 기셀라와 나는 밤낮으로 성도들의 삶을 돌보았다. 회중 가운데는 "앵글로" 백인뿐 아니라 몇몇 인디언 부족들이 있었기 때문에 다양한 문화권을 가진 사람들에게 동시적으로 목회하고 있었던 셈이다.

이러한 "지구력"과 제자 훈련은 북인도에서 사역할 때 내게 부족했던 요소였다. 내가 편잡 지방에서 실패한 이유를 비로소 알게 되었다. 전도대회를 개최하고 사람들을 그리스도께 인도하는 것만으로는 충분하지 않다. 누군가가 뒤에 남아서 새신자들이 영적으로 성숙하도록 양육해야 한다.

나는 처음으로 모든 선교 활동의 목표를 이해하기 시작했다. 그것은 성도들로 하여금 그리스도의 정결하고 헌신된 제자가 되도록 "온전케 하는" 것이다. 예수님은 우리에게 모든 족속에게 가서 주께서 분부한 모든 것을 가르쳐 지키게 하고 세례를 주라고 명하셨다. 내가 인도에서 이끌었던 복음 전도 사역은 "가라"는 명령에는 순종했지만 가르쳐 지키게 하기 위해 머무르지는 않았다.

성도들의 모임인 교회는 제자 훈련이 이루어지도록 하나님이 정하신 장소이다. 세상을 구원하기 위한 하나님의 우선적인 계획은 바로 교회이며 다른 계획은 없으시다.

내가 지역 교회에서 목회하고 있을 때 하나님은 아시아의 잃어버린 영혼들에게 복음을 증거하는 현지인 사역자들에게도 그런 동일한 자질들이 필요하다는 것을 알려 주셨다. 나는 이 동일한 제자 훈련의 개념이 인도와 아시아 전역에 확산되는 것을 머리 속에 그려 보았다. 개척지에 교회를 세운 감리교 초기의 순회전도자들처럼, 나는 자국인 선교사들이 복음 전파의 수고 위에 교회 개척의 열정을 더해 가는 모습을 떠올릴 수 있었다.

그러한 생각에 몰두하면서 나는 이 일을 성취하려면 많은 무리의 사람들 —하나님의 군대—가 필요할 것이라고 깨달았다. 인도만 해도 복음을 듣지 못한 마을이 50만 개나 된다. 게다가 중국, 동남 아시아, 그 밖의 많은 섬들도 있다. 이 사명을 끝내려면 백만 명의 사역자들이 필요할 것이다.

이런 생각은 나로서는 감당할 수 없는 것이었기 때문에 마음에서 떨쳐 버렸다. '어쨌거나 하나님은 나를 이곳 달라스의 작은 교회로 부르셨고 나의 사역을 축복하시지 않았는가!' 라고 합리화했다. 나는 처한 상황이 점점 더 편하게 느껴졌다. 교회도 우리를 잘 지원해 주었다; 첫 아기가 태어날 무렵에는 집, 자동차, 신용 카드, 보험, 은행 구좌 등을 완벽하게 갖춘 서구의 생활 양식을 수용하기 시작했다.

나의 정규 교육은 교회를 건축하려고 준비하는 동안에도 계속되었다. 그러나 달라스에 머무는 것에 대해서 마음에 평화가 점점 사라졌다.

1976년 말과 1977년 초에는 강단에 설 때마다 나를 정죄하는 소리가 들려왔다: "너는 여기서 무엇을 하고 있는가? 네가 부유한 미국인들에게 설교하는 동안에도 아시아의 수백만 명의 사람들이 지옥으로 가고 있다. 네 동포들을 잊었는가?"

심각한 내면적 갈등이 생겨났다. 누구의 음성인지도 분간할 수 없었다. 하나님의 음성일까? 아니면 내 양심의 소리일까? 마귀의 소리일까? 절망에 빠진 나는 하나님이 알려 주실 때까지 기다리기로 결심했다. 우리는 어디든지 가고 무엇이든지 하겠노라고 대답했었다. 하지만 하나님께로부터 분명하게 들어야만 했다. 나를 괴롭히는 그 음성 때문에 도저히 일을 계속할 수 없었다. 결국 우리의 미래 사역을 위한 하나님의 뜻을 찾는 일에 성도들도 함께 참여해서 기도해 달라고 부탁하였다.

나는 "미국에 머물든지 인도로 돌아가든지 제 마음에는 평안이 없군요." 라고 그들에게 고백했다. 그리고는 "하나님이 신성으로 내게 말씀하시려는 것이 무엇일까?" 하며 궁금해 했다.

내가 기도하고 금식할 때 하나님이 환상 가운데 내게 나타나셨다. 이 일은 내가 그 계시를 이해할 때까지 몇 차례 반복되었다. 많은 얼굴들이 내 앞에 나타났는데, 아시아 여러 지역의 남자들과 그 식구들의 얼굴이었다. 그들은 얼굴에 헌신의 의지를 품은 거룩한 남녀들이었다. 그들은 바로 아시아 곳곳에 복음을 전하기 위해 하나님이 일으키고 계신 하나님의 군대임을 나는 서서히 깨달았다.

그때 주님이 내게 말씀하셨다: "그들은 네가 하게 될 말을 할 수 없다. 그들은 네가 갈 곳에 갈 수 없을 것이다. 너는 그들의 종이 되도록 부르심을 받았다. 너는 내가 그들을 위해 보내는 곳으로 가야 한다. 너는 그들의 종이 되도록 부르심을 받았다."

그 순간에 폭풍 가운데 번개가 하늘을 비추듯이 내 모든 인생의 장면들이 내 앞에 지나갔다. 나는 16세가 될 때까지 영어로 말해 본 적이 없었는데, 지금은 이 이상한 언어로 사역을 하고 있다. 또 17세까지는 신발을 신어 본 적이 없다. 나는 정글 마을에서 태어나 자라 왔다. 갑자기 나에게 자랑할 만한 것이 아무것도 없음을 깨달았다. 내가 가진 어떤 재능이나 기술 때문에 미국에 온 것도 아니었다. 내가 이곳에 온 것은 하나님의 주권적인 섭리의 결과였다. 하나님은 새로운 선교 운동을 위해 내게 필요한 경험들을 주시기 위해서 내가 문화를 초월해서 독일인 아내와 결혼하고 이국땅에 살기를 원하셨다.

하나님은 "내가 너를 여기까지 인도하였다."고 말씀하셨다. "너의 일평생 소명은 내가 불러내어 아시아 곳곳에 흩어 놓은 무명의 형제들의 종이 되는 것이다." 마침내 내 평생의 할 일을 발견했다고 깨닫고는 교회 지도자들과 선교단체 임원들에게 달려가 나의 새로운 비전을 나누었다. 그런데 당황스럽게도 하나님은 나 말고 다른 사람들에게 말씀하는 것을 잊어버리신 듯했다.

내 친구들은 내가 미쳤다고 생각했다. 선교 지도자들은 나의 인격이나 자격에 대해서 의문을 품었다. 내가 신뢰하고 존경했던 교회 지도자들은 아버지 같이 내 어깨를 팔로 감싸며 지나친 감상주의를 조심하라고 충고하였다. 그 간단한 비전 표명 때문에 나는 갑자기 외톨이가 되었고 공격을 받거나 내 자신을 변호해야 했다. 만약 내가 그처럼 분명한 하나님의 부르심을 받기 위해 기다리지 않았다면 나는 불신과 의심의 풍랑 속에 일찍 무너지고 말았을 것이다. 그러나 나는 받은 소명에 대해서 확신하고 있었고, 하나님이 세계 선교의 새 날을 주도하심을 분명히 알고 있었다. 하지만 여전히 아무도 나의 열정을 이해하지 못하는 듯했다.

나는 나의 유창한 언변과 설득력에 대해 은근히 자신감을 갖고 있었지만, 내가 하는 어떤 말이나 행동으로도 대중의 견해를 바꿀 수가 없을 것처럼 보였다. "새 포도주는 새 부대에 담아야 합니다."라고 주장하면 그들은 고작 "새 포도주가 어디에 있지요?"라고 반박하는 정도였다.

유일한 위로는 아내 기셀라였다. 그녀는 나와 함께 인도에 있었고 아무런 의심 없이 나의 비전을 수용하였다. 내가 낙심에 빠지거나 심지어 믿음마저 흔들릴 때에도 그녀는 우리의 비전을 결단코 포기하지 않았다. 거절당하고 퇴짜를 맞아도 하나님의 음성을 우리가 올바로 들었음을 확신하면서 우리 스스로 그 첫 번째 씨앗을 심었다.

나는 인도에서 수년간 알고 신뢰해 온 옛 친구에게 편지를 써서, 이미 훌륭하게 사역하고 있는 자국인 선교사 중에서 도움을 필요로 하는 사람을 선정하는 일을 도와 달라고 부탁했다. 나중에 그들을 찾아가서 만나겠다고 약속하고는 자격을 갖춘 사역자들을 더 많이 발굴하기 위한 탐사 여행을 계획하기 시작했다.

우리는 서서히 수입의 일부를 인도의 선교사들을 위한 후원금으로 보내기 시작했다. 나는 점점 강박관념에 사로잡혔다. 햄버거나 콜라를 사먹을 때에도 죄책감을 느끼지 않을 수 없었다. 물질주의의 덫에 빠졌음을 깨닫고는 가능한 한 모든 것을 팔아버렸고 은행의 저축 예금도 인출하였으며 생명 보험마저 현금으로 바꾸었다. 신학교 교수님이 젊은 신학생들에게 비상시를 위해 매달 돈을 저축하고 생명 보험을 구입하고 새 집을 마련하도록 진지하게 조언했던 것을 나는 기억했다.

하지만 나는 그러한 명령을 신약 성경의 예수님의 교훈 중 어디에서도 찾아볼 수 없었다. 예수님은 보물을 땅에 쌓아 두지 말라고 우리에게 명하셨는데 왜 은행에 우리의 돈을 저축하는 것이 필요하다는 말인가? "믿음으로 살라고 내가 명하지 않았느냐?" 성령께서 질문하셨다.

그래서 기셀라와 나는 돈과 물질의 소유에 관한 신약 성경의 예수님의 교훈을 문자 그대로 실천하고자 했다. 나는 심지어 신형 승용차를 팔아 값싼 중고차를 구입했다. 그렇게 해서 얻어진 수입은 바로 인도로 보냈다. 자국인 형제들을 위해서 그처럼 작은 희생을 할 수 있는 것은 내게 기쁨이었다. 나는 그것이 선교 사역을 시작할 수 있는 유일한 방법임을 알고 있었다.

부디 이 점을 이해하기 바란다. 생명 보험이나 저축 구좌를 갖는 것이 잘못되었다고 말하는 것이 아니다. 주님이 우리 식구를 어떻게 이끄셨는지를 말하는 것뿐이다. 주님은 다른 방법으로 당신을 인도하실지 모른다. 중요한 것은 주님의 말씀에 어떻게 순종하고 그분만을 따라야 하는지는 우리 각자에게 주어진 책임이라는 사실이다.

사역 초기에 나를 지탱해 준 힘은 내게 다른 선택의 여지가 없다는 확신이었다. 우리가 자국인 선교 운동을 시작해야만 한다는 것을 사람들이 이해하지 못할지라도, 나는 하나님의 부르심에 대해서 일종의 의무감을 느꼈다. 나는 서양인들의 선교만 가지고는 이 사명을 이룩할 수 없다는 사실을 알았다. 내 조국 인도를 비롯한 여러 나라들이 외부인들에 대해서 폐쇄적이기 때문에 우리는 선교지의 성도들에게 초점을 돌려야 한다. 서양 선교사들의 입국이 다시 허락된다고 해도 그들을 파송하는 비용은 매년 수십억 불에 이를 것이다. 자국인 사역자들은 그 동일한 사역을 지극히 적은 비용으로도 감당할 수 있다. 그럼에도 불구하고 수많은 현지 사역자들을 후원하려면 많은 선교 후원금이 필요했다.

결과적으로 그렇게 많은 비용이 필요하다는 사실을 나는 아무에게도 말하지 않았다. 그들은 내가 적은 수입에서 매달 8-10명의 선교사들을 후원하려고 하는 것조차 정신 나간 것으로 여겼다. 그런 그들에게 하나님의 군대를 파병하는 일에 매년 수백만 불이 필요하다고 말한다면 어떻게 생각하겠는가? 그러나 나는 그것이 가능하다는 사실을 알고 있었다. 서양의 몇몇 선교단체와 구제단체들은 이미 그 정도 크기의 연례 예산을 집

K.P.의 어머니는 3년 반 동안 빠짐없이 매주 금요일마다 금식하면서 하나님께 자기 아들들 중에서 한 명을 선교사로 부르시도록 간구하였다. 그녀의 기도는 K.P.가 16세에 주님을 섬기기 시작했을 때 응답되었다.

1971년도 당시의 OM 전도팀과 K.P. 요하난(왼쪽에서 다섯 번째). 그 옆에는 프론티어스(Frontiers) 선교회의 국제 감독인 그렉 리빙스턴(Greg Livingston)이다.

많은 아시아 국가에서 살고 있는 수백만 명의 영혼들이 셀 수 없이 많은 잡신들을 숭배하고 있다. 종교심이 많고 신실한 그들은 죄 용서를 얻으려고 가진 모든 것을 이러한 잡신들에게 바치지만 헛수고일 뿐이다.

아시아복음선교회의 미국 본부 임원진-2003. 이 헌신된 형제자매들은 서양의 수만 명의 성도들과 선교 전선에서 수고하는 자국인 선교사들 사이에서 중요한 교량 역할을 한다. 이와 같은 GFA 일꾼들이 캐나다, 독일, 영국, 뉴질랜드 등지에서 섬기고 있다.

이 원주민 여인은 예수님의 이름을 전혀 들어보지 못한 많은 민족들의 현실을 대표적으로 보여 준다. 10/40 창의 중심에 위치한 인도에는 오늘날 세계에서 가장 많은 미전도 종족들이 있다.

하나님께서 K.P. 요하난과 그의 아내 기젤라로 하여금 한 가지 목적과 목표, 즉 주님을 위해서 살며 타락한 세상을 복음화하기 위해 그들이 가진 모든 것을 드림으로써 주님을 섬기도록 그들을 하나로 부르셨을 때 그들의 나이는 불과 23세였다. 그때가 1974년이었다. 현재도 그들은 이 세대가 주 예수 그리스도를 알도록 하기 위해서 그 일을 기쁨으로 지속하고 있다.

왼쪽: 그들의 자녀 다니엘(Daniel) 과 사라(Sarah)는 주께서 그들을 선교사로 부르시도록 어릴 때부터 기도해 왔다. 고등학교를 마친 후에 그들은 모두 GFA의 신학교에서 공부하였으며 지금은 선교지에서 주님을 섬기고 있다.

행하고 있었다. 우리도 그렇게 하지 못할 이유가 없었다.

이 모든 것들이 내 머리 속에서는 논리적으로 정리되었지만, 아직도 쓰라린 교훈을 몇 가지 더 배워야 했다. 새로운 선교단체를 조직하는 일에는 내가 상상한 것보다 훨씬 많은 노력과 창설 자본이 필요했다. 나는 미국이라는 나라와 이곳의 형편에 대해서 아직도 많은 것을 배워야 했다. 그때는 아직 아무것도 몰랐다. 단지 그 일이 이루어져야만 한다는 것을 알고 있을 뿐이었다.

기셀라와 나는 청년다운 열정을 품고 첫 번째 현지 조사를 위해 인도로 향했다. 한 달 후에 우리는 빈털터리로 돌아왔지만 나중에 아시아복음선교회로 발전하게 될 단체를 조직하는 일에 온통 혈안이 되어 있었다.

나는 돌아오자마자 교회에 나의 결심을 알렸다. 우리는 마지못해 교제하던 사람들과 작별하고는 오클라호마 주의 유폴라(Eufaula)로 이사할 계획을 세웠다. 그곳에 있는 한 친구 목사가 선교 사역을 위한 사무실 공간을 무료로 제공해 주었다.

교회를 떠나는 마지막 날 나는 눈물로 고별 설교를 했다. 마지막으로 인사를 하고 마지막 사람과 악수를 끝내고는 문을 잠그고 계단 위에 잠시 멈추었다. 내 어깨에서 무거운 외투를 벗겨 주시는 하나님의 손길을 느꼈다. 하나님은 그 교회와 성도들에 대한 부담으로부터 나를 놓아주시는 것이었다. 그리고 자갈길을 가로질러 천천히 걷고 있을 때 주님을 섬기는 사역의 마지막 신비가 내게 더욱 실제적으로 다가왔다.

하나님은 목회자들도 선교사들처럼 이 세상의 추수밭으로 부르신다. 어떤 선교단체, 교단, 주교, 교황, 감독이 그처럼 부르는 것이 아니다. 나는 아시아복음선교회의 자국인 형제들을 내 스스로 임명하거나 부르는 것이 아니라, 다만 하나님이 그분의 사역을 위해 먼저 선택하신 자들을 섬길 뿐이다.

오클라호마 주에 정착하게 되자 나는 성숙한 지도자들의 충고와 조언을 열심히 구하였다. 가는 곳마다 열심히 질문을 던졌다. 나는 하나님이 나를 부르셨음을 알고 있었다. 그러나 내가 얻은 많은 조언들은 매우 무모하거나 해로운 것들이었다. 나는 주로 고통스러운 시련과 실수를 통해서 인생의 대부분의 교훈들을 배워야 함을 발견했다. 내가 여러 끔찍한 실수들을 피할 수 있었던 유일한 이유는 하나님이 주신 소명에 대해 타협하는 것을 완강하게 거부했기 때문이었다. 하나님이 내게 말씀하신 것에 합한 것이라면 어느 충고나 조언이든지 숙고하였다. 하지만 그렇지 않는 경우에는 그것이 아무리 매력적으로 보여도 거절했다. 내가 발견한 것은 하나님의 뜻을 따르는 비결이 대개는 하나님이 주시는 최선(the best)을 위해서 차선(the good)을 거부하는 것 속에 담겨 있다는 사실이었다.

하지만 한 가지 잊지 못할 충고가 있다. 모든 기독교 지도자들은 이 충고를 그들의 무의식 속에 깊이 새겨야 한다: "무엇을 하든지 절대로 자신을 대단하게 여기지 말라!" 이 말을 처음 내게 해 준 사람은 테이프성경번역선교회(Bible Translation on Tape)의 창립자인 폴 스미스(Paul Smith)인데, 이것은 내가 사람들로부터 받은 짧은 격언들 중에서 최고의 충고라고 생각한다.

하나님은 언제나 이 세상의 미련한 것들을 택하셔서 지혜로운 자들을 부끄럽게 하신다. 하나님은 그를 신뢰하는 자들에게만 그분의 능력을 보이신다. 겸손이야말로 모든 사역이 시작되는 출발점이다.

제7장

"이것은 놀라운 특권입니다!"

　우리는 일정한 후원자도 계획하지 않은 채 아시아복음선교회를 시작하였지만, 하나님은 곧 우리에게 후원자를 주셨다. 일리노이 주의 휘튼에 처음 갔을 때, 나는 그곳에 있는 선교단체의 지도자들을 거의 다 연락하였다. 몇 사람이 우리를 격려하기는 했지만 우리가 사역을 하루 더 지속하는데 절실히 필요했던 돈을 주는 사람은 아무도 없었다. 하지만 유숙하며 신세를 졌던 친구는 미국인 가정과 개인들이 정기적으로 자국인 선교사를 도울 수 있는 일종의 후원 계획을 세우도록 제안하였다. 그것이야말로 바로 우리가 필요로 했던 것이었다.

　현지 사역자를 위해서 하루에 1불씩 헌금한다는 생각은 누구나 이해할 수 있는 계획을 곧 세울 수 있도록 해 주었다. 나는 만나는 사람마다 자국인 선교사를 위해서 하루에 1불씩 도울 의향이 있는지 물었다. 이 질문에 긍정적으로 응답하는 사람들을 통해서 우리 선교회는 정기적인 후원자들을 확보하게 되었다.

오늘날도 "하루 1불" 서약은 우리 선교회의 재정 확보를 위한 핵심 부분이다. 우리는 이러한 방법으로 후원금의 100%를 선교지로 보냄으로써 매월 수천 명의 선교사들을 후원하고 있다.

모든 약정 후원금을 선교지로 보냈기 때문에 미국에 사는 우리는 여전히 생활비를 충당해야 할 필요에 직면했다. 하나님은 우리가 거듭해서 최악의 상황에 빠질 때마다 기적적으로 개입하셔서 우리 가정과 사역을 돌보시고 지속시키셨다.

주머니에 1불밖에 남지 않았던 어느 주일날, 나는 125불짜리 중고차를 몰고 근처 교회에 가서 예배를 드렸다. 아무도 아는 사람이 없는 그 교회에 들어가서 맨 뒤에 앉았다. 헌금하는 시간이 되었다. 나는 얼른 하나님께 핑계를 대며 마지막 1불을 붙잡고 놓지 않았다.

"하나님, 이것은 저의 마지막 1불입니다." 나는 절망적으로 기도했다. "이 돈으로 차에 기름을 넣어야 집에 갈 수 있습니다." 그러나 즐겨 내는 자를 하나님이 사랑하신다는 사실을 알고 있었기에 나는 자신과의 싸움을 멈추고 그 마지막 1불을 주님께 드렸다.

교회를 나오는 길에 노인 한 분이 내게 다가왔다. 난생 처음 보는 사람이었고 그 이후로도 그를 보지 못했다. 그는 살며시 악수하면서 내 손을 흔들었는데, 한 장의 접힌 종이가 내 손바닥에 느껴졌다. 나는 직감적으로 그것이 돈이라는 사실을 알았다. 차 안에서 손을 펴보니 그것은 잘 접혀진 10불짜리 지폐였다.

또 언젠가 오후에 나는 유폴라에 있는 집에서 무뚝뚝하게 소파에 앉아 있었다. 기셀라는 부엌에서 바쁜 척하며 내 눈을 피했다. 그녀는 아무 말도 하지 않지만 우리는 집에 아무 음식도 없다는 것을 알고 있었다.

그때 사단의 은밀한 음성이 들렸다. "그래. 네 가족을 위해서 너와 네 하나님이 할 수 있는 일이 고작 이거냐?" 그 순간까지도 나는 그처럼 심한 무력감을 느껴본 적이 없었다. 이제 우리는 오클라호마 주 한복판에 살면서, 도움을 청하고 싶어도 누구에게로 가야 할 지 몰랐다. 상황이 너무나 힘들어졌기 때문에 일자리를 얻고자 했지만 기셀라는 이를 반대했다. 그녀는 내가 사업에 몰두하면 자국인 형제들을 위해 일할 시간이 없게 될까봐 두려웠던 것이다. 그녀에게는 다른 선택의 여지가 없었다. 다만 주님께 매달릴 뿐이었다. 그러면 그분께서 공급해 주실 것이었다.

계속해서 나를 조롱하는 사탄의 음성을 들으면서 나는 비참에 빠져 가만히 앉아 있었다. 마지막 남은 믿음을 가지고 하나님께 고백하며 그분을 찬양하였다.

그때 누군가가 문을 두드렸다. 기셀라가 문을 열어 주었다. 나는 아무도 만나고 싶지 않았다. 그런데 누군가가 우리 문 앞에 식료품 두 상자를 놓고 간 것이다. 그 사람이 우리의 궁핍한 처지를 알 리가 없었겠지만 우리는 그것이 하나님께로부터 온 것임을 알고 있었다.

그 당시에 우리의 필요는 그날그날 충당되어졌고 결코 선교사 후원금에서 생활비를 빌려야 할 필요가 없었다. 내가 지금 확신하는 바는 하나님이 우리 앞에 놓인 시련들을 미리 아셨으며 우리가 하나님을 볼 수 없는 바로 그 순간에도 오직 하나님만을 믿고 신뢰하도록 가르치고자 하셨다는 사실이다.

우리가 믿음을 품을 때 그것은 지금도 내가 완전하게 이해할 수 없는 어떤 방법을 통해서 우리의 신앙 생활 속에 인내와 소망을 가져온다. 그 누구도 오랜 세월을 아무런 핍박도 없이 예수님을 따를 수는 없다고 나는 확신한다. 핍박은 하나님이 그의 임재를 보여 주시는 방법이다. 핍박과 마찬가지로 고난과 시련도 성도의 삶의 자연스런 일부이다. 그것을 통해 성장하기 원한다면 그것을 즐거움으로 받아들이는 것을 배워야 하며, 이것은 개인뿐만 아니라 사역에도 적용된다고 생각한다. 아시아복음선교회는 그 첫 번째 광야 체험을 하고 있었으며 오클라호마 주에서 보낸 기간은 내가 지금껏 겪었던 가장 고통스러운 기다림의 시기였다. 우리는 객지에 홀로 남아 모든 힘이 바닥난 채 간절하게 하나님만 의지하게 되었다.

사역 초기에는 사람들에게 우리의 사역을 소개할 기회를 얻기가 매우 힘들었지만 그것만이 우리가 성장할 수 있는 유일한 방법이었다. 아무도 내 이름이나 아시아복음선교회의 이름을 몰랐다. 나는 우리가 누구인지를 설명하는 일에 여전히 어려움을 겪고 있었다. 마음속으로는 우리의 사명을 알고 있었지만 이를 다른 사람들에게 명료하게 알리는 방법은 아직 배우지 못했던 것이다. 몇 달 만에 내가 아는 사람들 모두에게 사역을 소개하고나자 더 이상 알릴 사람이 없게 되었다.

집회 일정을 준비하기 위해서 몇 주 동안을 편지하고 전화하고 기다려야 했다. 1980년 겨울 무렵에 비로소 나는 첫 번째 여행을 떠나게 되었다. 21일 동안 마음껏 여행할 수 있는 값싼 항공권을 구입하였고 용케도 18개 도시를 방문할 계획도 세워 놓았다. 일정에 따르면 달라스에서 로스앤젤레스까지 미국 남서부를 가로질러 가게 된다.

그런데 공교롭게도 떠나는 날 엄청난 한파가 우리 지역을 강타했다. 내가 탑승하려고 했던 오클라호마 주 유폴라발(發) 달라스행(行) 버스를 포함해서 모든 버스가 취소되었다.

우리가 타던 낡은 차는 엔진에 문제가 있었기 때문에 이웃에서 난방장치가 없는 낡은 소형 트럭을 빌려 주었다. 그 트럭은 달라스까지 무려 여섯 시간을 달리는 것은 고사하고 이웃 마을까지도 갈 수 없을 것 같았다. 하지만 다른 선택의 여지가 없었다. 비행기를 놓치게 되면 분주하게 짜여진 모든 일정이 엉망이 되고 말 것이다. 바로 지금 떠나야 했다.

나는 몸을 따뜻하게 유지하려고 양말을 두 겹으로 신었고 옷도 있는 대로 다 껴입었다. 그러나 이런 철저한 준비에도 불구하고 75번 고속도로에 오른 지 몇 분 만에 내가 끔찍한 실수를 범했음을 깨달았다. 순식간에 차가운 눈이 앞 유리를 뒤덮어 버린 것이었다. 나는 1마일마다 차를 멈추고는 내려서 유리를 긁어야 했다. 내 신발과 장갑은 금방 젖어서 얼어붙었다. 운전 시간이 여섯 시간보다 훨씬 더 걸릴 것을 깨달았다. 최악의 경우, 신문의 머릿기사에 "겨울 눈보라 속에서 얼어 죽은 설교자!"라는 제목을 보게 될 것이다. 나는 운전대에 머리를 떨구고는 하나님께 울부짖었다.

"주여, 제가 이 여행을 떠나기 원하신다면—제가 자국인 형제들을 돕는 일과 그 사명을 인정하신다면—무슨 일이든지 행하여 주옵소서."

고개를 들자 앞 유리에서 기적이 나타나는 것을 보았다. 얼음이 내 눈 앞에서 순식간에 녹아버리는 것이었다. 온기가 차 안에 넘쳤다. 나는 히터를 점검했지만 아무 것도 나오지 않았다. 밖에는 계속 눈보라가 휘몰아치고 있었다. 달라스에 올 때까지 눈은 그치지 않았지만 트럭은 계속 따뜻했고 앞 유리도 계속 맑았다.

이 기적적인 출발은 축복의 시작에 불과했다. 그 후 18일 동안 나는 가는 도시마다 새로운 후원자와 기증자들을 얻었다. 주님은 내가 만나는 모든 사람으로 하여금 내게 호감을 갖게 하셨다.

여행 마지막 날에는 캘리포니아에서 어떤 사람이 목사에게 다가와 하나님이 그가 가진 여분의 승용차를 나에게 주라고 말씀하셨다고 말했다. 나는 비행기 예약을 취소하고 하나님이 내게 공급하신 자동차 안에서 기뻐하며 집까지 운전하여 돌아왔다. 오는 도중에 나는 하나님께로부터 새로운 영감과 지시를 받았다.

그 후로 몇 년간을 그처럼 자동차 짐칸에서 살면서 초청받는 곳마다 이곳저곳을 전전긍긍하며 말씀을 전하였다. 우리가 얻은 새로운 후원자들은 모두 그러한 집회나 일대일의 접촉을 통해 생겨났다. 나는 새로운 후원자들을 더 빨리 효과적으로 얻을 수 있는 방법들이 있음을 알고 있었다. 다른 선교단체들의 다량 우송물과 라디오/TV 방송을 여러 차례 유심히 연구해 보기도 했지만, 그들이 하는 모든 일들은 엄청난 액수의 돈을 필요로 했다. 내게는 그만한 돈도 없었고 그런 돈을 어떻게 구할지도 몰랐다.

마침내 우리는 다시 달라스로 이사하였다. 이제는 사역을 위해 분주하게 여행을 다녔고, 그로 인해 가족에게는 큰 경제적 부담을 끼치고 있었다. 나는 점점 지치기 시작했고 사역을 싫어할 지경에까지 이르렀다.

두 가지 요인이 나를 힘들게 했다.

첫째는 내가 거지가 된 느낌이었다. 밤낮으로 여행하며 돈을 요구하는 것은 육체적으로 매우 힘들었다. 거의 행상인이 되다시피 여겨졌고 내 자신에 대한 자부심도 느낄 수가 없었다.

둘째로, 나는 사람들의 반응, 특별히 교회와 목회자들의 차가운 반응 때문에 실망하였다. 많은 경우, 그들은 나를 보기만 해도 당황하는 것 같았다. 하나님 나라의 확장을 위해서 함께 동역하는 형제의 교제가 어디로 가버렸는지 궁금했다. 여러 날 동안 겨우 한두 명의 새로운 후원자를 얻기 위해서 나는 많은 시간을 사람들에게 호소하였다. 목회자들과 선교 담당자들은 내 말을 경청하고는 연락하겠노라고 약속했지만 아무런 소식도 듣지 못하기가 일쑤였다. 마치 내가 그들의 건축 헌금과 친교실의 새 카펫, 또는 토요일 밤의 콘서트 등과 경쟁을 벌이는 것처럼 항상 느껴졌다.

죽음과 고통과 궁핍에 관한 나의 심각한 메시지에도 불구하고 사람들은 여전히 웃고 떠들면서 모임을 떠났다. 교회에서 발견하는 농담 섞인 분위기는 나를 슬프게 하고 내게 상처를 주었다. 아시아에서 수천 명의 사람들이 매일매일 굶어 죽거나 수백만 명의 집 없는 부랑자들이 거리를 헤매고 있는 비극을 이야기한 직후에도 외식하기 위해서 나가는 경우가 많았다. 이런 이유 때문에 나는 점점 더 분개하며 비판적이 되어 갔다. 내 자신이 내면적으로 점점 추하게 느껴지게 되자 좌절감이 파고들었다.

빌린 차를 타고 노스캐롤라이나 주의 그린스보로(Greensboro) 부근에서 혼자 집회를 다니던 1981년 초 어느 날, 심리적인 피곤함 때문에 생긴 온갖 침울한 감정이 서서히 나를 엄습해 왔다. 고단한 생활과 자신을 향한 연민의 감정에 사로잡혀 깊은 처량함에 빠졌다.

처음에는 두려움에 떨기 시작했다. 그때 문득 옆에 누가 있는 것처럼 느껴졌다. 주의 성령께서 말씀하고 계심을 깨달은 것이다.

그분은 이렇게 꾸짖으셨다. "내가 어떤 어려움에 빠진 나머지 누군가가 나를 위해 구걸하거나 도와주어야 한다고 생각하지 마라. 나는 지키지 않을 약속은 결코 한 적이 없다. 중요한 것은 사역의 규모가 아니라, 오직 내가 명한 것을 행하는 것이다. 너에게 원하는 것은 오직 종이 되라는 것뿐이다. 너의 사역에 동참하는 모든 사람들에게 그것은 특권이요 가벼운 짐이 될 것이다."

이 말씀은 내 마음속에 메아리쳤다. 이것은 주님의 사역이야, 나는 자신에게 말했다. 왜 이것을 내 것으로 만들고 있지? 이 짐은 가벼운데 나는 왜 이것을 무겁게 만들고 있지? 이 사역은 특권인데 나는 왜 그것을 시시한 일로 만들고 있는 것일까?

나는 즉시 나의 악한 태도를 회개했다. 하나님은 그분의 일을 나와 함께 나누시며, 나와 협력할 사람들에 대해서 내게 말씀하고 계셨다. 비록 그 후에도 나는 여전히 혼자 일하고 있었지만 다른 사람들이 나와 함께 동참할 것이며 그 짐을 가볍게 여길 것이라고 생각하면 마음이 설레었다. 그 순간부터 지금까지 나는 아시아복음선교회를 이끄는 부담감으로 짓눌려본 적이 없다. 이 선교회를 꾸려 나가는 것이 이제는 즐겁고 기쁜 일로 여겨졌다. 심지어 내 설교까지 바뀌었다. 몸가짐도 달라졌다. 압박감이 이제는 사라졌다. 더 이상 성도들에게 구걸하거나 죄책감을 느끼게 해야 한다고 생각하지 않게 되었다.

아시아복음선교회의 사역—그리고 자국인 선교 운동—은 하나님이 주도하시는 것이기 때문에 여기에는 사람의 염려나 안내가 필요하지 않다. 우리의 목표가 선교사 만 명을 돕는 것이든 천만 명을 돕는 것이든, 또 10개국에서 사역을 하든, 100개국에서 사역을 하든, 감독해야 할 직원이 다섯 명이든 오백 명이든지 상관없이 이제 나는 긴장하지 않고 사역에 임할 수 있다. 이것은 하나님의 일이기 때문에 우리의 짐은 가볍다.

우리는 달라스에서 사무실을 세내었고 선교 사역은 꾸준하게 성장하고 있었다. 나는 이제 큰 걸음을 내디딜 때가 되었다고 느끼면서 기적적인 돌파구를 위해 하나님을 기다렸다. 1981년 중순에는 수백 명의 자국인 선교사들이 도움을 기다리게 되었고, 나는 그 수가 곧 수천 명으로 불어날 것을 알고 있었다. 나는 더 이상 새로운 후원자들과 개인적으로 연락을 취할 수가 없었다. 나는 대중 매체를 이용해야 한다는 사실을 알고 있었다. 하지만 어디에서부터 시작해야 할지 몰랐다.

바로 그때 나는 레스터 롤로프(Lester Roloff) 형제를 만나게 되었다. 롤로프 형제는 지금은 주님 곁으로 갔지만 살아생전에 반세기 동안을 한결같이 주님을 섬기며 설교자로서 살아온 불굴의 사나이였다. 그의 인생 말엽에 나는 그를 찾아가서 우리의 사역을 도와달라고 부탁하였다. 그의 비서는 면담을 준비하면서 내게 5분만 만나줄 수 있다고 말했다. 하지만 그 비서는 우리가 2시간 동안 면담하는 것을 보고는 깜짝 놀랐다.

내가 롤로프 형제에게 자국인 선교 운동에 관해서 말했을 때, 그는 매일 방송되는 자신의 라디오 프로그램인 "가정 제단"(Family Altar)에 나를 손님으로 초대하였다. 그 당시 우리는 100명의 자국인 선교사들을 후원하고 있었는데, 롤로프 형제는 방송을 통해 공개적으로 선교사 여섯 명을 후원하겠다고 약속했다. 그는 나를 "자기가 만난 가장 위대한 선교사들" 중한 명이라고 소개하면서 청취자들에게도 자국인 선교를 후원하도록 권면하였다. 오래지 않아 우리는 전국 각지로부터 편지를 받기 시작하였다.

나는 그 수많은 엽서와 편지들을 읽으면서 미국과 캐나다가 얼마나 넓은 곳인가를 다시 한 번 실감했다. 롤로프 형제는 우리가 필요하다고 느꼈던 일을 감당해준 내가 만난 첫 번째 동역자였다. 그는 전국의 청취자들에게 어떻게 호소해야 하는지를 아는 사람이었다. 나는 어떻게 그와 함께 일하면서 그로부터 배울 수 있을지를 하나님께 보여 달라고 기도했다.

하나님의 응답은 내가 기대했던 것과는 너무도 달랐다. 하나님은 지금 생각해도 별나고 이상한 생각을 내게 주셨다. 나는 롤로프 형제에게 그의 우송자 명단을 빌려달라고 부탁하여 그의 청취자들에게 자국인 선교사를 후원하도록 요청하려고 했다.

떨리는 심정으로 그의 사무실에 전화를 걸어 또다시 만날 약속을 했다. 나를 다시 만난 그는 나의 요청에 크게 놀라면서 지금껏 아무에게도, 심지어 가장 친한 친구에게도 그 명단을 빌려준 일이 없다고 말하였다. 많은 단체들이 그의 명단을 요청하였지만 언제나 이를 거절하였다. 나도 마찬가지로 거절당할 것으로 생각하였지만, 그는 기도해 보겠노라고 말했다.

다음날 그는 내게 전화하여, 주님께서 그 명단을 우리에게 주라고 말씀하셨다고 설명하였다. 그 뿐만 아니라 추천서를 써줄 것이며 그 추천서가 발송되는 같은 날에 라디오 방송을 통해서 나와 면담하겠다고 제안하였다. 나는 솟구치는 기쁨으로 하나님을 찬양하였다. 그러나 머지않아 나는 그것이 단지 기적의 시작에 불과한 것이었음을 알게 되었다.

우송자 명단은 상당히 길었고 팜플렛과 나의 편지와 그의 추천서를 인쇄하고 발송하는 데 드는 비용은 우리가 가진 돈으로 부족했다. 그 돈을 구하는 방법은 한 가지밖에 없는 듯했다. 이번 한 번만 선교사 후원 기금에서 빌려야 했다. 나는 연거푸 이를 계산해 보았다. 내가 계산만 잘하면 겨우 몇 주 늦을지라도 후원금을 선교지로 보낼 수 있을 것 같았다. 하지만 이 계획에 대해서 나는 마음에 평안이 없었다. 나는 언제나 기금을 지정한 용도대로 정확하게 사용해 왔기 때문이다.

정기 후원금을 선교지에 보낼 날이 되자, 나는 재정을 담당한 직원에게 선교비 발송을 하루만 지연하게 하고는 기도하기 시작했다. 여전히 마음에 평안이 없었다. 그 다음 날도 하루만 더 연기하게 하였고 다시 기도하며 금식했다. 그래도 평안이 없었다. 삼일 째 선교금을 지체하며 기다렸지만 하나님은 내게 선교사 후원 기금을 사용하는 것을 허락하지 않으셨다.

내 자신의 모습이 비참했다. 결국 나는 비록 이것도 주님의 사역이기는 하지만 후원자들의 신뢰를 깨뜨릴 수 없다고 결심했다. 나는 비서에게 선교 후원금을 보내도록 지시하였다.

내가 이제 깨닫는 것은 그때 우리가 사역의 가장 어려운 시험 중 하나를 통과했다는 사실이다. 정말 그랬다. 그것은 후원자와 후원금을 크게 늘릴 수 있는 첫 번째 기회였지만 오직 정직한 방법으로 이루어져야 했다.

수표가 현지로 발송된 지 30분 후에 전화가 울렸다. 달라스에서 열렸던 연례만찬에서 단 한 번밖에 만난 적이 없는 부부였다. 그들은 우리를 돕기 위해서 기도하고 있었는데, 하나님이 그들의 마음속에 나를 떠올리셨다. 그들은 나와 만나서 이야기하기를 원했고 내가 필요한 것이 무엇인지 알고자 했다.

내가 팜플렛 인쇄와 발송에 필요한 경비가 얼마인지 설명하자 그들은 거의 2만 불(2천만 원)이나 되는 비용을 모두 충당해 주겠다고 약속했다. 출판사에서는 우리의 사역에 크게 감동한 나머지 무료로 인쇄해 주었다. 분명하게 하나님은 나의 믿음을 시험하고 계셨고 우리가 하나님께 순종하면 진정으로 모든 필요를 공급해 주신다는 사실을 기적적으로 보여 주셨다.

팜플렛 제작을 위한 디자인이 출판사로 갔고 인쇄된 편지들은 곧 우체국으로 발송되기를 기다렸다. 우편물의 도착에 맞추어 방송하게 될 특별한 라디오 방송도 준비해 놓았다. 방송 테이프도 이미 국내 여러 곳의 방송국으로 전달되었다.

타이밍이 가장 중요했다. 우편물은 월요일에 발송되어야 했다. 하지만 금요일이 되었는데도 우편 요금을 위해 마련된 금액이 없었다. 이번에는 선교 후원금에서 차용하는 것은 생각조차 하지 않았다. 그 돈은 손대지 않고 그대로 두었다.

나는 특별 기도회를 소집하여 그날 밤 우리 집 거실에서 모였다. 마침내 주님은 내게 평안을 주셨다. 나는 믿음으로 드린 우리의 기도가 응답될 것이라고 사람들에게 선언하였다. 모두 집으로 돌아간 후에 전화가 울렸다. 시카고에 사는 후원자 중 한 명이었다. 하나님이 그녀에게 5,000불 (500만 원)을 헌금하라고 온종일 말씀하셨다고 했다.

나는 "하나님을 찬양합니다!"라고 외쳤다.

우편물로 인한 사례는 아시아복음선교회의 역사에 또 하나의 전환점이 되었다. 새로운 후원자를 많이 얻게 됨으로써 우리가 후원할 수 있는 선교사들의 수가 두 배로 증가하였다.

그 후에 기독교생명선교회(Christian Life Missions)의 밥 워커(Bob Walker)나 방송 예배(Chapel of the Air)의 데이빗 메인스(David Mains)와 같은 다른 지도자들도 유사한 방법으로 우리를 돕고자 하였다. 사역 초창기의 우편 발송을 통해서 우리의 사역을 돕게 된 많은 사람들은 우리가 더욱 사역을 확장하도록 도움으로써 미국의 모든 주에 연결될 수 있는 기반을 제공하였다.

하나님은 예수 그리스도의 몸 된 교회를 위해 하나의 분명한 메시지를 우리에게 주셨는데, 바로 교회가 가진 선교적 사명을 회복하라는 부르심이다. 나는 어느 곳을 가든지 이 동일한 메시지를 전했다. 그것은 제2/3세계의 죽어가는 수백만 명을 대신해서 그리스도 안에 있는 내 형제 자매들을 향하여 부르짖는 예언자적인 호소였다. 이를 통해서 수천 명의 그리스도인들이 자신의 생활 방식을 바꾸고 복음의 요청에 순응하기 시작했다.

제8장

선교의 새 시대

수백 명의 헌신된 성도들이 이제 자국인 선교사들을 후원하게 되었다. 하지만 이런 성공의 감흥에도 불구하고 많은 것들, 특별히 미국 성도들의 모습이 내 마음을 아프게 했다. 이 나라를 그토록 위대하게 만든 선교와 구제에 대한 열정은 어떻게 되었나? 밤마다 나는 회중 앞에 서서 이 지구상의 현실을 전달하려고 노력했다. 하지만 어떤 이유에서인지 전달의 어려움을 느꼈다. 나는 성취되지 못한 그들의 사명을 뚜렷하게 볼 수 있었다. 그들이 성취하지 못하는 이유가 도대체 무엇일까?

그들은 역사상 그 누구보다도 지상 명령을 성취하는 일에 유능하고 부유하며 자유롭게 활동할 수 있는 위대한 특권을 가진 민족이 아닌가! 그러나 나의 회중들은 이 사실을 이해하고 있는 것 같지 않았다. 나를 더 혼란스럽게 하는 것은, 개인적으로 대해 보면 그들이 기본적으로 매우 정중하고 너그러우며 영적으로 재능이 뛰어난 사람들이라는 사실이다. 1세기의 고린도교회처럼 그들은 모든 영적인 축복을 풍성하게 누리고 있는 것 같았다.

나는 주님께 물었다. "그렇다면 내가 그들을 납득시키지 못하는 이유는 무엇입니까? 자국인 선교 운동이 정말로 하나님의 뜻이라면 사람들이 이렇게 반응하지 않는 이유는 무엇이란 말입니까?"

무언가가 잘못된 것이 분명했다. 사탄은 서양 성도들의 마음속에 덫을, 아마도 여러 개의 덫을 놓았다. 한마디로 그들은 하나님이 지금도 그들에게 주고 계신 부르심과 선교 사역의 아름다운 전통을 저버림으로써 복음의 사명을 잃어버리고 만 것이다.

나는 기도하는 가운데 미국 성도들의 생활 방식에 변화를 가져 올 메시지를 하나님께 구하기 시작했다. 몇 주 후에 그 기도가 응답되었다. 메시지는 크고도 분명했다. 즉 성도들 가운데 회개가 없으면—개인적으로 그리고 믿는 공동체가 한 마음으로—끔찍한 심판이 미국에 임할 것이라는 메시지였다.

나는 하나님의 은혜와 용서의 손길이 여전히 그의 백성에게 펼쳐 있음을 그때나 지금이나 확신하고 있다. 미국의 성도들을 마치 암처럼 괴롭히는 침체 현상의 원인에는 두 가지 이유들이 있는 듯했다. 첫 번째는 역사적인 것이다. 두 번째는 교만, 불신, 속된 마음(worldliness) 등의 세 가지 근본적인 악덕들과 관련된 고백되지 않은 죄들이다.

역사적으로, 서양의 교회는 제 2차 세계대전이 종결되면서 세계 선교에 대한 도전을 망각해 버렸다. 그때 이후로 세계 선교를 향한 그들의 비전과 사명은 계속해서 식어가기 시작했다. 오늘날의 미국인들은, "선교사"라는 단어를 생각할 때면 언제나 끓는 물이 든 커다란 항아리와 창을 들고 있는 식인종을 그려 놓은 만화 같은 장면을 연상한다.

뛰어난 복음주의 지도자들과 선교사들의 열정적인 활동에도 불구하고 서양인들의 선교 활동으로는 아시아의 인구 폭발과 민족주의(nationalism) 라는 제 2/3세계의 새로운 정치적 현실에 대응해 나갈 수가 없다. 북미의 성도들 대부분은 아직도 선교를 파란 눈과 금발의 백인들이 제 2/3세계의 흑인들에게 가는 것으로 생각하고 있다. 그러나 사실은 제 2차 세계 대전 말에 서양의 강대국들이 그들의 식민지에 대한 정치적, 군사적 영향력을 잃게 되면서 이 모든 것들이 변해 버렸다.

내가 교회들과 각종 선교 대회에 참석한 청중들에게 메시지를 전하면 미국인들은 오늘날 선교의 현실에 대해서 듣고 깜짝 놀란다. 아시아에서 수행되는 주요 선교 사역을 이제는 현지의 자국인 선교사들이 거의 전적으로 떠맡았다. 그 결과는 매우 놀랍다. 북미 성도들은 자국인 선교사들이 제 2/3세계에서 매주 수백 개의 새로운 교회를 개척하며, 매일 수천 명의 사람들이 그리스도께 돌아오고 있으며, 또한 영적으로 잘 훈련된 수만 명의 유능한 젊은이들이 후원자만 생긴다면 더 많은 사역을 시작할 준비가 되어 있다는 사실을 알고는 충격을 받는다.

서양의 선교사들을 더 이상 용납하지 않는 인도에서는 오늘날 과거 어느 때보다도 많은 교회와 사역이 진행되고 있다. 중국도 이런 새로운 현실을 보여 주는 또 다른 좋은 예이다. 공산당이 서양 선교사들을 추방하고 1950년에 교회들을 폐쇄했을 때 마치 기독교가 죽은 것처럼 보였다. 사실상 알려진 지도자들은 대부분 투옥을 당하였고 중국의 목사들 한 세대가 감옥과 고문실에서 죽임을 당하거나 사라져 버렸다.

하지만 오늘날 중국과의 대화가 개통되면서 그동안 공산주의자들의 핍박에도 불구하고 500,000개 이상의 지하 교회들이 생겼다는 사실이 알려지게 되었다.[1] 오늘날 중국 성도들은 통계는 다양하게 보고되고 있지만 믿을 만한 자료에 의하면 서양 선교사들이 추방될 당시의 1백만 명에 비해서 지금은 대략 5천만 명에 달한다.[2] 다시 말하지만, 이 모든 것은 토착 교회 운동의 영적인 역사 가운데서 이루어진 것이다.

역사적인 관점에서 볼 때 서양인들의 사고 방식이 역사 속에서 어떠한 혼란을 겪어 왔는지를 파악하는 것은 어렵지 않다. 1950년대 초기에는 식민주의적인 선교 체제의 몰락이 가장 큰 뉴스였다. 중국, 인도, 미얀마, 북한, 베트남 등 많은 신생 독립국들이 서양 선교사들의 입국을 거절했을 때 전통적인 교회와 교단의 선교부들은 자연히 이제 선교는 끝났다고 생각했다.

물론 이런 생각은 여러 복음주의적인 선교 단체들이 그 당시에도 성장하고 있었다는 사실에 비추어 볼 때 사실이 아니었다. 하지만 여전히 많은 사람들이 이제는 선교의 시대가 영원히 막을 내렸다고 확신하게 되었다. 대부분의 교회에서 지키는 연례 선교 주일을 제외하고는 많은 북미 성도들은 그리스도의 지상 명령이 세계적인 차원에서 성취되는 것을 보고자 하는 소망조차 잃어버렸다. 노골적으로 표현하지는 않지만 여기에는 "북미나 서유럽에 기초를 둔 선교 단체들이 선교를 주도하지 않는다면 세계 선교의 사명은 성취되지 않을 것이다."라는 생각이 내포되어 있다.

예전에는 복음을 선포하기 위해 사용되었던 선교 헌금이 갈수록 자선 사업이나 사회 보장과 같이 과거 식민지로부터 신생한 국가들의 환심을 끄는 일들을 위해서 더 많이 사용되고 있다. 이에 부응하여 오늘날에는 사회적, 정치적 활동을 때때로 복음 전도와 동일시하는 선교학이 발전하였다.

아시아에 머물렀던 많은 서양 선교사들 또한 민족주의의 부흥으로 큰 타격을 받았다. 그들은 주로 방송과 교육, 의료, 출판, 구제와 같은 사회 사업에 주력하면서 복음 전도와 제자 훈련으로부터는 서서히 후퇴하기 시작하였다. 서양 선교사들은 고국에 돌아와서는 "토착화"가 서구 인력의 철수뿐만 아니라, 재정과 다른 후원의 철수까지도 의미한다는 인상을 계속해서 심어주었다.

한편 서양의 지도자들 사이에서는 "선교의 미래"에 대한 논쟁이 갑자기 일어나서 수많은 저술과 몇몇 귀중한 연구들을 유출하였다. 그러나 유감스럽게도 일반적인 성도에게 나타난 전반적인 결과는 지극히 부정적이었다. 오늘날 성도들은 선교의 새 날이 밝았다는 사실이나, 그들의 선교 지원이 과거 그 어느 때보다도 더욱 절실히 필요하다는 사실을 전혀 알지 못하고 있다.

물론 많은 경우, 정치적인 이유 때문에 서양 선교사들이 더 이상 해외로 갈 수 없게 되었지만, 그들은 제 2/3세계를 도와 선교의 사명을 끝마치는 일에 여전히 중대한 역할을 할 수 있다. 나는 과거에 고국의 성도들에 의해서 파송된 허드슨 테일러(Hudson Taylor)나 그와 같은 선교사들의 선구적인 사역으로 인해 하나님을 찬양한다. 하지만 이제 인도와 같은 나라들에서는 현지인 사역자들과 성경 교사들에게 재정적, 기술적인 지원을 보내는 것이 더욱 필요하다.

지상 명령에 순종하며 참여하는 일, 당신 자신과 교회와 가족이 자국인 선교를 후원하는 일에 협력하는 일이 의미하는 것이 무엇인지 생각해 보라.

다음과 같은 상황을 한 번 머리에 그려 보라. 당신이 이 땅의 인생을 끝마치고 천국에 도착한다. 그곳에는 우리 주 예수 그리스도께서 영광 중에 보좌에 앉아 계신다. 아브라함, 모세, 베드로, 바울, 그리고 후대의 위대한 인물들을 포함해서 책에서 읽었던 성인들과 순교자들도 그곳에 있다. 복음을 듣고 순종한 당신의 가족과 친지들도 그곳에 있다. 그들 모두가 당신을 천국으로 맞아들인다. 당신은 기쁨과 찬송이 가득한 채 축복 속에 그곳을 거닌다. 성경의 모든 약속들이 정말로 사실이다. 정말로 정금으로 된 길이 놓여있고, 하나님의 영광이 해와 달과 별을 대신하여 밝게 빛나고 있다. 그 누구도 이 장면을 온전하게 묘사할 수 없다.

그때 당신이 알지 못하는 수십 명의 낯선 사람들이 행복한 미소를 머금고 팔을 벌리며 다가와 당신 주위에 둘러서기 시작한다. 그들은 사랑과 고마움을 품고 당신을 껴안는다. "감사합니다……. 감사합니다……. 감사합니다." 그들은 한 목소리로 반복한다. 당신은 크게 놀라며 "왜 그러시죠? 제가 한 일이 무엇이죠? 여러분을 이전에 본 적이 없는데요." 하고 묻는다.

그들은 자기들이 이 땅에 있을 때 당신의 사랑과 염려 덕분에 천국에 오게 되었다고 한결같이 말한다. 그들은 성경이 말하는 대로 인도, 방글라데시, 부탄, 태국, 필리핀 등 "모든 방언과 족속"으로부터 온 사람들이다.

"하지만 구체적으로 제가 한 일이 무엇입니까?" 당신이 묻는다. 그때 비디오테이프를 재생하듯이 당신이 이 땅에 살고 있을 때 어느 선교 지도자가 당신의 교회에 왔던 장면이 당신의 마음에 떠오른다. 그는 복음을 한 번도 들어본 적이 없는 아시아의 수많은 영혼들(인도에만 약 4억 명)[3]에 대해서 이야기하였다. 극도로 가난한 자국인 선교사들의 상황을 말하면서 그들을 후원해 달라고 당신에게 요청했다.

당신 주위에 모인 아시아인들은 계속해서 말한다. "당신의 후원 덕분에 우리와 똑같이 생긴 사람—자국인 선교사—한 명이 우리에게 와서 천국의 복음을 전해 주었습니다. 그는 우리의 언어를 사용했으며 우리가 입는 옷을 입고 우리처럼 가난하고 소박하게 살았습니다. 우리는 그가 전하는 내용을 쉽게 받아들일 수 있었습니다. 우리는 우리를 위해 십자가에서 죽으신 예수님의 사랑에 대해서, 그리고 그분의 피가 어떻게 우리를 죄와 사탄과 죽음에서 구원했는지를 처음으로 알게 되었습니다."

그들이 말을 맺자 몇몇 가족이 당신에게 다가온다. 그들의 얼굴에서도 감사와 사랑의 미소를 볼 수 있다. 그들도 다른 사람들처럼 당신을 감싸 안으며 고마워한다.

"우리가 세상에서 주님을 힘들게 섬기고 있을 때 당신이 우리를 후원 하심으로써 보여 준 사랑과 친절에 대한 감사를 우리가 어떻게 표현할 수 있을까요? 우리는 자주 굶었습니다. 아이들은 우유를 달라고 울어댔지만 줄 것이 아무것도 없었습니다. 우리 동포들도 우리를 알아주지 않고 따돌렸지만 우리는 복음을 전혀 들어 보지 못한 그들에게 복음을 전하고자 노력했습니다. 그래서 그들도 이제 우리와 함께 이 영원한 천국에 오게 되었습니다.

"우리가 고난 가운데 처했을 때 당신은 기도와 물질적인 도움을 가지고 우리의 삶 속에 찾아왔습니다. 당신의 도움은 우리에게 크나큰 힘이 되었고, 우리는 주님께서 맡기신 사역을 지속할 수 있었습니다.

"세상에서는 당신을 직접 만날 기회가 없었습니다. 하지만 여기서 만나게 되었고 당신과 함께 주님께서 주신 승리를 기뻐하며 영원히 살 수 있게 되었군요."

이제는 예수께서 친히 나타나신다. 예수께서 당신의 귀에 익은 성경 구절을 말씀하실 때 당신은 엎드려 절한다. "내가 주릴 때에 너희가 먹을 것을 주었고 목마를 때에 마시게 하였고 나그네 되었을 때에 영접하였고 벗었을 때에 옷을 입혔고……. 너희가 여기 내 형제 중에 지극히 작은 자 하나에게 한 것이 곧 내게 한 것이니라"(마 25:35-36, 40).

이것이 단지 하나의 동화 같은 이야기인가? 아니면 미국의 수많은 성도들에게 나타나게 될 현실인가? 나는 이것이 성도들이 장차 천국에 가서 그들이 어떻게 좀이 먹거나 녹슬지 않는 곳에 재물을 쌓아 두었는지를 보게 될 때 실제로 일어날 수 있는 일이라고 믿는다.

나는 단 위에 설 때마다 설교 초두에 모든 성도가 스스로에게 물어보아야 하는 매우 중요한 다음의 두 가지 질문을 던진다.

• 당신은 왜 하나님이 당신을 아프리카나 아시아의 가난한 나라가 아닌 북미나 서유럽에 태어나게 하셨고 그러한 물질적, 영적 풍요를 누리도록 허락하셨다고 생각하는가?

• 당신이 이곳에서 누리는 온갖 풍족함을 고려할 때, 제 2/3세계에서 고통 받고 있고 복음을 듣지 못하는 수백만 명의 사람들에 대한 당신의 최소한의 책임은 무엇이라고 생각하는가?

당신은 이 세상 사람들 중에서도 특권층 가운데 태어났다. 다른 사람들은 가진 것이 너무도 적은데 당신은 너무나 많은 것을 가지고 있다. 기독교 유산을 갖지 못한 국가들과 당신의 나라 사이의 아래와 같은 엄청난 차이들을 잠시 생각해 보라.

• 전 세계 인구의 사분의 일이 하루 1불(1천 원) 미만의 수입으로 살고 있으며 그들 대부분은 아시아에 살고 있다.[4] 남아시아의 일인당 국민 총생산량(GNP)은 1년에 겨우 460불(46만 원)이다. 미국인들은 그것보다 평균 77배를 더 많이 벌어들인다.[5] 게다가 미국의 성도들은 대부분 중상층에 속하기 때문에 이보다 더 많은 수입을 번다. 아시아복음선교회가 자국인 선교 운동을 돕고 있는 대부분의 나라에서는 하루 품삯이 1-3불 정도이다. 세상의 수많은 사람들이 다음 끼니를 걱정하고 있을 때, 부유한 북미인들은 그들의 수입과 시간을 대부분 불필요한 물품 구입에 사용하고 있다.

• 미국과 캐나다와 서유럽에 사는 사람들은 선택의 자유를 누린다. 그들

에게는 언론, 출판, 집회에 관한 정치적인 자유, 마음껏 예배하고 종교 단체를 구성할 수 있는 종교의 자유, 자기가 원하는 곳에서 마음껏 살 자유, 그리고 국내외적으로 발견되는 불의나 문제점들을 그들 스스로 규합해서 시정할 수 있는 자유 등은 평범하고 당연한 것으로 여겨진다.

● 비록 법에 명시되지는 않았을지라도 서양인들이 가진 넉넉한 수입과 여가는 세계의 다른 여러 곳에서 겪고 있는 생필품의 부족 현상으로부터 그들을 자유롭게 해 준다.

● 엄청난 규모의 통신망, 교육, 재정, 매스 미디어, 편리한 교통 시설 등으로 인해 쉽게 변화를 가져올 수 있다. 세계의 다른 대부분의 지역에 사는 사람들은 불행하게도 이러한 혜택을 마음껏 누리지 못하고 있다.

● 끝으로, 미국 내부적으로 겪는 궁핍은 매우 적은 편이다. 어떤 지역에서는 실업이 심각한 문제이지만 제 2/3세계의 거의 모든 나라는 이보다 몇 배 높은 실업률로 고통을 겪고 있다. 방글라데시 같은 나라들에서 집도 없이 방랑하며 기아에 허덕이는 수백만 명의 고통을 우리 중의 몇 명이나 이해할 수 있겠는가? 해외에서는 이러한 문제들이 대규모로 나타나고 있다. 몇몇 나라들은 문제를 스스로 해결해 보려고 몸부림치지만 슬프게도 여전히 실패하고 있다.

이상은 주로 기독교적인 유산 때문에 큰 축복을 받은 나라들이 누리고 있는 수많은 생활 혜택들을 잘 설명해 준다.

제9장

선교가 선택인가?

만약 사도 바울이 복음을 유럽에 전하지 않았다면 자유나 인간의 존엄성과 같은 기본적인 원칙들이 미국의 유산에 포함되지 못했을 것이다. 성령께서 바울의 발길을 아시아로부터 돌려 서쪽으로 가도록 인도하신 까닭에 미국은 법률과 경제 체계를 다지는 축복을 누렸고 그 결과 자유롭고 부강한 나라가 되었다.

더욱이 미국은 그리스도를 믿고 하나님과 언약을 맺은 신앙인들이 건설하여 하나님께 새롭게 바친 세계 유일의 나라이다.

물질적 풍요와 자유와 신의 축복 속에 태어난 미국인들이야말로 지구상에서 가장 감사하는 사람들이 되어야 마땅하다.

그러나 특권에는 책임이 뒤따른다. 그리스도인들은 그들이 축복을 받게 된 이유에 대해서 뿐만 아니라, 값없이 얻은 그 축복으로 무엇을 해야 하는지에 대해서도 질문해야 한다.

성경 전체를 통해서 우리는 풍요에 대한 올바른 응답은 바로 이웃과 "나누는 것"(sharing)이라는 사실을 보게 된다. 하나님은 어떤 사람들에게는 다른 사람을 위한 축복의 통로가 될 수 있게 하시려고 그들이 필요로 하는 것 이상을 주신다. 하나님은 온 세상에 살고 있는 그의 백성들 가운데 공평을 원하신다. 그렇기 때문에 초대 교회에는 가난이 없었다.

사도 바울은 부유한 고린도 성도들에게 다음과 같이 편지했다. "이는 다른 사람들은 평안하게 하고 너희는 곤고하게 하려는 것이 아니요 평균케 하려 함이니 이제 너희의 유여한 것으로 저희 부족한 것을 보충함은 후에 저희 유여한 것으로 너희 부족한 것을 보충하여 평균하게 하려 함이라"(고후 8:13-14).

성경은 궁핍한 형제들에게 우리가 사랑을 베풀도록 강조하고 요구한다. 바로 지금, 어느 누구도 해결할 수 없는 역사적, 경제적 요인 때문에 아시아에는 궁핍한 형제들이 있다. 부유한 형제들은 미국과 캐나다 및 다른 몇몇 나라들에 있다. 결론은 분명하다. 부요한 성도들은 가난한 교회들과 물질을 나누어야 한다.

"우리가 형제를 사랑함으로 사망에서 옮겨 생명으로 들어간 줄을 알거니와…… 누가 이 세상 재물을 가지고 형제의 궁핍함을 보고도 도와줄 마음을 막으면 하나님의 사랑이 어찌 그 속에 거할까 보냐. 자녀들아 우리가 말과 혀로만 사랑하지 말고 오직 행함과 진실함으로 하자"(요일 3:14-18).

또한 "내 형제들아 만일 사람이 믿음이 있노라 하고 행함이 없으면 무슨 유익이 있으리요. 그 믿음이 능히 자기를 구원하겠느냐. 만일 형제나 자매가 헐벗고 일용할 양식이 없는데 너희 중에 누구든지 그에게 이르되 평안히 가라. 더웁게 하라. 배부르게 하라 하며 그 몸에 쓸 것을 주지 아니하면 무슨 유익이 있으리요. 이와 같이 행함이 없는 믿음은 그 자체가 죽은 것이라"(약 2:14-17).

선교가 과연 하나의 선택 사항에 불과한가? 특히 미국처럼 극도로 부유한 나라에서 말이다. 이에 대한 성경의 대답은 분명하다. 모든 부유한 성도들은 다른 나라에 있는 교회의 가난한 형제들을 돕는 일에 참여해야 할 책임이 있다.

하나님은 성도들이 편안하게 지내며 사회의 온갖 혜택을 누리게 하거나, 심지어 신앙 생활에 있어서도 좋은 책과 세미나와 수양회를 우리만 즐기도록 하기 위해서 이처럼 놀라운 축복을 허락하시지는 않았다. 하나님이 우리를 이 땅에 두신 이유는 우리가 어떻게 다른 사람들과 우리의 물질을 나누고 하나님의 목적을 성취하는 일에 사용할 수 있는지를 배움으로써 이러한 영적, 물질적인 축복을 잘 관리하는 청지기가 되는 것이다.

그렇다면 핵심은 무엇인가? 하나님은 우리가 그리스도인으로서 우리의 생활 방식을 바꾸고 불필요한 것들을 포기함으로써 우리의 재물을 하나님 나라에 투자할 수 있도록 부르신다.

나는 그 일환으로 성도들에게 하루에 최소한 1불씩 저축하여 그 돈으로 제 2/3세계의 자국인 선교사 한 명을 후원하도록 격려한다. 물론 이것은 출석하는 교회나 다른 사역들에 대한 헌신과는 별도로 드려져야 한다. 나는 성도들이 다른 사역을 위해 드리던 헌금을 거두어서 자국인 선교를 위해 드리도록 요청하는 것이 아니라, 현재 드리고 있는 수준보다 더 많이 드리도록 권면하는 것이다. 대부분의 사람들은 그렇게 할 수 있다.

북미와 서유럽의 수많은 성도들은 과자나 케이크, 사탕, 커피, 청량음료 등을 절제함으로써 이것을 쉽게 성취할 수 있다. 그러한 음식들은 우리의 몸에도 해롭기 때문에 아무라도 이런 방법을 사용한다면 한 달에 한두 명의 선교사를 후원하기에 충분한 돈을 모을 수 있다. 이보다 더 나아가 건강에 아무런 영향도 끼치지 않은 채 여러 명의 선교사들을 매월 후원할 수 있는 사람들도 많이 있다.

물론 여러 다른 방법으로도 참여할 수 있다. 어떤 사람은 재정적으로는 많이 드릴 수 없지만, 기도에 시간을 투자하거나 더 많은 후원자를 모집하는 일을 도울 수도 있다. 또 한편으로 어떤 이들은 부름을 받고 해외로 나가 선교 사역을 직접적으로 경험할 수도 있다.

하지만 나는 오늘날 세계 복음화를 가로막는 가장 큰 장애물은 그리스도의 몸 된 교회의 온전한 참여가 부족하기 때문이라는 사실을 인정한다. 나는 제 2/3세계를 복음화하기 위해서 필요한 모든 자국인 선교사들을 도울 수 있는 후원자들이 이미 충분하게 있다고 확신한다.

자국인 선교 운동이 비교적 새롭고 아직도 많은 성도들이 참여의 도전을 받지 못했지만 그것은 피상적인 이유이다. 참된 이유는 더 근본적이며 치명적이다. 그리스도의 몸 된 교회가 세계 복음화를 달성하지 못하는 세 가지 주된 이유는 교만, 불신, 속된 마음이다.

일반 성도들에게 왜 주께서 소돔을 멸망하셨는지 물어보면, 대부분은 그 도시의 끔찍한 부도덕을 이유로 들 것이다. 그러나 에스겔 16장 49-50절에서 그 진정한 이유를 보여 준다. "네 아우 소돔의 죄악은 이러하니 그와 그 딸들에게 교만함과 식물의 풍족함과 태평함이 있음이며 또 그가 가난하고 궁핍한 자를 도와주지 아니하며 거만하고 가증한 일을 내 앞에서 행하였음이라. 그러므로 내가 보고 그들을 없이 하였느니라."

교만 때문에 소돔은 궁핍한 사람들 돕기를 거절하였다. 우리도 소돔의 교만과 비슷한 민족적인 교만에 사로잡혀 있다. 이기심과 타락이 교만으로부터 파생되지만, 우리는 교만을 모든 문제의 참된 뿌리로 여겨야 한다. 이 뿌리를 잘라버리면 그것이 자라기도 전에 다른 수많은 죄악들을 잘라버리는 셈이다.

어느 교회의 선교 대회에서 집회를 인도하던 중에 그 교회는 선교 위원회에서 계획하고 있는 새로운 선교 정책에 대한 나의 의견을 듣기 위해

별도로 만나자고 했다. 이미 설교를 끝내고 난 후라 매우 피곤했다. 나는 그 회의에 참석하고 싶지 않았다. 22명이 참석한 그 회의는 교회에서의 모임이라기보다 마치 IBM이나 General Motors와 같이 큰 기업체의 이사회와도 같았다.

사회자는 사업적으로 들리는 인상적인 계획을 제안하였다. 그 계획에는 "제 2/3세계의 토박이들"을 아시아로부터 남미의 선교 현장으로 유입하는 것을 포함하였다. 그것은 매우 미래적이었고 선교를 위한 도약처럼 들렸지만 내 마음속에서는 경고등이 요란하게 울리고 있었다. 내게는 그것이 마치 다르게 위장한 19세기의 식민주의적인 선교처럼 들렸다.

주께서 내게 분명하게 말씀하셨다. "아들아, 오늘 밤 너는 이 사람들에게 말해야 한다. 그들은 그토록 자신감에 젖어서 이 계획에 관해서는 전혀 나에게 묻지도 않았다. 그들은 내가 무능력하다고 생각한다."

마침내 교회 위원회의 회장이 그 계획에 대한 나의 견해를 물었을 때 나는 일어서서 마태복음 28:18-20절을 읽었다. "하늘과 땅의 모든 권세를 내게 주셨으니 그러므로 너희는 가서 모든 족속으로 제자를 삼아…… 내가 너희에게 분부한 모든 것을 가르쳐 지키게 하라. 볼지어다. 내가 세상 끝 날까지 너와 함께 하리라."

그리고는 성경을 덮고 각 사람의 눈을 쳐다보며 잠시 침묵했다. "만일 하나님이 여러분과 함께 하시면 여러분은 그분을 닮을 뿐만 아니라, 그분을 대표하며 그분의 권능을 발휘하게 될 것입니다. 그런데 이 계획 속에 하나님의 능력은 어디에 있습니까?"

여러 말을 할 필요가 없었다. 성령께서 내 말에 기름을 부으셔서 모두가 내 말을 이해한 듯했다.

"여러분은 기도하기 위해 얼마나 자주 만났습니까?" 나는 수사학적으로 질문했다. "여러분의 선교 전략에 대한 하나님의 뜻을 추구하기 위해 하루 온종일 기도해 본 적이 언제였습니까?" 그들의 눈을 보니까 몇 십만 불(수억 원)이나 되는 막대한 선교 예산을 위해 그들이 별로 기도하지 않았음을 쉽게 볼 수 있었다.

토론은 새벽 1시 30분까지 계속되었지만 방 안에는 새로운 회개의 분위기가 넘쳤다.

모임 후에 회장이 나에게 말했다. 'K.P. 형제, 당신은 우리가 오늘 저녁에 하려던 모든 일을 망쳐놓았습니다. 하지만 지금 우리는 하나님의 계획을 알기 위해 그분께 매어달릴 준비가 되어 있습니다."

그러한 겸손은 교회를 하나님의 뜻과 폭넓은 계획 한가운데로 회복시켜 줄 것이다. 오늘날의 교회들은 하나님의 뜻을 기다리는 겸손이 그들에게 없기 때문에 그들의 사역 가운데서 하나님의 능력과 기름 부으심을 경험하지 못하고 있다. 그러한 죄 때문에 세계 여러 지역이 아직도 복음화되지 못하고 있다.

살아계신 하나님을 전적으로 의지함으로써 수행되는 복음주의 기독교 사역은 많지 않다. 앞서 언급한 교회의 성도들처럼 우리는 하나님의 일을 "하기" 위해서 새로운 방법과 계획과 기술을 고안해 낸다. 그러나 그 사역에 명목상 참여하고 있는 사람들은 예수님의 사역을 행하기 위해서 기도할 필요나 성령으로 충만해야 할 필요를 별로 느끼지 못한다.

우리는 사도들과 선지자들의 믿음으로부터 얼마나 멀어져 버렸는가! 세상적인 방법과 기술들이 하나님의 성전으로 유입되는 것은 얼마나 큰 비극인가! 우리가 스스로 할 수 있다는 교만을 버릴 때에 비로소 하나님은 우리를 사용하실 수 있다. 교회나 선교 단체가 기도하는 일보다 계획을 세우고 남의 조언을 듣는 일에 더 많은 시간을 보낸다면 이것은 그들이 초자연적인 세계를 이해하지 못했으며, 워치만 니(Watchman Nee)의 말대로 "하나님의 집을 섬기면서도 정작 그 집의 주인은 망각"했다는 분명한 표시이다.

교만죄의 일부는 미묘하면서도 뿌리 깊은 인종 차별이다. 여러 교회를 다니면서 나는 다음과 같이 타당해 보이는 질문을 받는다. "현지의 교회가 선교 기금을 제대로 관리할 준비가 되어 있습니까?" "자국인 선교사들은 어떤 종류의 훈련을 받았습니까?"

그러한 질문이 선한 청지기직을 향한 진실한 소망에 기초한 것이라면 칭찬할 만하지만, 나는 많은 경우에 그러한 질문들의 의도가 올바르지 못함을 발견했다. 서양인들은 같은 서양인을 신뢰하는 것처럼 아시아인들을 신뢰하기를 거부한다. 어느 자국인 선교사가 복음 사역을 위해 부르심을 받았음을 우리가 인정한다면 우리는 우리와 같은 문화권의 형제에게 하듯 하나님을 신뢰하고 자국인 사역자와 그의 조력자들에게 우리의 지도권을 양도해야 한다. 이곳의 해외선교부에서 바다 건너 현지에서의 물질 사용과 사역까지 계속해서 통제하기를 기내하는 것은 식민지주의의 연장이다. 그러한 태도는 장기적으로 볼 때 자국인 선교사들을 무시하고 약화시키는 비성서적인 요인을 덧붙이게 될 뿐이다.

성도들은 자신들의 돈을 현지 사역자들에게 주는 것이 아니라 하나님의 돈을 그분의 해외 사역에 보낸다는 사실을 알아야 한다.

교만한 태도는 또 다음과 같은 영역에서 나타난다: 교회는 묵상, 금식, 말씀 듣기, 기도, 침묵, 성경 암송, 순종과 반성 등의 잃어버린 조용한 훈련들을 발전시킬 필요가 있다.

성도들은 존 웨인의 영화에서처럼 주먹질하며 고군분투하는 자세를 중요시하기보다는 하나님의 능력이 그들의 활동 속에 나타날 때까지 조용히 앉아서 기다릴 때 더 효과적으로 사역할 수 있다.

많은 기독교 지도자들이 그들의 시간과 힘을 축내는 부수적인 문제들에 사로잡혀 있다. 내가 설교했던 한 교회를 지금도 잊을 수가 없는데, 그 교회의 목사는 흠정역(King James Version) 성경을 옹호하는 운동을 벌이고 있었다. 그는 흠정역을 강조하는 일에 설교 시간 대부분을 사용할 뿐만 아니라, 이 번역만 사용할 것을 강조하기 위해 수천 불을 들여 소책자와 전단과 팜플렛을 인쇄하였다.

수년간 미국에 살면서 나는 성도들과 온 교회 전체가 이와 유사한 온갖종류의 일들에 사로잡혀 있는 것을 많이 보았다. 그러한 일들은 그 자체가 나쁘지는 않지만, 결국 그리스도께 대한 순종으로부터 우리의 시선을돌리게 한다. 이런 시각에서 그것들은 적그리스도가 된다. 열띤 논쟁을가져오는 이러한 문제들—성경 번역의 오류 여부, 성령의 은사, 부흥 강사의 최근 계시, 세속적 인본주의, 또는 앞으로 끊임없이 제기될 새로운문제들—은 그 나름의 적절한 관점 속에서 다루어져야 한다. 무찔러야할 새로운 적들은 언제나 있지만, 이런 지엽적인 문제들 때문에 하나님의나라를 세우고 확장하는 주된 과업에 타격이 생겨서는 안 된다.

나는 교회와 신학자들이 여러 가지 상이한 문제들 때문에 심하게 분열되어 있는 것을 목격하는데, 이것을 보며 내가 느끼는 것은 많은 경우 우리를 복음 이외의 것에 몰두하게 하려고 이러한 교리적인 분열들이 사탄에 의해서 사용되고 있다는 사실이다.

우리는 "내가 항상 옳다"는 강한 자아에 이끌려 살고 있다. 또한 "우리식대로 하려는" 강한 욕구에 때때로 노예가 된다. 이 모든 것들이 교만의증거이다. 이와 상반되는 것은 그리스도께서 명령하신 종의 자세와 겸손한 희생이다. 낯선 땅에서 낯선 사람에게 당신이 모르는 방법을 사용해서복음을 전하는 무명의 선교사를 후원하며 그를 위해 희생하는 일에는 겸손이 요구된다. 그러나 자국인 형제를 후원하는 일은 그러한 겸손과 헌신에서부터 시작되어야 하며 동일한 자세 가운데 지속되어야 한다. 슬프게도 너무도 자주 우리의 교만이 일의 진전을 방해한다.

제10장

심판을 지체하시는 하나님

자랑꾼들을 조심하라. 그들은 대개 무언가를 감추고 있다. 서양의 많은 복음주의 성도들의 큰 자랑거리 중 하나는 성경에 대한 그들의 헌신이다. "성경에 대한 믿음"을 자랑해 본 적이 없는 교회는 찾기 어렵다. 미국에 처음 왔을 때 나는 그들의 말을 액면 그대로 받아들이는 실수를 범했다.

하지만 나는 많은 복음주의 성도들이 특별히 지옥과 심판에 관해서 말하고 있는 하나님의 말씀을 진정으로 믿고 있지 않다는 사실을 깨닫게 되었다. 그 대신 그들은 현재의 안락한 생활을 지속하도록 허용해 주는 내용만 선택적으로 받아들인다.

지옥과 심판에 대해서 생각하는 것은 고통스럽다. 나 역시 싫어하는 주제이기 때문에 설교자들이 이것에 관해서 말하기 싫어하는 이유를 나도 이해한다. "하나님이 당신을 사랑하시며 당신의 삶을 위한 놀라운 계획을 가지고 계십니다."라고 말하거나 "긍정적인 사고방식"이 가진 여러 밝은 부분들과 건강, 재물, 행복을 가져다주는 "믿음의 말씀"에 초점을 맞추는 것이 훨씬 쉽다. 하나님의 은혜와 사랑은 다루기 편한 주제들이고 이를 우리 주님 예수보다 더욱 아름답게 잘 보여 준 분도 없다. 그러나 이 땅에서 사역하실 때 주님은 천국에 대해서보다도 지옥과 심판에 대해서 더 많은 말씀을 남기셨다. 예수님은 지옥의 실체를 인정하며 사셨고, 하나님께로 돌이키지 않는 모든 자에게 지옥이 임한다는 사실을 아셨기 때문에 갈보리에서 죽으셨다.

성도들은 천국의 개념은 기꺼이 받아들이지만, 지옥에 관한 성경 구절을 읽을 때는 다른 곳으로 고개를 돌린다. 그리스도를 믿지 않고 죽은 사람은 불이 꺼지지 않는 무저갱에서 영원토록 고통 받을 것이며 하나님과 영원히 단절되어 돌이킬 기회가 결코 없다는 사실을 믿는 사람은 별로 없는 듯하다.

만약 우리가 임박한 심판의 끔찍한 공포를 알고 있다면, 그리고 무엇인가가 우리에게 임박하고 있음을 진정으로 믿는다면, 우리의 삶은 얼마나 달라지겠는가? 왜 그리스도인들이 하나님께 순종하며 살지 않는가? 바로 그들의 불신 때문이다.

왜 하와가 죄에 빠졌는가? 그것은 하나님이 금하신 것을 먹으면 반드시 죽게 될 것이라는 심판의 말씀을 하와가 진심으로 믿지 않았기 때문이다. 같은 이유 때문에 아직도 많은 사람들이 계속 죄와 불순종 가운데 살고 있다.

세계 대공황과 최근의 경기 침체는 폭탄과 질병과 자연재해는 차치하고라도 앞으로 닥칠 가난에 비하면 아무것도 아니다. 그러나 하나님은 우리에게 회개할 시간을 주기 위하여 지금도 심판을 지체하고 계시다.

불행하게도 제 2/3세계의 수십억 명의 사람들에게는 너무 늦어질 것이다. 그들이 영원한 흑암 속으로 떨어지기 전에 우리가 그들에게 복음을 전하지 않는다면 말이다.

몇 년 동안 나는 사람들에게 이 점을 분명한 현실로서 인식시키려고 애썼다. 마침내 한 가지 방법을 발견했다.

나는 사람들에게 손목을 잡고 맥박을 짚어보게 한다. 그리고는 그들이 느끼는 맥박은 예수 그리스도에 관한 복음을 일평생 한 번도 듣지 못하고 아시아에서 죽어가는 한 사람의 죽음을 각각 대표하는 것이라고 설명한다.

나는 이렇게 묻는다. "만약 그 맥박 중 하나가 당신의 어머니라면 어떻게 느끼시겠습니까?" "만약 당신의 아버지나 배우자나 자녀라면……또는 당신 자신이라면?"

죽어서 지옥에 가고 있는 수백만 명의 아시아인들은 바로 예수께서 위해서 돌아가신 사람들이다. 우리는 이 사실을 믿는다고 말은 하지만 이 믿음을 실천하기 위해서 과연 무엇을 하고 있는가? 행함이 없는 믿음은 죽은 믿음이다.

주님 예수에 대해서 듣지 못한 채 오늘날 지옥에 가야만 하는 사람은 아무도 없다. 나에게는 이 사실이 러시아의 스탈린이나 독일의 히틀러가 자행한 죽음의 수용소보다 더 잔혹한 현실이다. 끔찍하게도 미국에서는 매년 130만 명의 태아들이 유산을 당하고 있는데, 더 나아가 수백만 명의 영혼들을 매년 영원히 잃어버리는 것이야말로 이 시대의 최대의 피할 수 있는 비극이다.

거듭난 그리스도인이라고 주장하는 미국의 8천만 성도들 중에서 작은 비율의 사람들이라도 자국인 선교사들을 후원한다면 우리는 수십만 명의 선교사를 통해서 실제로 아시아의 미전도 지역에 복음을 전할 수 있다. 아직도 성취되지 않은 지상 명령을 바라보고 그것을 우리 개인의 삶이나 교회나 종교 단체의 행사 계획과 비교해 볼 때 우리는 어떻게 우리의 불

순종을 설명할 수 있겠는가? 우리는 하나님의 심판을 믿지 않는 불신의 죄를 깊게 회개해야 한다.

세계복음화십자군(Worldwide Evangelization Crusade)의 창설자이며 영국의 유명한 운동선수였던 스터드(C. T. Studd)는 그리스도를 위해서 이 땅에 쌓은 모든 업적을 포기한 사람이다. 그는 어느 무신론자가 쓴 글을 읽고 자신의 헌신에 대해 도전을 받았다. 그 글의 일부는 다음과 같았다:

수백만 명의 사람들이 믿노라고 말하는 것처럼, 내가 만약 이생에서 종교에 관한 지식과 실천이 다른 사람의 운명에 영향을 끼친다는 사실을 내가 믿는다면 종교는 내 인생의 전부가 되었을 것이다.

그러면 나는 세상의 즐거움을 쓰레기같이 버렸을 것이고, 세상의 염려를 어리석은 것처럼 여겼을 것이며, 세상적인 생각과 감정을 무가치한 것으로 여겼을 것이다. 잠에서 깨어나는 순간부터 잠의 무의식으로 빠져들 때까지 종교는 나의 생각을 사로잡을 것이다. 종교적인 명분만을 위해서라도 수고해야 할 것이다.

나는 영원의 다음 순간만을 생각할 것이다. 한 영혼을 천국에 얻기 위해서라면 일평생의 고난도 마다하지 않을 것이다.

이 세상에서 일어나는 어떤 일도 내 손을 멈추게 하거나 내 입술을 봉하지 못할 것이다. 이 땅에서의 기쁨과 슬픔은 한 순간도 내 생각을 사로잡지 못할 것이다. 나는 오로지 영원만을 바라볼 것이며, 영원히 행복해질 수도 있고 영원히 불행해질 수도 있는 내 주변의 불멸의 영혼들을 위해서 수고할 것이다.

나는 세상으로 담대히 나아가 때를 얻든지 못 얻든지 전할 것이다. 내가 붙들 핵심 구절은 이것이다.

"사람이 온 세상을 얻고도 만일 그 영혼을 잃으면 무슨 유익이 있으리요?"[1]

서양의 교회에 들끓는 또 하나의 죄악은 세속화이다.

한번은 미국 서부 지역을 2,000마일(3,200km)이나 자동차로 횡단하면서 일부러 기독교 방송만을 들은 적이 있다. 내가 들은 방송은 많은 성도들을 자극하는 숨겨진 동기들을 드러내 보여 주었다. 어떤 방송은 기독교의 이름을 빙자하여 건강, 재물, 성공을 선전하고 있었는데, 사람들을 갈취하는 것만 아니라면 무척 재미있게 들었을 것이다.

● 어떤 사회자는 돈을 보내어 신청하는 사람들에게 성유(holy oil)와 행운의 부적 같은 것을 보내주겠다고 약속했다.

● 다른 사회자는 성도들에게 7만 불(7천만원)-10만 불(1억원), 새 자동차, 집, 건강의 축복을 가져온 기도 수건을 선전하였다.

● 어떤 사람은 자기가 축사한 성스러운 비누를 보내 주겠다고 광고하였다. 자기의 처방대로 사용하면 불운과 나쁜 친구들과 질병을 쫓아낸다는 것이었다. 그는 또 "많은 돈"과 사용자가 원하는 다른 모든 것들을 약속하였다.

그러한 신용 사기극들에 우리는 웃고 말지만 이와 동일한 물건들이 그럴듯하게 포장되어 사회 곳곳에서 거래되고 있다. 기독교 잡지, TV 프로그램, 교회의 예배는 때때로 "세상에서도 출세하고 예수님도 소유한" 이름난 운동선수, 미인, 사업가, 정치가들에게 갈채를 보낸다.

오늘날 기독교의 가치관은 거의 예외 없이 마치 매디슨 가(街)의 광고가 부추기듯이 세속적인 성공에 의해서 정의되어진다. 심지어 많은 기독교 사역자들도 하버드 대학의 경영 철학에 기준해서 그 사역의 효율성을 측정한다.

예수께서는 보물이 있는 곳에 우리의 마음이 있다고 말씀하셨다. 그러면 우리는 많은 복음주의 성도들에 대해서, 무엇을 말할 수 있는가? 그들은 별로 필요하지도 않은 차와 집과 가구를 장만하기 위해서 빚을 지며, 직장에서의 승진과 성공을 위해서 가정, 교회, 건강을 희생한다. 이 모든 것들은 성도들을 유혹하여 넘어지게 함으로써 복음 전하는 일을 막으려는 이 세상 신이 꾸며낸 속임수라고 나는 믿는다.

"이 세상이나 세상에 있는 것들을 사랑치 말라."고 요한은 그의 첫 번째 편지에서 말한다. "누구든지 세상을 사랑하면 아버지의 사랑이 그 속에 있지 아니하니 이는 세상에 있는 모든 것이 육신의 정욕과 안목의 정욕과 이생의 자랑이니 다 아버지로 좇아온 것이 아니요 세상으로 좇아온 것이라. 이 세상도, 그 정욕도 지나가되 오직 하나님의 뜻을 행하는 이는 영원히 거하느니라"(요일 2:15-17).

대중 매체를 통해 듣게 되는 간증은 주로 이렇다: "나는 병들고 파산했으며 완전히 실패자였습니다. 그러다가 예수님을 만났습니다. 이제는 만사가 형통합니다. 사업이 번창하고 있으며 저는 큰 성공을 누리고 있습니다."

멋지게 들리는 말이다. 그리스도인이 되면 큰 집과 보트도 장만하고 성지에서 휴가도 보낼 수 있다.

그러나 그것이 정말로 하나님의 방법이라면, 제 2/3세계나 철의 장막 속에 사는 성도들은 너무나 비참하게 보인다. 그들의 간증은 주로 이런 내용이다:

"나는 행복했습니다. 나는 온갖 특권과 사람들의 인정과 좋은 직장과 행복한 아내와 자녀 등 모든 것을 가지고 있었습니다. 그러다가 예수 그리스도께 제 삶을 드렸습니다. 이제 나는 가족과 재물과 명예와 직장과 건강을 잃고 이곳 시베리아로 왔습니다.

"이곳에서 친구들에게도 버려진 채 혼자 외롭게 살고 있습니다. 사랑하는 아내와 자녀들의 얼굴도 볼 수 없습니다. 저의 죄목은 예수님을 사랑한다는 것입니다."

역사 속에 등장한 믿음의 영웅들은 또한 어떠했는가? 대부분의 사도들은 순교를 당했다. 요한은 유배지에서 죽었다. 기독교 순교자들은 역사의 각 페이지마다 그들의 이름을 새겨 넣었다.

러시아의 이반 모이세예프(Ivan Moiseyev)는 예수를 만난 후 2년 만에 고문당하고 살해되었다. 중국의 워치만 니(Watchman Nee)는 20년간 수감 세월을 보내다가 결국 옥사하고 말았다.

인도 펀잡 주의 부유한 시크교도 가정에서 태어난 사두 선다 싱(Sadhu Sundar Singh)이 그리스도인이 되었을 때 가족들은 그를 독살하려고 했으며 나중에는 집에서 내쫓았다. 그는 유산도 받지 못한 채 옷 한 벌만 걸치고 방랑하였다. 하지만 그는 주님을 따르면서 그리스도 안에 있는 믿음을 통해서 수백만 명의 사람들을 진정으로 부유하게 만들었다.

아시아복음선교회의 후원을 받는 자국인 선교사들 또한 그들의 헌신 때문에 자주 고통을 겪고 있다. 힌두교나 회교의 배경을 가진 그들이 그리스도를 영접하면 문자 그대로 집 밖으로 쫓겨나고 직장도 잃고 주먹질 당하고 자기 마을에서조차 추방당하곤 한다.

그들은 수많은 역경을 당하면서도 예수께서 제자들에게 "세상에서는 너희가 환난을 당하나 담대하라. 내가 세상을 이기었노라."(요 16:33)고 약속하셨기 때문에 매일매일 신실하게 주님을 섬기고 있다. 주님이 약속하신 것은 시련과 환난이었다. 그러나 우리가 담대할 수 있는 것은 주께서 이미 승리하셨음을 알기 때문이다. 하나님은 우리의 육체적인 필요도 채워주시겠다고 약속하셨다. 실제로 주의 자녀들에게 물질적인 복을 내려 주신다. 주님께서 우리에게 복 주시는 이유는 우리 자신을 위해서 낭비하도록 하기 위해서가 아니라, 값없이 받은 것을 잘 관리하는 청지기가 되어 이를 지혜롭게 사용함으로써 잃어버린 영혼들을 하나님의 구원의 은혜로 인도하기 위함이다.

성경은 우리에게 말한다. "누가 이 세상 재물을 가지고 형제의 궁핍함을 보고도 도와줄 마음을 막으면 하나님의 사랑이 어찌 그 속에 거할까보냐"(요일 3:17).

기독교선교연합회(Christian and Missionary Alliance)의 유명한 목사요 저술가인 A. W. 토저(Tozer) 목사는 이렇게 말했다.

물질에 대한 지나친 애착이 인생에 가장 해로운 습관들 중 하나라는 점은 의심할 여지가 없다. 그것이 너무나 자연스럽다보니 그 사악함을 별로 인식하지 못한다. 하지만 그 결과는 비참하다. 이 역사 깊은 저주는 결코 쉽게 사라지지는 않을 것이다. 우리 내면의 뿌리 깊은 욕심은 우리의 명령에 고분고분 순종해서 죽어 매장되지는 않을 것이다. 그것은 마치 땅에서 나무를 뽑듯이 우리 마음으로부터 뿌리 채 뽑아야 한다. 입안에서 이를 뽑을 때처럼 고통 중에 피를 흘리며 뽑아내야 한다. 그것은 예수께서 돈 바꾸는 자들을 성전에서 쫓아내셨듯이 우리 영혼으로부터 엄격하게 쫓아내야 한다.[2]

서양의 많은 성도들은 우리 세대의 부자 청년들이다. 예수님은 그들에게 이렇게 말씀하신다. "네가 온전하고자 할진대 가서 네 소유를 팔아 가난한 자들을 주라. 그리하면 하늘에서 보화가 네게 있으리라. 그리고 와서 나를 좇으라"(마 19:21).

제11장

괜히 문제를 일으킬 필요가 있을까?

1981년 말경에는 아시아복음선교회가 인정을 받기 시작하였다. 자국인 선교사들을 훈련하여 그들의 동족을 복음화 하는 우리의 사역에 미국 전역과 캐나다 등지로부터 많은 사람들이 동참하기 시작하였다.

아내 기셀라와 달라스의 사무실 직원들이 새로운 후원자들을 자국인 선교사들에게 배정하는 일을 하고 있을 때 나는 새로운 후원자들을 개인적으로 만나기 위해서 텍사스의 14개 도시를 여행할 계획을 세우도록 주님의 인도하심을 느꼈다. 나는 먼저 전화를 걸어 자신을 소개하고는 그들이 자국인 선교사를 후원하기로 결정한 것에 대해서 감사를 표했다.

나는 그들의 반응에 깜짝 놀랐다. 대부분의 사람들이 라디오를 통하여 내 목소리를 들었기 때문에 나와 만나는 것을 기뻐했다. 가는 도시마다 누군가가 숙식을 제공하거나 교회나 가정 모임에서 말씀을 전하도록 일정을 준비해 주었다. 사람들은 중요한 선교 단체의 총재나 감독 등의 새

113

로운 호칭으로 나를 불렀다. 이 때문에 나는 기쁘기보다는 오히려 내가 무슨 실수를 하거나 거절당하게 될까봐 이전보다 더욱 두려워졌다.

집회가 계획되고 광고도 나갔지만, 영문 모를 두려움이 나를 엄습하였다. 벌써부터 피곤이 나를 짓눌렀다. 출발할 날이 가까워 오자, 나는 모든 일정을 취소하거나 연기할 핑계를 궁리하였다.

"내 가족과 사무실에는 내가 더욱 필요해." 이렇게 합리화하기 시작했다. "게다가 나 혼자 운전하겠지. 그건 위험하고 힘든 일이야. 누군가가 나와 함께 갈 수 있을 때까지 기다려야만 돼."

가지 않으려고 거의 마음먹었을 때 주님은 내가 아침에 묵상하는 시간에 분명한 음성으로 내게 말씀하셨다. 다른 때와 마찬가지로 하나님이 마치 방안에 나와 함께 계신 것 같았다.

하나님은 요한복음 10장을 통해 말씀하셨다. "내 양은 내 음성을 들으며 나는 저희를 알며 저희는 나를 따르느니라."

나는 해석이 필요 없었다. 그 메시지는 분명했다. 하나님이 그 여행을 예비하셨음을 깨달았다. 주님이 모임을 계획하시고 길을 열어 주셨다. 나는 스스로를 한 마리 어린양처럼 여기고 내 목자를 따라 먼 곳까지도 순종하며 따라갈 필요가 있었다. 하나님이 내가 방문할 모든 교회와 가정에 나보다 먼저 가실 것이다.

그 두 주간의 여행은 정말로 꿈만 같았다. 방문한 모든 가정과 교회에서 새로 얻은 친구들과 즐거운 교제를 나누었고, 그 결과 수많은 후원자들을 추가로 얻게 되었다.

텍사스 주 빅토리아에 있는 교회는 나의 거의 마지막 방문지였는데 그곳에는 하나님이 예비하신 놀라운 일이 나를 기다리고 있었다. 하지만 하나님은 먼저 나를 준비시키셔야 했다.

이 도시 저 도시를 자동차로 다니는 동안 나는 앞으로의 선교와 나의 개인적인 신앙 생활에 큰 영향을 미치게 될 몇몇 문제들에 대해 하나님께 아뢰었다.

그 중 한 가지는 내가 결정해야 할 가장 중요한 정책과 관련된 것이었다. 지난 수년간 나는 병원이나 학교와 같은 기독교 기관들을 운영하는 일과 복음을 전파하는 일 사이의 엄청난 불균형 때문에 깊이 고민해 왔다. 그런데 인도에서뿐만 아니라 서양에서 여행하면서 계속해서 발견하는 것은, 소위 "선교 활동"이란 것이 교회의 재정 지원을 받아 기독교 사역자들에 의해서 운영되고는 있지만 그들을 정말로 기독교인으로 구별해 주는 특징이 별로 없다는 것이었다.

북미의 선교 단체들이 가진 자원 중 너무나 많은 부분이 교회 개척이라는 주된 목표와는 무관한 일들에 사용되고 있다. 피터 와그너(Peter Wagner)는 그의 저서 『On the Crest of the Wave』에서 이렇게 말하였다. "내 앞에는 이름을 밝힐 수 없는 어느 선교 단체의 모집 직종들이 놓여있다. 50여 개의 다양한 분야들 중에서 오직 두 가지만 전도에 관련된 것인데, 모두 젊은이들에게 초점을 두고 있다. 나머지 분야에 속한 것들 중 일부를 열거한다면 농업전문가, 음악 교사, 간호사, 자동차 수리공, 행정비서, 전자공학 교수, 그리고 생태학자 등이 있다." [1]

사회적인 관심은 복음의 자연스런 열매이다. 그러나 이것을 먼저 앞세우는 것은 마치 수레를 말 앞에 두는 것과도 같다. 경험을 통해서 우리는 이것이 인도에서 200년 이상 실패한 것을 보아 왔다. 그것은 사람들의 사회적인 필요에만 초점을 두려는 시도였다.

나는 복음의 본질 속에 가난한 자들을 위한 돌봄이 포함된다는 점을 알지만 그보다 더욱 우선적인 일은 그들에게 복음을 전하는 것임을 또한 알고 있다. 그들의 필요를 충족시켜 주는 것은 그리스도의 사랑을 나누어 줌으로써 그들로 하여금 영원한 구원을 얻게 하는 하나의 수단인 것이다.

내가 이런 방향을 택하게 된 것은 다른 기독교 자선단체들이 그리스도의 사랑을 보여 주는 것이 잘못이라고 느꼈기 때문은 아니다. 많은 단체들이 이 일을 훌륭하게 하고 있다. 하지만 나는 지역 교회가 그러한 구제 활동의 중심점이 되어야 하며, 이제 우리가 올바른 균형을 회복해야 한다고 느꼈다. 너무나 많은 사람들이 사회 사업에 집중하고 있기 때문에 나는 필요가 가장 큰 곳에 참여하기로 결심했다.

하지만 아무에게나 공개적으로 나의 결정에 대해서 말하지 않았다. 나는 이런 주제가 논쟁의 소지가 있음을 알고 있었고, 다른 사람들이 나를 비판적이고 호전적인 근본주의자나 열심당으로 생각할까 두려웠다. 나는 단지 자국인 선교 운동을 돕기 원했고, 선교 전략을 둘러싼 논쟁에 휘말리는 것은 부질없는 일이라고 생각했다.

그런 와중에 텍사스 주 빅토리아에 오게 된 것이다.

집회는 잘 진행되었다. 나는 GFA의 슬라이드를 보여 주며 우리의 사역을 위해 감동적으로 호소하였다. 자국인 선교사가 가지 않으면 왜 그들을 잃어버릴 수밖에 없는지 성경적인 이유를 들어가며 우리의 사역 철학을 설명하였다.

그때 갑자기 나는 인본주의적인 사회 복음(humanist social gospel)의 위험성에 관하여 말하라는 성령님의 도전을 느꼈다. 나는 잠시 말을 멈춘 후에, 이것을 언급하지 않고 계속 말을 이었다. 도저히 그럴 용기가 나지 않았던 것이다. 그렇게 하면 가는 곳마다 적들을 만들게 될 것만 같았다. 사람들은 내가 굶주리고 헐벗고 궁핍에 처하고 고통 가운데 있는 사람들을 돌보지 않은 채 기독교 사역만 망쳐 놓는 냉정하고 어리석은 사람이라고 생각할 것이다. 괜히 문제를 일으킬 필요가 있을까? 간신히 소개를 끝마치고 안도감 속에 질의 응답 시간을 가졌다.

하지만 성령님은 나를 그냥 넘어가게 하지 않으셨다.

방안의 맨 뒤쪽에서부터 육척 장신의 사나이가 좌석 사이로 걸어 나오는데, 나에게 가까이 올수록 그의 덩치가 점점 더 커 보였다. 나는 그가 누구며 무슨 말을 하려는지도 몰랐지만 직감적으로 하나님이 그를 보내셨음을 느꼈다. 그는 내 곁에 와서는 내 야윈 어깨를 큰 팔로 감싸더니 아직도 내 귀에 생생하게 기억나는 다음 몇 마디를 말하는 것이었다. "여기 이 형제는 왠지 진실을 말하기를 두려워하고 있고⋯⋯ 그것 때문에 괴로워하고 있습니다." 죄책감으로 내 얼굴과 목이 뜨거워지는 것을 느꼈다. 이 카우보이가 도대체 그걸 어떻게 알았을까? 하지만 설상가상으로 살아 계신 하나님의 성령께서 나에게 분명한 확신을 주시고 책망하시려고 이 텍사스 사람을 사용하신다는 증거를 곧 목격하게 되었다.

"하나님은 당신을 다른 사람들이 가 보지 않은 길로 인도하셨고 다른 사람들이 보지 못한 일들을 당신에게 보여 주셨습니다." 그는 계속해서 말했다. "수백만의 영혼들이 지금 위기 가운데 있습니다. 당신은 우선순위가 뒤바뀐 선교지의 현실에 대해서 진실을 말해야 합니다. 당신은 그리스도의 몸 된 교회로 하여금 구원을 전파하고 영혼들을 지옥으로부터 빼앗아 오는 사명을 회복하도록 호소해야 합니다."

나는 마치 바보가 된 느낌이었지만, 그것은 의심할 나위 없이 하나님의 영감을 받은 기적적인 예언으로서 나의 불순종을 지적하는 한편, 내가 담대하게 전해야 할 하나님의 말씀을 확증해 주었다. 그러나 내가 겪어야 할 수치심은 아직 끝나지 않았다.

그 거구의 사나이는 말했다. "주님은 사람에 대한 두려움이 당신에게서 사라지도록 나로 하여금 장로들을 이 앞으로 불러 당신을 위해 기도하게 하셨습니다."

갑자기 내 자신이 바보만도 못하게 여겨졌다. 나는 위대한 선교 지도자로 소개되었는데, 지금은 도살장의 양처럼 느껴졌다. 나는 자신을 변호하고 싶어졌다. 내가 두려움의 영에 지배받고 있다고는 느끼지 않았다. 단지 우리 선교회의 관심사를 보호하고자 합리적으로 행동하고 있었다고 느꼈다. 하지만 약간은 어처구니없다고 느끼면서도 그 교회의 장로들이 내 주위에 모여서 나의 사역 위에 능력의 기름부음이 있기를 기도할 때 나는 순순히 따랐다.

그때 어떤 희한한 일이 일어났다. 하나님의 능력이 나를 감싸는 것을 느꼈다. 몇 분 후에 무릎을 펴고 일어났을 때 나는 두려움의 억압에서 풀려난 변화된 사람이 되었다. 모든 의심이 사라졌다. 하나님은 이 메시지를 전하라는 새로운 부담을 내 삶에 주셨다.

그 날 이후로, 나는 예수님의 참된 복음, 즉 사람들의 세속적이고 육체적인 필요로부터 출발하는 메시지가 아니라, 하나님의 계획과 지혜로부터 출발하는 신약 성경의 균형 잡힌 메시지를 우리가 회복해야 한다고 주장하였다. 그 메시지는 바로 "의로움과 거룩함과 구속함"으로 인도하는 "거듭남"의 회심이다(고전 1:30). "세상의 천한 것들"로부터 생겨난 "선교"는 그리스도께 대한 반역이며 성경에서 말하는 "다른 복음"이다. 그것은 사람을 개인적으로나 사회적으로 구원할 수 없다. 우리는 몇 년 동안만이 아니라, 영원토록 복음을 전하는 것이다.

반진리(half-truth)가 가진 문제는 그 안에 명백한 거짓(full lies)이 담겨 있다는 것이다. 그 한 예는 1928년 예루살렘에서 모였던 국제선교사협의회의 다음과 같은 선언문이다: "우리 조상들은 사람들이 그리스도를 모른 채 죽는 사실에 큰 도전을 받았지만, 우리는 사람들이 그리스도를 모른 채 살고 있다는 사실에 역시 큰 도전을 받는다."

이와 같이 그럴듯한 논리는 우리의 교회 안에서 급증하고 있는 진지한 인본주의자들이 주로 열정적으로 하는 말인데 이를 통해서 온갖 종류의 세속적인 사회 활동들이 나온다. 하지만 그런 노력은 사실상 가난한 사람들을 영원한 지옥으로 정죄함으로써 그들에게서 참된 구원을 앗아가는 것이다.

물론 위의 선언 속에는 기본적인 진리가 있다. 그리스도 없이 이 땅위에 사는 삶은 아무런 희망이나 의미도 제공하지 않는 끔찍한 허무의 연속이다. 그러나 이 말 속에 숨겨져 있는 교묘한 인본주의적인 거짓은 현재의 육신의 생활과 번영에 강조점을 둔다.

이러한 가르침이 인생에 대한 하나님의 주권을 부인하는 근대의 무신론이나 공산주의나 그밖에 현대 철학을 탄생시킨 19세기 인본주의자들의 영향에서부터 발전했다는 사실을 아는 사람들은 별로 없다. 그것들이야말로 성경이 말하는 "적그리스도"이다.

현대인은 온 인류의 행복과 자유와 경제적, 문화적, 사회적 발전에 대한 인본주의적인 이상을 은연중에 최고라고 여긴다. 이러한 세속적 견해에서는 하나님이나 천국이나 지옥이 없다고 한다. 오직 한 번 주어진 인생이기 때문에 자신을 가장 행복하게 하는 것들을 행하라는 것이다. 이견해는 또한 "모든 사람이 형제지간이므로" 우리는 온 인류의 번영에 기여하는 일을 해야 한다고 가르친다.

이 가르침은 외관상 그럴듯하게 들리기 때문에 여러 방면으로 교회 속에 침입하여, 사람의 육신적인 필요를 채워줌으로써 그의 외적, 사회적 위치를 변화시키는 것에 기초를 둔 사람 중심의 인위적인 복음을 만들고 말았다. 그 결과 그의 영원한 영혼은 잃어버리고 만다.

결코 "복음"이라고 부를 수 없는 소위 인본주의적 복음(humanist gospel)은 여러 가지 이름으로 불린다. 어떤 이들은 귀에 익은 성경적, 신학적 용어를 사용하여 이를 변호하기도 하고, 어떤 이들은 이것을 "사회복음"(social gospel), 또는 "총체적 복음"(holistic gospel)이라고 부르기도 하지만, 명칭이 중요하지는 않다.

인본주의적 복음은 인류의 가장 근본적인 문제가 육신적인 것이 아니라 영적인 것이라는 사실을 인정하지 않기 때문에 쉽게 구별할 수 있다. 인본주의자들은 죄가 사람이 겪는 모든 고통의 근원적인 이유라고 말하지 않는다. 인본주의의 최근 경향은 "전인(全人)을 위한 돌봄"(care for the whole man)을 제공하는 선교 활동을 전개하자고 주장하지만, 결국에는 사람의 영혼은 무시하고 오직 육신만 도와주는 것으로 끝나고 만다.

이러한 가르침 때문에 많은 교회와 선교 단체는 이제 그들의 제한된 재정과 인력을 복음 전파로부터 방향을 돌려 소위 "사회적인 관심사"(social concern)라고 불리는 애매한 일들에 사용하고 있다. 오늘날 많은 수의 선교사들이 굶주린 자를 먹이고, 병원을 통해 병자를 돌보고, 무의탁자들을 재워주거나 다른 종류의 구제나 개발 사업에 주로 간여하고 있다. 비복음주의 진영에서는 아주 극단적인 경우에 이러한 생각의 논리적인 결과로서, 게릴라 부대를 조직하거나, 테러 폭탄의 투하 행위를 서슴지 않거나, 덜 극단적인 경우에는 춤추며 운동하는 에어로빅 클래스를 후원하기도 한다. 이런 일은 예수님의 이름으로 수행되며, 심지어 온 세상으로 가서 모든 족속에게 복음을 전하라는 그분의 명령 위에 기초한 것이라고 주장한다. 인본주의자들이 정의내리는 교회의 선교에는 사람들을 그리스도께로 인도하고 그들을 제자 삼는 일을 제외한 거의 모든 것들이 해당될 수 있다.

역사는 이미 우리에게 그리스도의 피와 회개와 십자가가 없는 복음은 완전한 실패라고 가르쳐 주었다. 중국과 인도에서 일곱 세대에 걸쳐서 입증된 이 교훈은 19세기 중엽에 영국 선교사들에 의해서 약간 다른 형태로 우리에게 주어졌다. 인도 사람들은 영국인이 세운 병원과 학교들이 인도의 사회와 교회에 뚜렷한 영향을 끼치지 못하는 것을 보아 왔다.

중국 초기의 자국인 선교사였던 워치만 니(Watchman Nee)는 세계 2차

대전 이전에 행한 일련의 강연을 통해서 이 문제점을 지적하였다. 그러한 사회적인 노력에 대한 그의 견해는 그의 저서 『세상을 사랑하지 말라』 (Love Not the World: 생명의 말씀사 역간)에 다음과 같이 기록되어 있다:

물질적인 것들은 영적인 통제 하에 있을 때에 그 나름의 역할을 성취하게 된다. 그 통제로부터 벗어나면 바로 즉시 그 배후에 놓인 위력을 드러낸다. 물질의 본질이 가진 원리가 효력을 발휘하며 그러는 가운데 그 세속성이 입증된다.

오늘날 선교 활동의 확산은 우리 시대의 종교 단체들 가운데 이 원칙을 적용하고 시험해 볼 수 있는 기회를 우리에게 준다. 1세기 전에 교회는 영적인 특징과 전도의 목적을 품고 중국에 학교와 병원을 세우기 시작했다. 초기에는 건물들 자체에는 별로 중요성을 부과하지 않는 한편, 복음을 선포하는 역할에 더 많은 중점을 두었다. 10-15년 전까지만 해도 그 동일한 장소와 다른 많은 지역에 더 크고 훌륭한 시설들이 많이 늘어난 것을 볼 수 있었지만, 초기에 비해 회심자 수는 훨씬 적었다. 오늘날은 그처럼 훌륭한 학교와 대학들이 전도의 동기는 전혀 결여한 채 단순히 교육 기관으로 전락하고 말았으며, 많은 병원들도 마찬가지로 더 이상 영적인 치유가 아니라 단순히 육신의 치료를 위한 장소로서 존재하고 있다. 이러한 학교와 병원을 시작했던 사람들은 하나님과 가까이 동행하면서 그 기관들을 확고하게 하나님의 뜻 가운데 운영하였지만, 그들 이후에 이러한 기관들은 곧 세속적인 기준과 목표를 향해 전락해 버렸고, 그러는 와중에 '세상의 것들'로 분류되고 말았다. 이러한 결과는 어쩌면 당연한 것인지도 모른다.

워치만 니는 계속해서 이 주제를 확대시켜 이번에는 고난당하는 자들을 위한 긴급 구제책의 문제를 지적하였다.

사도행전 앞부분에서 우리는 뜻하지 않은 사건 때문에 교회가 가난한 성도를 돕기 위한 임시 구제책을 마련하는 과정을 읽게 된다. 사회 봉사를 위한 그러한 긴급 제도는 분명히 하나님의 축복을 받기는 했지만, 그것은 일시적인 것이었다. 당신은 "만약 그것이 계속되었다면 얼마나 좋았을까?"라고 아쉬워하는가? 오직 하나님을 알지 못하는 자들만 그렇게 말할 것이다. 만약 그러한 구제 사역이 막연히 지속되었다면, 초기에 역사했던 영적인 영향력이 일단 사라지고 말면 그들은 분명히 세상적인 방향으로 치달았을 것이다. 그것은 불가피한 사실이다.

하나님이 세우신 교회와, 그 구성원들의 믿음과 비전을 통해서 때때로 수행되는 귀중한 자선 사업의 부산물들 사이에는 뚜렷한 구분이 존재한다. 모두 영적인 비전 속에서 출발하는 자선 사업은 하나님의 교회가 가지고 있지 않은 독립적인 생존력을 가지고 있다. 자선 사업은 하나님 자녀들의 믿음으로 시작되고 개척되기도 하는 활동들이지만, 일단 방법이 결정되고 전문적인 기준이 세워지면 그 처음의 믿음과는 매우 동떨어진 세상 사람들에 의해 곧 운영되거나 모방될 수 있다.

거듭 강조하지만, 하나님의 교회는 결코 하나님의 생명으로부터 독립해서 존재할 수 없다.[2]

사회 복음이 가진 문제는 비록 그것이 종교적인 옷을 입고 기독교 단체 내에서 사역이 이루어진다고 해도 근본적으로 영적인 전쟁을 육적인 무기로 싸우려고 한다는 것이다.

우리의 전쟁은 혈과 육에 대한 것이 아니며, 가난이나 병 같은 죄의 증상에 대한 것도 아니다. 그것은 사람의 영혼을 그리스도가 없는 영원한 암흑 속으로 떨어뜨리려고 밤낮으로 분투하는 사탄과 수많은 마귀들과의 전쟁이다.

우리는 수천 명의 새로운 선교사들이 모든 흑암의 지역들로 나아가기를 바라지만, 그들이 도대체 그곳에 가서 무엇을 해야 할지 모른다면 그 결과는 치명적일 것이다. 우리는 군인들에게 적합한 무기를 주고 적의 전략을 주지시킨 후에 전쟁터로 보내야 한다.

인간의 가장 큰 문제—영원하신 하나님으로부터 분리되는 것—를 쌀을 배급함으로써 해결하려 한다면, 그것은 물에 빠진 사람을 물에서 나오도록 돕는 것이 아니라, 그에게 나무 조각만 하나 던져 주는 것이다.

영적인 무기를 가지고 싸우는 영적인 전쟁이 영원한 승리를 가져올 것이다. 바로 이러한 이유 때문에 우리는 복음 사역에 바른 균형을 회복해야 한다고 주장한다. 복음 전도와 제자 훈련에 항상 우선순위를 두어야 한다.

제12장

선행과 복음

기독교 선교의 균형을 깨뜨리기 위해서 사탄은 속임수와 거짓의 교묘한 거미줄을 엮어 왔다. 사탄은 교회를 혼란시키고 수백만의 사람들이 복음을 받아들이지 못한 채 지옥으로 떨어지게 하려고 그럴듯한 반쪽 진리의 온갖 체계를 고안하였다. 아래는 사탄이 사용하는 보다 보편적인 반쪽 진리들이다:

첫째, 어떻게 굶주린 사람에게 복음을 전할 수 있는가?

사람의 굶주린 배와 거룩하신 하나님께 대해 반역하는 마음의 상태는 아무런 관계가 없다. 미국 뉴욕시의 5번가에 사는 부자나 봄베이 거리에서 구걸하는 거지나 모두 성경에 의하면 전능하신 하나님을 거역한 반역자들이다. 이 거짓말로 인한 결과는 지난 백 년 동안 대부분의 선교비가 사회 사업에 투자되었다는 사실이다. 나는 가난하고 궁핍한 자들을 돌보지 말아야 한다고 말하는 것이 결코 아니다. 내가 지적하고 싶은 것은 복음 전파의 우선적인 초점을 잃어버리는 위험성이다!

둘째, 사회 활동—인간의 육체적 필요만을 충족시키는 것—이 선교 활동이며, 사실상 전도나 마찬가지다.

누가복음 16장 9-23절은 우리에게 부자와 나사로의 가련한 이야기를 전해준다. 부자의 재물이 무슨 유익을 가져왔는가? 돈을 주고 지옥에서 나올 수도 없었다. 그의 재물이 그를 위로하지도 못했다. 부자는 자기 영혼을 포함하여 모든 것을 잃어버렸다. 하지만 나사로는 어떠했는가? 그는 잃어버릴 재산은 없었지만, 자신의 영혼을 위해서 준비하였다. 그들이 이 땅에서 사는 동안 무엇이 더욱 중요했나? "육신의 장막"을 돌보는 것이었는가, 아니면 불멸의 영혼을 돌보는 것이었는가? "사람이 온 천하를 얻고도 자기를 잃든지 빼앗기든지 하면 무엇이 유익하리요?"(눅 9:25).

그리스도의 이름과 선교를 내세우지만 사람들로 하여금 회개하고 우상과 반역을 버리고 전심으로 그리스도를 따르도록 촉구하는 일을 태만히 한 채 단지 사회 사업만 한다면 그것은 죽어가는 인류를 향한 범죄이다.

셋째, 먼저 다른 것을 주지 않으면 그들은 복음을 듣지 않을 것이다.

나는 곧 죽게 될 거지들과 함께 봄베이 거리에 앉아 복음을 전하면서 비록 그들에게 줄 물질은 없지만 영원한 생명을 소개하고자 왔다고 말했다. 그들의 영혼을 위해 돌아가신 예수님의 사랑과 성부 하나님의 집에 있는 많은 처소들에 대해서(요 12장) 알려 주었고, 굶주림도 목마름도 없는 그곳에 그들도 갈 수 있다는 사실을 설명해 주었다. 나는 주 예수께서 그들의 눈에서 모든 눈물을 씻어 주실 것이라고 말했다. 더 이상 빚을 지는 일도 없을 것이다. 더 이상 애통하는 것이나 곡하는 것이나 아픔도 없을 것이다(계 7:16; 21:4).

그들이 예수님 안에 있는 죄 용서에 대해서 들은 후에 그들 중 몇 명이 마음을 여는 것을 보면서 나는 말로 표현할 수 없는 기쁨을 맛보았다. 이것이야말로 성경이 로마서 10장 17절에서 가르치는 것이다: "그러므로 믿음은 들음에서 나며 들음은 그리스도의 말씀으로 말미암느니라."

성령님과 하나님의 말씀을 한 공기의 밥으로 대신하는 것은 결단코 한 영혼도 구원하지 못할 것이며 마음의 자세조차 변화시키기 어렵다. 성경에서 우리에게 주어졌다고 말하는 모든 능력과 권세와 계시를 가지고 그리스도를 높일 때까지는 우리는 흑암의 왕국에 아무런 영향력도 끼칠 수 없다.

태국은 기독교 인본주의가 가장 크게 실패한 나라이다. 그곳에서는 150년에 걸친 훌륭한 사회 자선 활동에도 불구하고 기독교인의 수는 여전히 전체 인구의 2%에 불과하다.[1]

자기희생적인 선교사들이야말로 그 나라의 현대화를 위해 아마도 가장 많은 노력을 한 사람들이었을 것이다. 태국은 선교사들 덕분에 낮은 문맹률, 최초의 인쇄소, 최초의 대학, 최초의 병원, 최초의 의사 등 교육과 과학의 거의 모든 분야에서 혜택을 입었다. 무역과 외교를 포함한 모든 영역에서 선교사들은 태국의 필요를 가장 우선에 두었고 20세기를 맞이하도록 도와주었다. 하지만 수백만 명의 사람들이 그 와중에 그리스도가 계시지 않는 영원한 세계로 전락해 버렸다. 그들은 죽기 전에 더 많은 교육과 보다 나은 통치와 건강을 누리며 살았지만 결국은 그리스도를 알지 못한 채 죽어 지옥으로 향하고 말았다.

도대체 무엇이 잘못 되었는가? 그 선교사들이 헌신되지 않아서였나? 그들의 교리가 비성서적이었나? 그들은 어쩌면 영원한 지옥이나 영원한 천국을 믿지 않았는지도 모른다. 말씀의 훈련이 부족했거나 잃은 영혼들에게 나아가 단순히 복음을 전하지 않았기 때문인가? 영혼을 구원하는 일보다 사람의 고통을 경감시켜 주는 일에 더 우선권을 두었을까? 나는 문제의 원인이 이상 열거한 모든 것들에 조금씩 해당한다고 생각한다.

해답을 찾아보려고 애쓰는 동안 나는 미개척지에서 복음 사역을 하고 있는 가난하고 교육도 받지 못한 자국인 형제들을 만났다. 그들은 설교를 듣는 사람들에게 줄 수 있는 아무런 물질도 없었으며 농업 기술이나 의료 원조나 교육 프로그램 같은 것도 없었다. 그러나 그들을 통해 수백 명의 사람들이 구원을 받았으며, 몇 년 이내에 몇 개의 교회가 세워지기도 하였다. 더 많은 조건을 갖춘 사람들은 실패했는데 이 형제들은 어떻게 하였기에 이처럼 놀라운 성과를 이룰 수 있었을까?

그 해답은 선교 사역이 무엇인지를 올바로 깨닫는 데 있다. 자선 행위 그 자체는 잘못이 아니지만 이것이 복음을 전하는 것과 혼동되어서는 안 된다. 음식을 제공함으로써 굶주려 죽어 가는 사람을 구해 줄 수는 있다. 의료 혜택은 생명을 연장시키고 질병과 싸워 이길 수 있게 해 준다. 주택 계획은 이 땅의 일시적인 삶을 보다 편안하게 만들어 줄 수 있다. 그러나 오직 예수 그리스도의 복음만이 한 영혼을 죄와 영원한 지옥으로부터 구원할 수 있다!

배고픈 아이의 슬픈 눈동자를 보거나 약물 중독자의 비참한 인생을 목격하는 것은 사탄이 이 세상의 주관자라는 증거를 보는 것에 불과하다. 사탄은 인류의 궁극적인 원수이며, 사람들을 죽이고 파괴하기 위해서 자기가 할 수 있는 모든 일을 행할 것이다. 하지만 이처럼 끔찍한 대적을 육체적인 무기로 맞서려는 것은 돌진해 오는 탱크를 돌멩이로 맞싸우는 것과도 같다.

피지(Fiji) 섬의 경제가 번영하게 되었을 때 무신론자이며 회의론자인 한 상인이 무역하기 위해 그 섬에 도착했다. 그는 피지 섬의 추장과 대화를 나누다가 그 집안에 성경과 종교적인 물건들이 있는 것을 알게 되었다.

그가 말했다. "당신이 선교사들의 어리석은 말을 듣다니 참 부끄러운 일이군요."

추장이 대답했다. "저기에 있는 큰 하얀 돌이 보이지요? 그 돌은 몇 년 전까지만 해도 사람의 머리를 부수어서 그들의 골을 꺼낼 때 사용하던 것입니다. 또 저기에 큰 가마가 보이지요? 저것은 우리가 사람을 잡아먹으려고 그 몸을 굽기 위해 사용하던 것입니다. 만일 우리가 당신이 어리석다고 말한 그 선교사들의 말을 경청하지 않았다면, 분명히 말하지만 당신의 머리는 이미 저 돌 위에서 부수어지고 몸은 가마 속에서 굽고 있을 것입니다."

이 추장이 그리스도의 복음의 중요성을 설명한 것에 대해 그 상인이 어떻게 반응했는지는 알 수 없다.

하나님이 사람의 마음과 영혼을 변화시키시면 그의 육체적인 면까지도 또한 변화된다. 이 세상의 궁핍한 사람의 필요를 채워 주기를 진정으로 원한다면 복음을 전하는 것보다 더 좋은 출발점은 없다. 짓밟히고 굶주리고 궁핍한 사람들을 돕는 일에 복음은 세속적인 인본주의자들이 고안한 모든 사회 복지 활동보다도 더 많은 업적을 이루었다.

다음과 같은 예수님의 엄한 말씀은 늘 우리의 영혼에 지침이 되어야 한다. "너희는 교인 하나를 얻기 위하여 바다와 육지를 두루 다니다가 생기면 너희보다 배나 더 지옥 자식이 되게 하는도다."(마 23:15) A. W. 토저는 그의 저서 『Of God and Man』에서 이점을 잘 지적하였다. "쇠약하고 타락한 기독교를 이방에 확산하는 것은 그리스도의 명령을 순종하는 것도 아니고, 이방에 대한 우리의 책임을 다하는 것도 아니다."[2]

중국이 공산당에게 장악되기 바로 직전에 공산군 장교 하나가 존 메도우(John Meadow) 선교사에게 다음과 같은 놀라운 말을 했다. "당신네 선교사들은 중국에서 100년 이상 있으면서도 당신들의 목표대로 중국을 얻지 못했다. 수백 만 명의 사람들이 당신들의 하나님의 이름을 들어보지도 못했다는 사실을 당신들은 슬퍼하고 있다. 그들은 당신의 기독교에 대해서도 전혀 모르고 있다. 그러나 우리 공산주의자들은 중국에 들어온 지 10년도 안 되었지만 중국에는 스탈린이라는 이름을 들어본 적이 없거나 공산주의에 대해서 모르는 사람이 아무도 없다. 우리는 중국을 우리의 사상으로 가득 채워 놓았다.

"왜 당신들은 실패했고 우리는 성공했는지 그 이유를 말해 주겠소." 그 장교는 계속해서 말했다. "당신들은 교회나 선교 단체, 선교 병원, 학교 등 온갖 건물들을 지어서 민중의 관심을 사고자 했지만 우리 공산주의자들은 우리의 메시지를 인쇄해서 중국 전역에 확산시켰다. 앞으로 우리는 인쇄물을 통해서 당신네 선교사들을 이 땅에서 다 쫓아내고 말 것이오."

물론 오늘날 존 메도우는 중국에서 쫓겨났다. 공산주의자들은 말한 그대로 실행하였다. 그들은 마침내 중국을 장악하고는 선교사들을 몰아냈다. 정말로 선교사들이 100년 동안 시도했지만 실패했던 일을 공산주의자들은 10년 안에 해내었다. 어떤 기독교 지도자는 교회가 병원, 고아원, 학교, 요양원 등에 열심과 노력을 쏟은 만큼(비록 이러한 일도 필요하지만) 복음을 전파하는 데에도 쏟았다면 오늘날 죽의 장막은 존재하지 않았을 것이라고 말하였다.

중국의 비극은 오늘날 다른 나라에서도 반복되고 있다. 올바른 영적 균형을 무시한 채 사람의 육체적인 필요에만 선교 활동의 초점을 둔다면 우리는 결국 실패할 프로그램에 참여할 뿐이다.

하지만 그렇다고 해서 우리 주변의 가난하고 궁핍하고 상처받은 자들을 돕는 구제 사역을 중단하라는 말은 아니다. 다음 장에서 나는 이 세대의 가난하고 고통 받는 자들을 향한 우리의 의무에 대해서 보다 자세하게 설명할 것이다.

제13장

여러 이름을 가진 희망

문제는 사회 정의와 구제 사업에 대해서 성경이 무엇을 말하는가이다. 이 점에 대한 교회의 역할은 무엇일까?

그리스도께서 이 땅에 계실 때 보여 주신 모범을 생각한다면 고통 받는 사람들의 필요를 결코 무시해서는 안 된다.

예수님은 오셔서 친히 생명의 양식이 되셔서 하늘의 진리로 사람들의 영혼을 먹이셨을 뿐만 아니라, 물고기와 빵과 포도주로 그들의 허기진 배도 채워 주셨다.

그분은 사람들의 마음의 눈을 열어 진리를 보게 하셨을 뿐만 아니라, 또한 잃은 시력을 회복시키시고 육체의 눈도 뜨게 하셔서 주위의 세상을 보게 하셨다.

연약한 자의 믿음을 강하게 하셨을 뿐만 아니라, 절름발이의 다리도 굳세게 하셨다.

죽어 말라버린 영혼들의 골짜기에 영원한 생명을 불어넣으시기 위해 오신 그 분은 과부의 아들에게 생기를 불어넣으셔서 다시 일으켜 살리셨다 (눅7:11-15).

둘 중의 하나가 아니라, 두 가지 모두를 하나님의 영광을 위해서 행하셨다.

이러한 사역의 모범은 성경 전체에 걸쳐 나타난다. 구약 성경을 읽어보면 궁핍한 자들을 향한 긍휼과 가난하고 억눌린 자들을 위한 사회 정의를 매우 중요시한 것을 볼 수 있다. 하나님은 억압받는 모든 자들을 돌보고 보호하도록 명령하셨다(레 19:18; 사 1:17; 58:10-11). 끔찍한 심판이 소돔과 고모라에 퍼부어진 이유는 그들이 가난하고 궁핍한 자들을 약탈한 까닭이었다.

마태복음 22장 38-40절에서 예수님은 하나님을 사랑하는 것이 크고 첫째 되는 계명이라고 지적하신 후에 다음과 같이 말씀하심으로써 성도의 사회적인 의무를 분명히 언급하셨다: "둘째는 그와 같으니 네 이웃을 네 몸과 같이 사랑하라. 이 두 계명이 온 율법과 선지자의 강령이니라."

율법과 예언서의 모든 가르침은 하나님을 사랑하고 이웃을 사랑하는 것으로 요약된다. 둘 중의 하나가 아니라 두 가지 모두가 다 필요한 것이다.

이웃의 영적인 필요를 무시하면서 그들을 사랑한다고 말할 수는 없다. 마찬가지로, 그들의 물질적인 필요를 무시하면서 그들을 사랑한다고 말할 수도 없다. 예수님은 그 두 가지를 모두 충족시키셨다.

실제로 예수님은 사람들이 육체적인 고통 때문에 더욱 그분을 영혼의 구세주로 갈구하게 된다는 것을 보여 주셨다.

요한복음 20장 30-31절은 이렇게 기록하고 있다: "예수께서 제자들 앞에서 이 책에 기록되지 아니한 다른 표적도 많이 행하셨으나 오직 이것을 기록함은 너희로 예수께서 하나님의 아들 그리스도이심을 믿게 하려 함이요. 또 너희로 믿고 그 이름을 힘입어 생명을 얻게 하려 함이니라." 복음서는 병들고, 귀신 들리고, 굶주리고 가난한 사람들이 예수께 나아와 그분의 치유의 손길을 통해 삶이 변화되었다고 보여 준다. 예수님도 자신이 오신 것은 가난한 자들과 포로된 자들과 눈먼 자들과 눌린 자들에게 복음을 전하기 위해서라고 선포하셨다(눅 4:18).

끔찍한 질병에서 고침을 받거나 사탄의 억압에서 풀려난 자들을 통해서 예수님은 그분이야말로 사람들의 영혼을 죄와 사망에서 구원하실 수 있는 유일하신 분임을 보여 주셨다. 예수님의 구제 사역은 그 자체가 목적이 아니었고, 오히려 하나의 수단이었다. 그리고 그것은 오늘날도 동일하다.

하지만 앞 장에서도 언급한 것처럼, 우리는 복음 전도와 사회 활동을 혼동하거나 맞바꾸어서는 안 된다. 지상 명령(至上命令)은 결코 어떤 정치적인 해방을 위한 사명이 아니다.

아시아복음선교회의 사역에 친숙한 사람들은 우리가 교회를 세우고 새로운 제자를 만드는 일에 가장 우선적으로 헌신하였음을 알고 있다. 우리의 관심사는 언제나 복음 전도와 교회 개척이며, 이것은 결코 사회 구제활동과 맞바꿀 수 없는 것이다.

영혼 구원과 제자 삼는 일이야말로 우리가 하는 모든 일들의 목표이며 이것에 의해서 모든 사역의 기회들이 평가된다. 하지만 그렇다고 우리가 전도 대상자들의 육체적, 물질적인 고통을 무시하거나 방관한다는 것은 결코 아니다.

우리의 영혼은 썩고 없어져 버릴 몸속에 들어 있지만 눈에 보이는 물질적인 세상보다 훨씬 더 중요하고 영원하다. 성경 전체를 통해서 우리는 하나님께서 육체적인 필요를 사용하셔서 사람들의 관심을 그분께로 인도

하시는 것을 관찰할 수 있다. 이 세상의 많은 사람들, 특별히 10/40창에 거주하는 남녀노소의 고통과 궁핍은 정말로 너무나 크다.

인도 캘커타에는 부모의 사랑과 보살핌을 받지 못한 채 거리를 배회하는 어린이들이 10만 명이 넘는다. 이것은 단순한 숫자나 통계가 아니라, 피와 살과 영혼을 가진 어린이들이다. 이름도 얼굴도 없이 길거리를 배회하지만 이 어린이들은 각각 하나님의 사랑 속에 지음 받고 그분의 소유된 귀중한 영혼들이다.

칫솔이나 비누를 한 번도 사용해 본 적이 없으며, 아이스크림을 먹어보거나 인형을 껴안아 본 적도 없는 아이들이다. 남아시아의 어린이 노동자들은 폭죽, 카펫, 성냥 등을 만드는 공장이나, 채석장이나 탄광, 논밭, 엽차 농장 등에서 혹사당하며 일하고 있다. 먼지나 유독한 연기, 살충제 등에 노출되어 있기 때문에 그들의 건강은 언제나 위협을 받는다. 또한 무거운 물건을 나르다가 몸이 불구가 되기도 한다. 어떤 어린이들은 집안이 가난한 까닭에 아예 노예로 팔려가기도 한다.

인권감시기구(Human Rights Watch)의 보고에 따르면 이와 같은 미성년 노동자들이 남아시아에만 6천만 명에서 1억1천5백만 명 정도 있다고 한다. 인도 타밀나두 주에 거주하는 19살 난 소녀 락슈미(Lakshmi)는 담배 공장에서 일하는데 자기 여동생에 대해서 이렇게 말하고 있다:

제 여동생은 10살이에요. 매일 아침 7시에 일어나 담보 노동(bonded labor, 빚을 갚기 위해서 노예처럼 몸을 담보로 일하는 것—역자 주) 감독관에게 가서 하루 종일 일하다가 저녁 9시에 집에 옵니다. 감독관은 동생이 느리게 일한다고 때리고, 다른 아이들과 이야기하면 고함을 지릅니다. 아파서 일하러 가지 못하면 집까지 찾아와 끌고 갑니다. 제 동생은 이렇게 힘들게 생활하고 있습니다.

저는 학교에 가거나 친구들과 노는 일에는 관심이 없습니다. 오직 제가 원하는 것은 제 여동생을 그 감독관에게서 데려오는 것입니다. 600루피만* 있으면 동생을 집으로 데려올 수 있습니다. 그것만이 동생을 데려올 수 있는 유일한 방법입니다. 하지만 우리에게는 600루피가 없습니다……. 그만한 돈은 절대로 갖지 못할 거예요.[1]

* 600루피는 미화로 약 17불(1만7천 원)

이들을 위해서 그리스도께서 십자가에 죽으셨으므로 오늘날 그분의 몸 된 교회 역시 그들을 기억해야 한다. 이제 우리는 예수님의 손과 발이 되어 그들을 도와야 한다. 세계 복음화를 위해 일할 때 우리는 하나님 보시기에 이처럼 귀중한 영혼들을 위해 사랑과 돌봄의 손길을 계속해서 펼쳐야 한다.

나는 특별히 인도 카스트 제도의 가장 낮은 계급인 달릿(Dalit), 또는 "불가촉천민들"에 대해서 말하는 것이다. 과거 3,000년 동안 인도의 수억 명의 불가촉천민들은 종교의 미명 아래 억압과 노예 생활과 끔찍한 횡포를 당하며 살아왔다. 그들은 카스트 제도에 묶여 적절한 교육이나, 마실만한 물, 적합한 직업, 또는 땅이나 집을 소유할 권리조차 누리지 못하고 있다. 차별과 억압 속에 달릿들은 때때로 강력 범죄의 희생물이 되곤 한다.

그들의 궁핍과 필요가 절박한 만큼 그들에게 그리스도의 능력과 사랑을 보여 줄 수 있는 기회 또한 매우 많다.

최근에 이러한 가능성을 보여 주는 기회가 크게 주어졌다. 억압받는 달릿과 다른 하층민들 중에서 종교의 자유를 향한 갈망이 점증하기 시작한 것이다. 약 7억 명에 달하는 그들을 대표하는 달릿 지도자들은 카스트 제도의 억압과 핍박으로부터의 자유와 정의를 부르짖으며 일어났다.

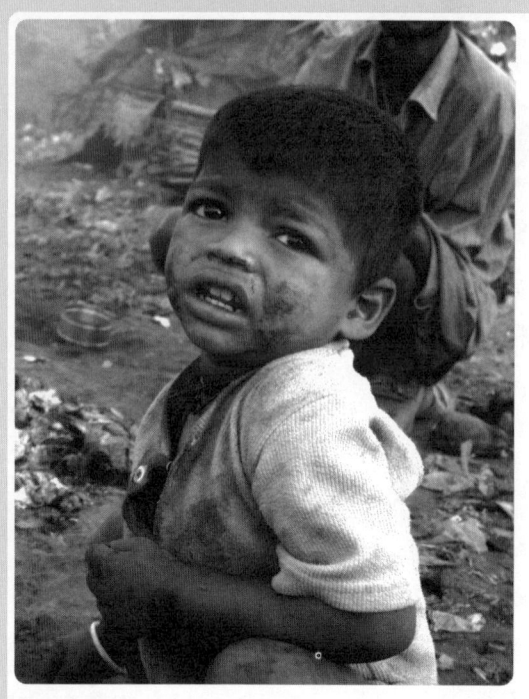

너무나도 많은 인도의 달릿 어린이들이 극한 가난과 노동과 착취로 인해 고통 받고 있다. 높은 문맹률(어떤 지역은 90% 이상) 때문에 상황은 더욱 절망적이다.

GFA의 "희망의 다리" 학교에 등록한 이 어린이들은 배움의 열정과 희망을 품고 좋은 교육을 받고 있으며 예수님의 사랑을 깨닫고 있다.

나라얀 샤르마(Narayan Sharma)는(가장 오른쪽) GFA의 네팔 지도자이다. 수년 동안 GFA는 네팔의 헌신된 형제 자매들을 훈련하여 왔으며, 이제는 이 힌두교 왕국의 가장 전도하기 힘든 지역에서 죽어가는 영혼들을 주님께로 인도하고 있다. 지도의 흰 점들은 그들이 개척한 교회들을 나타낸다.

우리의 목표는 인도와 아시아 전역의 미전도 마을들에 지역 교회들을 설립하는 것이다. 이 교회는 한 선교사의 수고의 결실로서, 그가 선교 현장에서 사역을 시작한 지 1년 안에 개척되었다. 지역에 따라 차이가 있지만, 300여명의 성도들을 수용할 수 있는 이와 같은 교회 건물은 미화 10,000불(1,000만원) 정도면 설립할 수 있다.

GFA 훈련 센터에서 공부하는 대부분의 젊은이들은 복음을 전파하기 위해서 가장 열악한 미전도 지역에까지 들어갈 것을 결심하고 헌신하는 마음으로 이곳에 모였다. 아시아복음선교회는 이러한 젊은이들을 파송하기 이전에 그들이 하나님의 말씀에 확고하게 뿌리를 내리도록 돕는 일에 진력하고 있다.

3년에 걸친 그들의 집중적인 선교 훈련이 끝나면, 이 젊은이들은 복음이 전혀 전파되지 않은 지역들에 교회를 세우기 위해서 파송을 받는다. "주님을 위해 순교할 수 있는 특권이 당신에게 주어진다면, 천국이 훨씬 좋은 곳임을 기억하십시오. 주님은 우리를 결코 떠나거나 버리지 않을 것이라고 약속하셨습니다."라는 말로 그들을 격려한다.

GFA 성경대학의 모든 학생들은 귀납법적 성경 연구법을 배운다. 학생들은 졸업하기 전에 이 방법을 사용하여 하나님의 말씀을 연구하고 전달할 수 있는 그들의 능력을 충분하게 보일 수 있어야 한다. 이것은 교회가 설립되면서 새로운 선도들이 성경의 진리 속에 굳게 뿌리를 내릴 수 있도록 한다.

아시아복음선교회의 비전은 10만 명의 젊은이들을 훈련하고 무장시켜 인도와 그 주변 국가들의 미전도 마을들로 파송하여 교회를 설립하도록 하는 것이다. 아래 사진의 졸업생들의 80퍼센트가 잃은 영혼들을 그리스도께로 인도하며 교회를 설립하면서 현재 선교 현장에서 활동하고 있다.

2001년 11월 4일에 하나의 획기적인 사건이 있었다. 수만 명의 달릿 지도자들이 21세기의 가장 역사적인 모임이라고 할 수 있는 그 집회에 참석하여 공개적으로 "힌두교를 포기"하고 그들이 원하는 신앙을 추구하겠다고 선포한 것이다.

이 집회 후에 아시아복음선교회는 주님의 인도로 달릿과 하층민들에게 그들을 향하신 하나님의 사랑을 구체적인 방법으로 보여 주게 되었다. 그것은 바로 그들의 어린이들을 위한 사역을 통해서였다.

GFA의 "희망의 다리"(Bridge of Hope) 사역은 어린이들을 위한 프로그램으로서 아시아의 수많은 어린이들에게 교육을 제공하고 하나님의 사랑을 소개함으로써 그들을 가난과 절망으로부터 벗어나게 하려는 목적으로 시작되었다. 이러한 노력을 통해서 교회들이 개척되고 마을 전체가 영적인 변화뿐만 아니라 사회적인 발전을 경험하고 있다.

지금까지 370개의 초등학교에 무려 1만9천여 명의 어린이들이 등록하였다(2004년 10월 현재). 자국인 선교사인 사무엘 쟈갓(Samuel Jagat) 목사의 마을에도 이러한 학교가 세워졌다.

지난해에 사무엘이 달릿과 하층민을 위한 학교를 마을에서 시작했을 때만 해도 그는 등록한 35명의 어린이들이 그처럼 큰 변화를 가져오게 될 줄 상상조차 하지 못했다. 특별히 조그만 1학년 소년의 경우가 그러했다.

니분(Nibun)의 어머니는 오랫동안 말라리아로 병석에 누워 있었다. 의사나 사제들이나 무당들도 그녀를 치료하지 못했고 죽음은 계속 임박해 왔다.

하지만 니분의 마음속에는 조그만 희망의 씨앗이 자라고 있었다. 그것은 바로 하나님의 말씀이었다. 교과 과정 중에는 성경의 이야기들을 배우는 과목이 있는데, 이를 통해서 교사들은 어린이들에게 하나님의 사랑을 가르친다. 다른 아이들과 마찬가지로 니분은 집에 돌아가면 그날 배운 모든 내용을 식구들에게 말해 주곤 했다.

어느 날 저녁, 식구들이 어머니 병석에 둘러앉자 니분은 예수님이 어떻게 과부의 죽은 아들을 살리셨는지 설명하기 시작했다. 이 이야기를 들은 식구들은 모두 깜짝 놀랐다.

니분의 아버지는 나중에 이렇게 말했다. "그날 밤 저는 니분의 이야기를 듣고는 잠을 이룰 수 없었습니다. 그 이야기가 마음속에서 계속 맴돌았습니다."

이튿날 니분의 아버지는 사무엘을 찾았다. 예수님과 그분이 베푸시는 구원에 대해서 들은 그는 사무엘을 초청하여 아내를 위해 기도를 부탁하면서 이렇게 말하였다. "예수님이 과부의 아들에게 하신 것처럼 제 아내도 고쳐 주실 것을 믿습니다."

니분의 어머니 역시 몸은 쇠약했지만 같은 확신을 품고 있었다. "내 아들은 집에 돌아오면 예수님에 대해서 연거푸 얘기합니다. 저도 예수님이 저를 고쳐 주시리라 믿습니다."

사무엘 목사는 죽어 가는 그 여인에게 손을 얹어 안수하며 주님께 그녀를 일으켜 달라고 기도하고는 집으로 돌아갔다.

다음 날 사무엘 목사는 니분에게 어머니가 어떠신지 물었다.

"우리 엄마는 이제 걸어 다니세요." 니분이 기뻐하며 대답했다. "오늘 아침에는 우리에게 아침 식사도 만들어 주셨어요!"

니분의 집을 다시 방문한 사무엘 목사는 분위기가 너무 바뀌어 있는 것을 발견했다. 온 가족이 예수님을 따르기로 결심한 것이다.

7억 명에 달하는 하층민들과 달릿 사람들이 복음에 대해서 개방적인 자세를 보이는 것은 오늘날 미전도 종족들에 대한 전례 없는 엄청난 사역의 기회를 의미한다. 예수님이 말씀하신 대로 그들은 무르익어 낮을 기다리는 광활한 추수밭의 일부로서 하나님의 영원한 천국으로 수확되기를 기다리고 있다.

"희망의 다리"는 우리가 수백만 명의 사람들에게 건너가 사명을 완수할 수 있게 하는 방법을 제공한다.

니분의 아버지는 이렇게 말한다: "이 학교를 주신 하나님께 감사드립니다. 주님께서 저희 가정에 베푸신 것처럼 이 학교를 사용하셔서 다른 많은 가정들에게도 그분의 빛을 비춰 주시도록 기도하겠습니다."

사역 초창기부터 우리는 특별히 가난하고 궁핍한 마을에 사는 수천 명의 사람들이 그리스도께 나아오도록 복음을 전할 기회를 찾고 있다. 이것은 지금도 변함이 없다. 처음부터 우리는 나환자촌이나 빈민가를 위한 특수한 사역을 진행해 왔고 그 결과 수십 개의 교회들이 개척되었다. 그러므로 달릿들의 절규하는 소리를 들은 우리는 그들을 돕기 위해 최선을 다하고 있다.

그들을 돕는 가장 실질적인 방법은 그들의 자녀들을 위해 초등학교를 세워 주는 것이다. 남아시아의 여러 나라에서 교육은 곧 자유를 의미하기 때문이다.

실제로, 그처럼 많은 어린이들과 가정들이 노예처럼 노동에 시달리는 이유 중 하나는 채권자와 맺은 계약서를 그들이 읽지 못한다는 사실 때문이다. 그들의 높은 문맹률 때문에 그들의 돈과 시간뿐만 아니라 그들의 미래까지도 착취를 당하는 것이다.

우리가 설립하는 학교들은 교육 자체만을 목적으로 하는 단순한 사회활동이 아니다. 우리가 이러한 사역을 시작한 것은 어린이들과 그들의 가정이 하나님 앞에 얼마나 소중한지를 깨달으면서 그리스도의 사랑의 강권함을 입었기 때문이다.

이 어린이들과 학교는 하나의 다리에 불과하다. 이 다리를 통해서 복음을 전하며 수백만 명의 사람들이 죽음에서 생명으로 건너갈 수 있다.

달릿을 위한 이러한 사역이 시작될 즈음 내가 가졌던 경험에 대해서 나누고 싶다. 이 경험은 나의 생각을 바꾸었고 "희망의 다리" 사역을 추진하도록 도와주었다.

어느 아침 이른 시간에 나는 한 꿈을 꾸었다. 나는 무르익어 추수를 기다리는 광활한 밀밭 앞에 서 있었다. 그 엄청난 추수 앞에 압도된 채 그대로 서 있었다. 그 추수밭은 눈길이 닿을 수 없을 만큼 광활하게 펼쳐져 있었다.

산들바람에 출렁이는 황금 물결을 바라보면서 문득 이것이 바로 예수님께서 요한복음 4장과 마태복음 9장에서 말씀하신 추수라는 것을 깨달았다. 열방을 구하면 우리에게 주시겠다고 하신 시편 2편의 말씀처럼 마치 주님께서 이 추수를 원하는 자에게 주시겠다고 말씀하시는 듯했다.

엄청난 추수가 수확을 기다리고 있음을 보며, 또한 이것이 영원한 지옥으로부터 수백, 수천만 명의 영혼들이 구원 얻는 것을 의미한다는 깨달음으로 벅차오른 나는 펄쩍펄쩍 뛰기 시작했다. 그리고는 있는 힘껏 밀밭을 향해서 달려갔다. 하지만 가까이 다가간 나는 우뚝 멈추고 말았다. 더 이상 갈 수가 없었다. 내 앞에는 큰 강이 입을 쩍 벌리고 밀밭을 가로막고 있었는데, 감히 그 강을 건너뛰거나 가까이 갈 엄두조차 나지 않았다. 이 강은 전에 서 있던 곳에서는 보이지 않았었다.

내 마음은 무너져 내렸다. 추수밭을 바라보기만 할 뿐 손으로 만질 수가 없었기 때문이다. 나는 절망과 좌절에 빠진 채 그 자리에 서서 엉엉 울었다.

그 때 갑자기 내 눈 앞에 한 다리가 나타나 강 이편에서 저편으로 연결되기 시작했다. 그것은 매우 폭이 넓은 큰 다리였다.

그 다리는 내가 보는 사이에 아시아 전역에서 모여든 어린이들로 가득차기 시작했는데, 그들은 봄베이나 캘커타, 다카, 카트만두와 같은 도시의 길거리에서 볼 수 있는 아이들이다.

그런데 마치 누군가가 내 귀에 이렇게 속삭이는 것처럼 느껴졌다. "네가 원한다면 이 추수를 가질 수 있어. 하지만 그렇게 하려면 너는 이 다리를 건너야 해."

꿈에서 깨어난 후에 나는 주님께서 매우 중요한 것을 나에게 말씀하고 계셨음을 깨달았다. 즉 우리가 주님의 말씀대로 따라 행하면 수백만 명의 불가촉천민들이 주님을 알게 되는 것을 볼 것이라는 사실이다. 그리고 어린이들이야말로 그들을 연결해 주는 다리인 셈이다.

나는 이 꿈을 동료들에게 들려주었고, 우리는 하나님께서 아시아의 어린이들에게 소망을 주기 위해 우리를 부르셨음을 깨달았다. "희망의 다리" 학교를 통해서 어린이들은 주 예수 그리스도에 대해서 배우고 그분의 사랑을 체험하게 될 것이며, 그 어린이들을 통해서 식구들과 마을 주민들이 주님을 알게 될 것이다.

바로 그러한 일들이 지금 기적적으로 일어나고 있다. 하나님은 우리 마음속에 품게 하신 계획들을 신실하게 수행하고 계시다. 과거에 복음을 받아들이지 않던 인도의 한 지역에 우리는 50개의 학교를 설립하였다. 우리가 처음에 이 지역을 찾아가 복음을 전했을 때는 심한 저항과 핍박을 받았었다. 하지만 선교사들이 그 곳 어린이들을 위하여 초등학교를 설립하자 주민들은 그들을 기쁨으로 영접했다.

얼마 지나지 않아서 그 지역에 50개의 "희망의 다리" 학교들이 세워지게 되었다. 11개월 만에 37개의 교회들이 개척되었다. 이 모든 일들은 어린이들이 학교에 가서 예수님에 대해서 배우고 그 배운 것을 부모들에 말함으로써 시작되었다. 이렇게 해서 기적적인 일들이 연이어 나타나게 된 것이다! 이런 일들은 우리가 매일같이 경험하고 있다.

주님께서 허락하신다면, 우리가 확신을 가지고 복음을 전파하며 지상 명령을 성취하기 위해 전진할 때 말 그대로 수백만 명의 영혼들이 주님께 나아오는 것을 보게 될 것이다. 예수님의 이름으로 그들의 필요를 돌보며 예수 그리스도의 죽으심과 부활을 통한 죄 용서와 구원의 기쁜 소식을 최선을 다해 전할 때 마을들이 변화되고 교회가 세워지며 제자들이 생겨날 것이다.

인류의 필요를 돌보는 모든 노력의 핵심에는 지상명령을 진정으로 성취하고자 하는 열망이 있어야 한다. 그 열망이 사역을 이끌어가는 요소가 될 때 그리스도의 사랑은 사람들의 마음을 깊게 감화할 수 있도록 구체적으로 표현될 것이며 그들을 구세주께 가까이 인도해 줄 것이다. 이러한 모든 사역들의 최종적인 목표는 "가난한 자에게 복음이 전파되는"(마 11:5) 것이다. 그것이 달성되지 않는다면 우리는 실패한 것이다.

제14장

혁명의 필요성

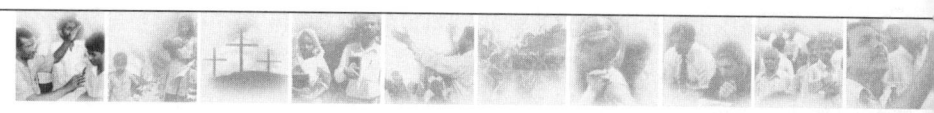

　만약 우리가 지옥의 불길과 고통 속에서 1분만이라도 지낼 수 있다면 오늘날 여러 선교지에서 인기를 누리고 있는 소위 복음이라는 것이 얼마나 무자비한 것인지를 보게 될 것이다.

　우리의 믿는 바를 체계화한 신학이 선교 현장에서는 매우 중요한 차이를 가져온다. 사도행전을 보면 그리스도가 없는 인생의 허무함을 예수님의 제자들이 철저하게 인식하고 있었음을 발견하게 된다. 핍박에도 불구하고 그들은 사람들로 하여금 회개하고 주님께로 돌아오도록 호소하였다.

　바울은 로마서 10장 9-15절에서 그리스도를 전파해야 할 시급한 사명을 부르짖었다. 그 당시 고린도나 에베소와 같은 도시의 사회적, 경제적 문제들은 오늘날 우리가 당면하는 문제들과 같거나 아니면 더 심각했다. 그럼에도 불구하고 사도들은 구제 센터나 병원이나 교육 기관을 세우려고 착수하지 않았다. 바울은 고린도전서 2장 2절에서 이렇게 선포했다. "내가 너희 중에서 예수 그리스도와 그의 십자가에 못 박히신 것 외에는 아무것도 알지 않기로 작정하였음이니라."

바울은 예수 그리스도야말로 인간의 모든 문제들에 대한 궁극적인 해결책이심을 깨달았다. 바울이 가난한 성도들에 대해 관심을 품었던 것은 사실이지만 우리는 그의 삶과 메시지의 우선적인 강조점을 놓쳐서는 안 된다.

나는 건물에 수백만 불을 투자한 교회들에서 말씀을 전한 적이 있다. 그 교회의 목사들은 성도들을 향한 사랑을 마음에 품은 뛰어난 성경 교사들이다. 그러나 그 중 많은 교회들이 어떤 종류의 선교 프로그램도 가지지 않는 것을 발견하였다.

그런 교회들 중 한 곳에서 설교하면서 나는 이렇게 말한 적이 있다: "여러분은 자칭 복음주의자라고 주장하며 더 많은 성경의 진리를 배우려고 시간과 인생을 쏟아 붓고 있지만, 솔직히 말해서 저는 여러분이 성경을 믿는다고 생각하지 않습니다."

청중들은 충격을 받았다. 그러나 나는 계속해서 말했다.

"여러분이 주장하는 대로 정말 성경을 믿는다면 수백만 명의 사람들이 그리스도를 모른 채 죽은 후에 가서 영원토록 지내게 될 지옥이라는 곳이 실재한다는 바로 그 사실 때문에 여러분은 죽어가는 영혼들에게 복음을 전하는 일을 인생의 최고 우선으로 두고 모든 것을 포기할 정도로 이 세상에서 가장 절박한 사람이 될 것입니다."

그 교회 성도들의 문제는 다른 많은 교회와 마찬가지로 그들이 지옥을 믿지 않았다는 것이다.

영국의 위대한 기독교 변증가였던 C. S. 루이스(Lewis)는 이렇게 기록했다. "기독교에서 기꺼이 삭제하고 싶은 교리가 있다면 바로 지옥의 교리이다. 내가 '모든 사람이 구원받게 될 것'이라고 진심으로 말할 수만 있다면 나는 어떤 대가라도 치르겠다."[1]

그러나 루이스는 우리와 마찬가지로 그것이 사실이 아니며 우리 힘으로 바꿀 수도 없음을 깨달았다.

예수님도 지옥과 다가올 심판에 대해서 자주 말씀하셨다. 성경은 그곳을 꺼지지 않는 불이 있으며 살을 뜯어먹는 벌레가 죽지도 않으며 그곳에 떨어진 영혼들이 영원히 울며 이를 갈게 될 흑암의 장소라고 기록하고 있다. 또한 다른 수많은 구절들이 예수님을 믿지 않고 죽은 사람들이 영원히 지내게 될 장소에 대해서 분명히 말하고 있다.

극소수의 성도들만이 지옥의 실체를 인식하면서 살고 있는 것 같다. 사실, 예수님을 모르는 우리의 친구들이 정말로 영원한 지옥으로 갈 수밖에 없다고 느끼기란 쉽지 않다.

그러나 12상에서도 강조했듯이 많은 성도들은 복음을 듣지 못한 사람들에게도 어떻게든 구원을 얻을 수 있는 길이 있을 것이라는 생각을 마음에 품고 있다. 하지만 성경은 그러한 신념에 대한 일말의 기대조차도 우리에게 주지 않는다. 성경은 "한번 죽는 것은 사람에게 정하신 것이요 그 후에는 심판이 있으리니"(히 9:27)라고 분명하게 말한다. 예수 그리스도 이외에는 죽음과 지옥과 죄와 무덤을 벗어날 길이 없다. 예수님은 "내가 곧 길이요 진리요 생명이니 나로 말미암지 않고는 아무도 아버지께로 올 자가 없느니라."(요 14:6)고 말씀하셨다.

우리가 지옥에 관한 하나님 말씀의 참된 진리대로 살았다면 우리의 교회들이 얼마나 달라졌을까? 그러나 오히려 동서양의 지역 교회들과 선교 기관들은 죽음으로 오염되었을 뿐만 아니라 계속해서 우리 주변의 죽어가는 수많은 영혼들에게 죽음을 전수하고 있다.

예수께서 이 세상으로부터 구별하여 불러내신 교회는 그 존재 목적을 크게 상실하였다. 교회의 균형 상실은 성결과 영성의 결여, 잃은 영혼들에 대한 관심의 부재에서 볼 수 있다. 교회가 과거에 알고 있었던 생명력 대신에 이제는 번영, 쾌락, 정치/사회적 참여 등에 대한 가르침이 난무하고 있다.

토저는 죽기 전에 다음과 같이 예언적으로 말하였다. "슬프게도 복음주의 기독교는 이제 신약 성경의 기준에 미치지 못하고 있다. 세속적인 모습은 우리의 생활에서 이제는 하나의 묵인된 사실이 되고 말았다. 우리의 신앙 생활은 영적이라기보다는 사회적이다."

우리의 지도자들이 주님께로부터 멀어질수록 그들은 더욱 세상의 방법들을 찾게 된다. 달라스의 한 교회는 "청년들이 계속 교회에 관심을 갖게 하려고" 수백만 불의 돈을 들여 체육관을 지었다. 많은 교회들은 사람들을 계속 자기들의 건물로 오게 하고 십일조를 바치도록 하기 위해 야구팀, 골프 강습, 학교, 에어로빅 강좌 등을 갖춘 세속적인 사교 단체처럼 되어가고 있다. 어떤 교회는 주님께로부터 너무나 멀어져 힌두교의 종교 의식을 서구화한 요가나 명상 강좌를 후원하기도 한다.

이러한 방법들이 국내에서 선교 수단으로 여겨진다면 그러한 교회들이 해외의 선교 활동을 계획할 때 기독교 인본주의자들의 교묘한 철학에 희생물이 되는 것은 당연한 것이 아닐까?

참된 기독교 선교는 피해야 할 영원한 지옥과 들어가야 할 천국이 있음을 항상 인식한다. 우리는 윌리엄 부스(William Booth) 장군이 구세군을 시작할 때 가졌던 균형 잡힌 비전을 회복할 필요가 있다. 그는 잃어버린 영혼들을 그리스도께로 인도하는 일에 놀라운 열정을 가지고 있었다. "영혼을 위해서라면 극한 상황에까지라도 가자"(Go for souls, and go for the worst) 라고 한 그의 말은 구세군 운동에 대해서 그가 품었던 비전을 잘 보여 준다.

만약 예수님이 오늘날 우리의 교회들에 들어오신다면 무엇을 행하실까?

주께서 "너는 믿음을 잘 지켰고 좌로나 우로나 치우치지 않고 경주를 끝까지 잘 달렸으며 이 세상 끝까지 복음을 전하라는 나의 명령에 순종했다"고 말씀하실 수 없을까봐 두렵다. 우리가 성부 하나님의 집을 강도의 소굴로 만들었기 때문에 예수께서 나가서 채찍을 찾으실 것이라고 여겨진다. 만약 그렇다면 우리는 계속해서 스스로를 속이기에는 이 시대가 너무도 절박하다는 사실을 깨달아야 한다. 우리에게는 부흥이나 개혁 그 이상이 필요하다. 복음이 우리가 살아 있는 동안 온 세상에 전파되려면 하늘로부터 임하는 기독교적인 혁명이 우리에게 있어야 한다.

그러나 혁명이 오기 전에 우리는 먼저 혁명의 필요성을 인식해야 한다. 우리는 마치 지도를 쳐다보는 길 잃은 사람과도 같다. 우리의 목적지로 인도하는 올바른 길을 선택하기 전에 우리는 어느 시점에서 길을 잘못 들었는지를 발견하고 그곳으로 돌아가 다시 시작해야만 한다. 그러므로 그리스도의 몸 된 교회를 향한 나의 부르짖음은 단순히 "참된 복음의 길로 되돌아가자!"는 것이다. 우리는 다시금 하나님의 온전하신 뜻을 전파해야 한다. 우리는 사람들에게 회개를 촉구하며 그들을 지옥불로부터 구해내는 일에 우선순위를 두어야 한다.

시간이 짧다. 선교의 혁명을 위해서 기도로 간구하고 그 혁명이 개인의 삶과 가정과 교회에서부터 시작되도록 하지 않는다면 우리는 이 세대를 사탄에게 잃고 말 것이다.

우리는 영혼을 육체와 맞바꿀 수도 있고, 아니면 성경을 믿는 자국인 선교사들을 후원함으로써 참된 변화를 일으킬 수도 있다.

몇 년 전에 인도에서 기독교인들로 여겨졌던 40개의 마을이 다시 힌두교로 돌아갔다. 예수 그리스도의 자유케 하는 복음을 체험했던 마을들 전체가 다시 사탄의 속박으로 돌아간다는 것이 도대체 가능한 일인가?

그렇지 않다. 그 마을들을 "기독교" 마을로 부른 이유는 단지 그들을 기독교로 이끌기 위해 병원이나 물질적인 것들을 사용한 선교사들에 의해서 겉으로만 "개종되었기" 때문이었다. 하지만 물질적인 원조가 줄어들거나 다른 선교 단체에서 유사한 혜택을 제공하자 이 개종자들은 그들의 과거 습관으로 돌아가 버렸다. 그들은 선교적인 용어로 "쌀 신자"(rice Christians)이다.

"쌀"을 받으면 그들은 자신의 이름과 종교까지 바꾸었다. 그러나 성경의 참된 복음은 이해하지 못했다. 온갖 노력에도 불구하고 그들은 여전히 구원받지 못하였다. 그들의 상태는 오히려 악화되었다. 그들은 그리스도를 따르는 것이 무엇을 의미하며 어떤 대가를 요구하는가에 대해 완전히 잘못된 생각을 품게 되었다.

이것은 이미 복음이 들어간 지역에서도 마찬가지가 아닐까? 체육관이나 야구팀이 없으면 회심자도 없다고 생각하는 것일까?

선교 현장에서 배우는 교훈은, 육신의 필요만 채워 주는 것으로는 사람들로 하여금 하나님을 따르게 하지 못한다는 것이다. 사람은 배가 고프거나 부르거나, 부하거나 가난하거나, 복음의 능력이 아니고서는 여전히 하나님께 대한 반역 가운데 머물게 된다.

성경적인 균형으로, 즉 예수께서 선포하신 바로 그 복음으로 되돌아가지 않는다면 우리는 교회의 선교가 마땅히 강조하고 추구해야 할 핵심을 놓치게 될 것이다.

예수님은 사람에게 전인적으로 긍휼을 베푸셨다. 그리고 그들을 돕기 위해 할 수 있는 모든 일을 행하셨다. 그러나 주님은 이 땅에서의 사명을 결코 잊지 않으셨다. 그것은 바로 사람을 하나님께 화목시키시고, 죄인들을 위해 돌아가시고, 그들을 지옥의 형벌에서부터 구원하시는 것이었다.

예수께서는 사람의 영적인 부분을 먼저 돌아보셨고 그 다음에 육적인 부분을 돌보셨다.

이것은 마태복음 9장 2-7절에서 예수께서 중풍병자의 죄를 먼저 용서하신 후에 그의 몸을 고치신 장면에서 잘 나타난다.

요한복음 6장 1-13절에서 예수님은 5,000명이 훨씬 넘는 굶주린 남녀노소를 기적적으로 먹이셨다. 예수님은 사람들의 관심을 모으기 위해 먹이신 것이 아니라 말씀을 전한 후에 먹이셨다.

나중에 26절에서는 사람들이 그 가르침 때문에, 또는 예수님이 누구신가를 보고 그분을 따른 것이 아니라, 예수께서 그들을 먹이셨기 때문에 따랐다는 사실을 발견하게 된다. 그들은 심지어 그릇된 동기에서 예수님을 왕으로 삼고자 했다. 그들의 영적인 오해를 우려하신 예수님은 그들에게서 떠나셨다. 예수님은 지지자들이 아니라 제자들을 원하셨던 것이다.

사도들은 구걸하는 거지에게 담대하게 "은과 금은 내게 없으나 내게 있는 것으로 네게 주노니"(행 3:6)라고 말하고는 복음을 전파했다.

나는 인도 전 지역에서 이와 유사한 일들을 경험하였다. 나는 지금까지 자신들의 육체적인 형편 때문에 예수 그리스도의 놀라운 복음을 들으려고 하지 않는 사람을 결코 만나본 적이 없다. 이와 다르게 말하는 자들은 단순히 진리를 말하지 않는 것이다.

그리스도인으로서 우리는 예수님의 모범을 따라야 한다. 물론 나는 우리의 주변에 있는 고통과 고난을 줄이기 위해서 최선을 다해야 한다고 믿는다. 우리는 삶의 모든 영역 속에서 이웃을 우리 자신처럼 사랑해야 한다. 그러나 우리는 그들에게 복음의 메시지를 전하는 것을 최고의 우선순위로 삼아야만 한다. 그리고 절대로 그리스도를 전파하는 일을 제쳐놓고 육체의 필요를 돌보는 일에 급급해서는 안 된다. 이것이 바로 성경적인 균형이며 예수님의 참된 복음이다.

제15장

진범은 영적 흑암

미국 남부의 어느 도시에서 열린 선교 수양회의 지도자들은 고맙게도 나를 위해서 모텔 방을 예약해 주었다. 다행히 단 몇 분이라도 혼자 있을 수 있게 되어 나는 기도하며 말씀을 묵상할 수 있는 시간을 기대하고 있었다.

여장을 풀면서 방안을 온통 차지하고 있는 커다란 TV를 켰다. 화면에 떠오르는 장면들은 지금까지 미국에서 보아 온 어떤 것보다도 나를 놀라게 했다. 총천연색 화면에는 어떤 매력적인 여인이 결가부좌하고 앉아서 요가를 가르치고 있었다. 나는 그 여인이 동양 종교의 수양법과 호흡법이 가져오는 건강의 유익을 극찬하는 것을 공포와 경악 속에 쳐다보았다. 시청자들이 모르고 있는 사실은 요가가 오직 한 가지 목적, 즉 악령들을 받아들이기 전에 몸과 마음을 여는 목적으로 고안되었다는 점이다.

몸에 착 달라붙는 세련된 운동복을 입은 이 여인이 박사 학위를 소지하고 교육 방송에 나왔기 때문에 내가 생각하기에 많은 시청자들이 여기에 속아서 그것을 단순히 무해한 운동 정도로만 믿고 있는 것 같다. 그러나 나처럼 흑암의 세력이 지배하는 나라에서 태어나고 자라난 사람들은 수백 가지의 동양 종교들이 거슬리지 않는—심지어 과학적으로 들리는—상표 이름들을 빙자해서 미국과 캐나다에 파고들고 있다는 사실을 곧 간파할 수 있다.

서양인들 중에는 아시아의 가난과 고통과 폭력에 관한 소식을 접할 때, 서양의 국가들은 그처럼 축복을 받았는데, 왜 동양은 고난의 끊임없는 악순환에 억눌려 있는지 그 이유를 묻는 사람들이 많지 않다.

세상의 인본주의자들은 진실을 회피하려고 하기 때문에 이러한 불균형에 대해서 즉시 역사적이고 비과학적인 수많은 이유들을 제시한다. 그러나 참된 이유는 단순하다: 서양이 물려받은 유대-기독교적 유산은 하나님의 은총을 가져왔지만, 거짓 종교들은 바벨론의 저주를 아시아의 여러 나라에 가져왔기 때문이다.

성숙한 성도들은 이 세상에 오직 두 개의 종교밖에 없다는 성경의 가르침을 깨닫는다. 참된 하나님께 대한 예배와 고대 이란에서 고안된 사탄 숭배라는 거짓된 제도이다. 페르시아의 군인들과 제사장들은 자기들의 신념을 이란으로부터 인도로 확산시켰고 그것은 인도에 뿌리를 내리게 되었다. 힌두교의 수도승들은 이를 아시아의 나머지 지역에 퍼뜨렸다. 정령 숭배와 불교와 그 외의 모든 아시아 종교들은 이처럼 하나의 종교 체계에 그 공통적인 유산을 두고 있다.

많은 서양인들이 이 사실을 모르기 때문에 사탄적인 영향은 대중 문화와 록 음악, 가수, 심지어 대학의 교수들에게까지 동양의 신비주의를 퍼뜨리고 있다. 대중 매체는 미국의 힌두교 추종자들이 사탄 숭배와 우상 숭배를 전파하는 새로운 수단이 되어 버렸다.

일반 성도들이 주변에 일어나는 일들을 분별하지 못하고 그들에게 엄청난 축복을 가져 온 유대-기독교 전통을 오해하는 것에 대해서 그들만 탓하기는 어렵다. 대부분의 사람들은 시간을 들여 동양의 실제 상황을 식별하고 연구해 본 적이 없다. 경고의 목소리를 발하는 목사나 선지자들도 거의 없다.

　아시아에는 바벨론 종교가 일상 생활 속에 깊게 스며들어 있다. 그곳 사람들은 그리스도를 알지 못한 채 악령들을 섬기며 살고 있다. 종교는 그들의 이름, 출생, 교육, 결혼, 사업, 계약, 여행, 사망 등을 포함하여 모든 것들에 연결되어 있다.

　동양의 문화와 종교가 가진 신비함 때문에 많은 서양인들은 추종자들을 눈멀게 하고 노예로 사로잡는 마귀들의 세력도 깨닫지 못한 채 그것에 현혹되고 있다. 신비한 바벨론 종교들 배후에는 일반적으로 타락, 굴욕, 가난과 고난, 심지어 사망이 뒤따른다.

　나는 미국의 성도들 대부분이 TV와 대중 매체를 통해서 아시아로부터 들려오는 소식에 깜짝 놀라는 것을 발견한다. 보도되는 통계들은 우리의 상상을 초월하며, 불의와 가난, 고난, 폭력은 막을 수 없을 것처럼 보인다. 동양적인 모든 것들이 신비스럽고 엄청난 규모로 전혀 상이하게 나타나기 때문에 서양인들에게 친숙한 것들과는 비교할 수가 없다.

　그렇기 때문에 나는 여러 곳을 돌아다녀 보아도 대부분의 사람들이 아시아의 진정한 필요가 무엇인지를 제대로 파악하기란 지극히 어렵다는 사실을 발견했다. 때때로 나는 청중들을 아시아로 실어다 옮겨 놓고 육·개월 정도 살게 하고 싶은 생각이 들 정도이다. 그러나 그것은 불가능한 일이므로 설교와 사진과 슬라이드와 비디오 필름 등을 사용하여 상황을 설명할 수밖에 없다. 지구상에 사는 사람들 가운데 세 사람 중 두 명이 아시아인이기 때문에(아시아인들은 유럽, 아프리카, 북미와 남미의 인구를 모두 합한 것보다도 많다), 우리는 시간을 투자해서 그들이 가지고 있는 진정한 필요를 이해하려고 힘써야 한다.

선교적인 측면에서 볼 때, 이것은 단순히 큰 숫자 그 이상을 의미한다. 아시아에는 기존의 선교 사역과 대중 매체를 통한 전도의 혜택을 받지 못한 20억 명 이상의 "숨겨진 인종들"(hidden peoples) 대부분이 살고 있다. 그들은 영적인 흑암 속에 짓눌린 채 살고 있는 잃어버려진 사람들 중에서도 가장 잃어버려진 사람들(the most lost of the lost)이다.

오늘날 자국인 선교 운동이 직면하고 있는 어려움들은 무엇인가? 그들의 필요는 얼마나 실제적이고 절박한가? 어떻게 하면 성도들이 아시아의 교회와 그들의 선교사들을 가장 효과적으로 도울 수 있을까?

나는 아시아 국가들의 사회적, 경제적 필요들을 경시하려는 것이 아니다. 더욱 심각하고 근본적인 문제가 영적인 것이라는 점을 재차 강조하는 것뿐이다. 서양의 언론이 아시아에 대해서 보도할 때 오로지 그들의 가난과 기아와 폭력만 보도하고 있기 때문에 아시아의 문제를 정확히 파악하는 것은 오히려 더 어렵다. 미국인들은 TV를 통해서 아시아의 굶어 죽어가는 어린이들을 보면서 굶주림이야말로 그들의 가장 큰 문제인 것처럼 착각한다.

그러나 무엇이 기아 문제를 초래하는가? 아시아의 성도들은 이런 끔찍한 상황들이 근본적으로 사탄의 영적인 속박으로 인해 생겨나는 증상에 불과하다는 사실을 알고 있다. 인도의 기아 문제를 이해하는 데 있어서 가장 등한시되어 온 중요한 요소는 힌두교의 교리와, 그것이 식량 생산에 끼치는 영향이다. 사람들은 굶고 있는데 거리를 마음껏 다니며 엄청난 곡식을 먹어치우는 "신성한 소"에 대해서는 대부분의 사람들이 알고 있다. 그러나 잘 알려져 있지는 않지만, 식량 문제의 또 다른 심각한 범인은 종교의 비호를 받고 있는 동물인 쥐이다.

윤회를 믿는 사람들에 따르면, 쥐는 열반에 이르는 영적 진화의 과정 속에서 환생한 영혼이 주로 태어나는 동물이기 때문에 보호되어야 한다. 비록 많은 사람들이 이 교리를 거부하고 쥐약을 놓으려 했지만 종교계의 거센 반발 때문에 쥐를 퇴치하려는 광범위한 노력은 수포로 돌아갔다. 인도의 한 정치가는, "인도의 종교가 바뀔 때까지는 인도가 당면한 문제들은 절대로 해결되지 않을 것이다."라고 말했다.

쥐들은 매년 인도의 양곡 중 20%를 먹어 치우거나 망쳐 놓는다. 북인도에서 밀을 재배하는 하푸르(Hapur) 지역에서 실시한 최근의 조사에 따르면 집집마다 평균 10마리의 쥐가 있다고 한다.

1982년 인도의 곡물 생산량(옥수수와 밀, 쌀, 수수 등을 포함하여 총 1억3천4백만 톤) 중에서 쥐로 인한 20%의 손실만 해도 2천6백80만 톤에 해당하였다. 이런 막대한 손실은 같은 분량의 곡식을 운반하는 화물 열차를 연상하면 이해가 쉽다. 각각 82톤을 적재할 수 있는 화차를 연결한다면 이 기차에는 327,000칸이 연결되며 그 길이는 3,097마일(거의 5,000km)이나 된다. 인도에서 쥐 때문에 손실되는 곡물의 양을 기차에 싣는다면 그 기차의 길이는 뉴욕에서 LA까지의 거리보다 더 길며, 서울과 부산을 다섯 번 이상 왕복하는 거리이다.

인도에서 이처럼 끔찍한 영향을 가져오는 쥐들은 마땅히 경멸의 대상이 되어야 한다. 그러나 사람들의 영적인 무지 때문에 쥐들은 오히려 보호를 받고 있으며 북인도의 비카너(Bikaner)에서 남쪽으로 30마일(50km) 떨어진 곳에 있는 신전에서는 심지어 경배의 대상이 되고 있다.

《인디아 익스프레스》(India Express)에는 이 신전에 대해서 다음과 같은 기사를 게재하였다. "신도들이 '카바스'(kabas)라고 부르는 수백 마리의 쥐들이 신전의 큰 마당을 이리저리 돌아다니기도 하며 때로는 동굴에 안치된 카르니 데비(Karni Devi)라는 여신상 주변에도 돌아다닌다. 쥐들은 신도들이나 신전 수위가 주는 음식을 먹는다. 전설에 의하면 그 사회의 운명은 쥐의 운명과 결부되어 있다고 한다.

"신전 마당에서는 걸을 때 조심스럽게 다녀야 한다. 만약 쥐가 밟혀 죽으면 불길한 징조로 여기질 뿐 아니라 무거운 형벌이 부과되기 때문이다. 쥐가 어깨 위에 기어오르면 그 사람은 재수가 좋은 것이다. 이보다 더 좋은 것은 흰 쥐를 보는 것이다."

굶주린 아이들과 거지들의 얼굴에 나타난 고뇌는 분명하게 수세기에 걸친 종교적인 노예 생활로 인한 것이다. 나의 사랑하는 조국 인도에서는 매년 수천 명의 인력과 막대한 돈이 사회 사업, 교육, 의료 및 구제 활동으로 소모되고 있다. 미국에서 재해로 여겨지는 많은 심각한 문제들이 대부분의 아시아 지역에서는 매일매일 일어나는 평범한 일에 불과하다. 동양에서 재해가 발생하면, 사망자 통계는 베트남 전쟁의 사망자 수와 맞먹는다. 아시아의 국가들은 이처럼 엄청난 사회 문제와 제한된 자원 때문에 어려움을 겪고 있다.

하지만 이런 모든 사회 개혁의 노력에도 불구하고 기아와 인구와 가난의 문제는 계속 급증하고 있다. 문제의 주범은 사람도 아니고, 자원의 부족도 아니며, 정치 체제의 잘못도 아니다. 영적인 암흑이 그 주범이다. 그것은 발전을 위한 모든 노력을 망쳐 놓는다. 그것은 사람들로 하여금 이생과 내세에서 비참하게 만든다. 아시아에서 실행할 수 있는 가장 중요한 사회 개혁은 바로 예수 그리스도의 복음이다. 내 조국 인도에는 4억 명 이상의 사람들이 아직도 예수 그리스도의 이름을 한 번도 들어보지 못하였다. 그들에게는 오직 예수님만이 주실 수 있는 소망과 진리가 필요하다.

예를 들면, 최근에 잠무(Jammu)에서 주님을 섬기는 한 자국인 선교사가 시장의 어느 상점 주인에게 예수님을 아는지 물었다. 상점 주인은 잠시 생각하더니, "선생님, 저는 우리 마을 사람들을 모두 알고 있습니다.

하지만 그런 이름을 가진 사람은 이 동네에 살지 않습니다. 한번 옆 동네로 가서 찾아보시죠. 혹시 그 곳에 살지도 모릅니다."라고 말했다.

심지어 자국인 선교사들은 '예수'가 새로 나온 비누나 의약품 이름이냐고 묻는 사람들을 자주 만난다.

인도에는 미국 인구의 4배나 되는 10억 명 이상의 사람들이 살고 있다. 그 중에서 오직 2.4%만이 스스로를 성도라고 부른다.[1] 비록 이 수치는 정부의 공식 집계이지만, 다른 기독교 자료에 의하면 그 수치가 7.4%에까지 이를 것이라고 여겨진다.[2] 그렇지만 인도는 여전히 50만 개의 미전도 마을들을 가진 세계 최대의 선교지로서 오늘날 전 세계 교회에 선교의 도전을 주고 있다. 현재의 추세가 지속된다면 인도는 앞으로 세계에서 가장 인구가 많은 나라가 될 것이다. 인도의 29개의 주 가운데 여러 주에는 유럽의 모든 국가들이나 세계의 다른 나라들보다 더 많은 인구가 살고 있다.

인도의 각 주는 인구가 많을 뿐만 아니라, 마치 다른 나라처럼 여겨질 정도로 독특성을 가지고 있다. 대부분의 주마다 완전히 다른 문화, 의복, 음식, 언어들을 가지고 있다. 한국과 같이 아시아에서 단일 민족으로 이루어진 나라는 극히 소수이다. 대부분의 나라들이 인도처럼 여러 언어와 인종과 부족으로 이루어져 있다. 사실 이러한 다양성 때문에 아시아를 향한 선교 활동은 엄청난 도전에 직면하게 된다.

제16장

십자가의 원수들

아시아의 미전도 국가들을 향한 유일한 소망인 자국인 선교 운동은 언제나 사탄이나 세상의 방해를 받고 있다. 회교나 힌두교와 같은 전통 종교들의 부흥, 공산주의를 포함하여 세속적 물질주의의 확장, 그리고 문화적, 민족주의적 장벽 등은 모두 기독교의 선교 활동을 방해하는 데 한 몫한다.

"나는 많은 신들을 섬기는 철저한 힌두교 가정에서 성장했습니다." 브라만 계급에서 요구하는 자기 수양, 요가, 명상을 통해서 수년간 영적인 평안을 추구했던 마시(Masih)의 고백이다. "나는 심지어 우리 마을에서 힌두교 제사장까지 되었지만, 내가 원했던 평안과 기쁨은 여전히 찾을 수 없었습니다. 그러던 어느 날 나는 한 장의 전도지를 받고 예수 그리스도의 사랑에 대해서 읽게 되었습니다. 전도지 뒷면에 적힌 요청대로 응답하고는 예수님에 대해서 더 깊이 알고자 통신 과정에 등록하였습니다.

1978년 1월 1일 나는 예수 그리스도께 내 삶을 드렸습니다. 삼 개월 후에는 세례(침례)를 받았고 '그리스도'를 의미하는 기독교 이름 '마시'로 개명했습니다."

아시아에서는 세례(침례)를 받고 기독교적인 이름으로 개명한다는 것은 이방인으로 살던 과거와의 완전한 결별을 상징한다. 세례(침례)를 받을 때 주로 뒤따르는 핍박을 피하기 위해 어떤 사람들은 몇 년씩 기다린 후에 세례(침례)를 받기도 한다. 그러나 마시는 기다리지 않았다. 그 결과는 즉각적으로 나타났다.

아들이 힌두교의 신들을 거부한 사실을 알게 된 그의 부모는 다른 대대적인 핍박을 전개하기 시작했다. 이를 피하기 위해서 마시는 라자스탄 주의 코타(Kota)로 가서 일자리를 구했다. 육 개월 동안 그는 공장에서 일하면서 그 지역의 그리스도인들과 교제를 나누었다. 그들의 격려를 통해서 성경학교에 등록하여 성경을 체계적으로 배우기 시작했다.

삼 년 동안 공부하는 가운데 처음으로 자기 가족을 찾아갔다. "아버지가 대단히 편찮으시다는 소식과 함께 속히 집에 오라는 전보를 받았습니다." 마시는 그 때를 회상했다. "집에 도착하자 가족과 친구들은 내게 그리스도를 부인하라고 요구했습니다. 그들의 말을 듣지 않자 심한 핍박이 뒤따랐고 생명이 위태롭게 되었습니다. 바로 도망칠 수밖에 없었습니다."

다시 학교로 돌아오면서 마시는 하나님이 자기를 인도의 다른 지역에서 사역하도록 인도하실 것이라고 생각했다. 하지만 그의 기도에 대한 응답은 그를 깜짝 놀라게 하였다.

"주님의 응답을 기다렸을 때 주님은 제게 가족이 있는 곳으로 돌아가라고 말씀하셨습니다. 귀신들렸다가 나은 거라사 사람이 자기 마을로 보냄을 받았던 것처럼 주님은 내가 식구들에게 가서 그리스도를 통한 하나님의 사랑을 전하기 원하셨습니다."

전직이 승려였던 람쿠마르 마시(Ramkumar Masih)는 오늘날 기독교에 대해 매우 적대적인 힌두교도와 회교도 가운데서 사역하면서 자신의 도시와 그 부근 마을들에서 교회 개척 활동을 하고 있다.

비록 마시는 고향 사람들을 그리스도께로 인도하기 위해서 극단적인 대가를 치르지는 않았지만, 아시아 전역에 걸쳐 수많은 선교사들과 평신도들이 그들의 믿음 때문에 매년 죽임을 당하고 있다. 20세기에 들어와서 순교한 사람은 총 4천5백만 명으로 추정되는데 이 수는 교회사 전체를 통해 지금까지 순교당한 모든 사람들보다 더 많다.[1]

그렇다면 소망과 구원의 복음이 절실히 필요한 여러 지역에서 복음 전파를 방해하며 대적하는 이러한 십자가의 원수들은 어떤 것들일까? 그것들은 결코 새로운 것들이 아니라, 사탄이 이러한 나라들을 속박하기 위해 마지막으로 고안하여 재사용하는 다음과 같은 것들이다.

전통 종교

전통 종교들의 부흥은 온 아시아를 휩쓸고 있다. 이란과 같이 회교의 부흥이 실제로 정권을 무너뜨린 사례는 별로 없지만, 종교적 파벌주의는 많은 나라의 심각한 문제이다.

정부와 언론과 교육 제도 등이 무신론적 유물론자들의 손에 넘어가게 되면 대부분의 나라들이 심한 반발을 경험하게 된다. 전통 종교의 지도자들이 발견하는 것은 서양의 국가들을 내쫓는 것만으로는 충분하지 않다는 것이다. 세속적인 인본주의자들이 대부분의 아시아 국가들을 장악하고 있으며, 많은 전통 종교의 지도자들은 과거에 그들이 행사했던 영향력을 아쉬워하고 있다.

전통 종교와 민족주의는 단기적인 이득을 노리는 정치가들에 의해서 고의적으로 혼동되고 남용되고 있다. 시골에서는 전통 종교들이 아직도 대부분의 사람들에게 막강한 영향력을 행사하고 있다. 거의 모든 마을과 공동체들이 나름대로 선호하는 우상이나 잡신을 가지고 있다. 힌두교만 해도 3억3천만 개의 잡신들이 있다. 그밖에 강력한 귀신을 숭배하는 다양한 정령 신앙의 예식들이 회교, 힌두교, 불교 등과 함께 버젓이 수행되고 있다.

많은 지역에는 아직도 마을의 사당(祠堂)이 비정규적 교육, 관광의 중심지로서 여전히 주민들의 자랑거리이다. 종교는 엄청난 규모의 사업이며 사당들은 매년 막대한 액수의 돈을 거둬들인다. 수백만 명의 제사장들과 마술사들 또한 전통 종교의 유지와 확장에 편승해서 부당이득을 취하고 있다. 에베소의 은장색처럼 그들도 기독교의 확산을 가볍게 여기지 않는다. 종교, 민족주의, 경제적인 이익 등은 마치 하나의 위험한 폭발물과 같이 융합되는데, 사탄은 이것을 사용해서 수백만 명의 사람들의 눈을 멀게 한다.

그럼에도 불구하고 하나님은 자국인 선교사들을 부르셔서 복음을 전하게 하시며, 많은 선교사들이 토속 종교가 강력하게 지배하고 있는 지역에까지 복음을 들고 들어가고 있다.

적그리스도의 영

그러나 십자가의 원수들에는 전통 종교 이외에도 다른 것들이 포함된다. 보다 더 강력한 하나의 새로운 세력이 지금 아시아를 휩쓸고 있다. 그것은 성경이 말하는 적그리스도의 영으로서 바로 세속적 유물론(secular materialism)이라는 새 종교이다. 때때로 공산주의의 형태로 나타나는 세속적 유물론은 미얀마, 캄보디아, 중국, 라오스, 북한, 베트남 등을 포함한 많은 나라들의 정권을 장악하였다. 심지어 인도, 한국, 일본 같은 아시아의 민주주의 국가에서도 물질주의는 공산주의가 아닌 다른 형태로 세력을 확장하고 있다.

이 새로운 종교의 신당들은 바로 원자로(atomic reactors)와 정유공장과 병원과 화려한 쇼핑센터이다. 그곳의 교주들은 주로 기술자, 과학자, 군대의 장교들로서 공업화된 서양의 모습으로 아시아 국가들을 재건하려고 조급해 하는 사람들이다. 인간이 그 자신의 신이라고 믿고 초월적인 신의 도움이 없이 평화와 부와 안전을 보장하겠다는 사람들에게 대부분의 아시아 국가의 정치력이 넘어가고 있다.

어떤 의미에서 세속적 인본주의와 유물론은 전통 종교들이 아시아 전역의 억압과 가난의 주요 원인임을 바로 진단하였다. 인본주의는 하나님을 의지하지 않고 인류의 문제들을 해결하려는 세속적이고 과학적인 방법이기 때문에 자연히 기독교의 적이다. 이처럼 점증하는 과학적 유물론의 결과로서 모든 아시아 국가에 심각한 세속주의 운동이 일어나고 있다. 그들은 기독교를 포함한 모든 종교의 영향력을 사회에서 제거하려고 혼연일체가 되었다. 세속적인 인본주의가 가장 강력하게 지배하고 있는 오늘날 아시아의 큰 도시들은 과거 1백 년간 서양을 지배해 온 동일한 충동과 욕심에 의해서 지배를 받고 있다.

세상의 반기독교적인 억압—문화

전통 종교들이 기독교에 대한 마귀의 공격을 보여 준다면, 세속적 인본주의는 육신(flesh)의 공격을 보여 준다. 그렇다면 이제 남은 유일한 적은 이 세상의 반기독교적인 억압이다. 그리스도께 나아가는 것을 막는 마지막이면서도 아마도 가장 굳건한 장애물은 바로 문화 그 자체이다.

마하트마 간디가 영국과 남아프리카에서 수년간 살다가 인도로 돌아왔을 때 그는 국가의 지도부가 유럽풍의 생활 방식을 버리려고 하지 않기 때문에 "인도 철수"(Quit India) 운동이 실패하고 있음을 깨달았다. 그래서 간디는 비록 인도 출생이기는 했지만 오랫동안 젖어온 서양의 의복과 풍습을 의도적으로 끊어 버려야 했다. 만약 그렇게 하지 않았다면 자기 민족을 영국의 속박으로부터 이끌고 나올 수가 없었을 것이다. 그는 의복과 음식과 문화와 생활 방식에서 어떻게 하면 다시 인도인이 될 수 있는지를 배우는데 여생을 보냈다. 결국 그는 인도 국민들의 지지를 얻게 되었다. 그 나머지는 역사가 입증하는 대로이다. 그는 미국의 조지 워싱턴과 같이 내 조국 인도의 국부(國父)가 되었다.

아시아 전역에서 복음을 전하고 교회를 개척하는 사역에도 이와 동일한 원리가 적용된다. 우리는 문화에 적응하는 방법을 배워야 한다. 바로 이러한 이유 때문에 선교지 출신의 현지 사역자들이 더욱 효과적으로 사역할 수 있다. 이곳 미국 사람들에게 노란 도복을 입은 크리쉬나(Krishna) 숭배자들이 머리는 삭발하고 손에는 묵주를 들고 다가온다면 미국인들은 즉시 힌두교를 거부할 것이다. 그와 마찬가지로 힌두교도 역시 기독교가 서양의 형태로 다가오면 이를 거부한다.

그러면 아시아인들이 그리스도를 거부했는가? 그렇지는 않다. 대부분의 경우에 그들은 복음에 밀접하게 달라붙은 서양 문화의 부수물만 거부했을 뿐이다. 바로 이것이 사람들을 구원하기 위해서 사도 바울이 "여러 사람에게 내가 여러 모양이 되었다."(all things to all men)고 한 말의 의미이다.

아시아 사람이 문화적으로 적절한 방법을 사용하여 다른 아시아 사람에게 복음을 전할 때 그 결과는 놀랍다. 우리가 후원하는 자국인 선교사

자거(Jager) 형제는 인도 북서 지방에서 사역하고 있는데 편잡 주의 어느 힘든 지역에서 이미 60개의 마을에 복음을 전하였고 교회도 30개나 개척하였다. 그는 수백 명의 주민들을 그리스도께 인도했다. 최근에 인도를 여행했을 때 나는 자거와 그의 아내를 방문하였다. 그가 도대체 어떤 종류의 선교 방법을 사용하는지를 내 눈으로 직접 확인하고 싶었다.

그런데 내가 깜짝 놀란 것은 우리가 조달해 준 소형 오토바이와 전도지 이외에는 그가 어떤 특별한 기술도 사용하지 않았다는 사실이다. 그는 마을 사람들처럼 생활하고 있었다. 진흙과 가축 배설물로 지은 방 한 칸짜리 집에서 살고 있었다. 부엌은 밖에 있었는데, 그 지역에서 사용하는 똑같은 진흙으로 지은 것이었다. 그의 아내는 음식을 요리하려고 이웃집 여인들처럼 모닥불 앞에 웅크리고 앉았다. 이 부부에게서 발견할 수 있는 가장 두드러진 특징은 그들의 생활이 정말로 인도인다웠다는 것이다. 외래적인 것은 결코 찾아볼 수가 없었다.

나는 자거 형제에게 그처럼 힘든 도전과 고난 속에서도 어떻게 지금까지 지낼 수 있었는지 물어보았다. "형제님, 단지 주님을 기다리며 의지했을 뿐입니다."라고 그는 말했다. 나중에 알게 된 사실은 그가 하루에 두세 시간을 기도와 성경 읽기와 묵상에 보낸다는 것이었다. 그것이 바로 아시아를 그리스도께 인도하는 데 필요한 것이다. 바로 이런 종류의 선교사들을 세계 여러 민족들이 애타게 찾고 있는 것이다.

자거는 다른 자국인 선교사를 통해 그리스도를 믿게 되었는데, 그 선교사는 자거가 철저한 힌두교인이었을 때 그에게 살아계신 하나님에 대해서 설명해 주었다. 그는 죄는 미워하시지만 죄인들을 위해 죽으시고 그들을 자유케 하시려고 인간이 되신 하나님에 대해서 말해 주었다. 이때 비로소 복음이 그 마을에 처음으로 전파되었고, 자거는 며칠 동안 계속 그 선교사를 따라다녔다.

마침내 그는 예수님을 주님으로 영접하였고, 그 결과 자기 가족들로부터 버림을 받았다. 그는 새로 발견한 생명에 대해 너무나 놀라고 감격한 나머지 마을마다 다니며 전도지를 나누어 주면서 예수님에 대해 증거하였다. 그는 마침내 자기가 가지고 있던 두 개의 상점까지 팔아 버렸다. 그렇게 해서 번 돈을 가지고 그는 부근 마을들을 다니며 전도 집회를 인도하였다.

그는 문화적으로 적합한 방법을 통해서 자기 동족에게 복음을 전하는 그 문화 속의 사람이다. 그리스도께서 우리에게 남기신 사역을 완수하기 위해서 우리 아시아인들이 서양인들로부터 필요로 하는 후원은 많은 수의 자국인 선교사 군대를 모집하고 훈련하며 파송하는 일에 집중되어야 한다.

자국인 선교사들은 우리가 현재 동양에서 직면하고 있는 세 가지 큰 도전을 잘 감당할 준비가 되어 있다.

첫째, 그들은 선교지의 언어뿐 아니라 그들의 문화와 관습과 생활 양식을 이미 잘 이해하고 있다. 그들은 긴 준비 과정 때문에 귀중한 시간을 보낼 필요가 없다.

둘째, 가장 효과적인 의사 소통은 동등한 사람 사이에서 이루어지게 마련이다. 물론 여전히 넘어야 할 사회적 장벽들이 있을 때도 있지만, 그런 문제들은 비교적 사소하며 또 쉽게 파악될 수 있다.

셋째, 자국인 선교사들은 외국인들보다 더욱 경제적으로 사역할 수 있기 때문에 그들을 후원하는 것은 우리가 가진 자원을 지혜롭게 투자하는 것이다.

창조의 가장 기본적인 법칙 중 하나는 자기와 같은 종류를 재생산하는 것이다. 이 사실은 다른 분야와 마찬가지로 복음 전도와 제자 훈련에도 적용된다. 많은 사람들이 그리스도께로 나아오는 것을 보려면 우리는 수

많은 자국인 선교사들을 선교 현장으로 보내야 한다.

그렇다면 얼마나 많은 선교사들이 필요할까? 인도만 해도 복음을 전해야 할 마을들이 아직도 500,000개나 된다. 다른 나라들을 보아도 선교사가 없는 마을들이 수천 개가 넘는 것을 발견하게 된다. 현재 우리에게 개방된 다른 모든 마을들에 복음을 전하는 일만 해도 GFA는 수만 명의 자국인 선교사들이 필요하다. 이 거대한 군대를 지원하는 비용은 매년 수백만 불(수십억 원)에 이를 것이다. 그러나 이것은 2000년 북미의 교회가 그들의 필요를 위해 풍족하게 사용한 94억 불(94조원)에 비하면 아주 적은 액수에 불과하다.[2] 그리고 그 결과로서 사랑의 혁명이 일어나 수백만 명의 아시아인들을 그리스도께 인도하게 될 것이다.

자, 그렇다면 자국인 선교사들은 문화의 장벽을 뛰어넘어서 복음을 전할 준비가 되어 있는가? 물론이다. 그것도 엄청나게 효과적으로! 실제로 우리가 후원하는 자국인 선교사들은 대부분 문화가 다른 상황 속에서 사역하고 있다. 때때로 GFA의 전도자들은 어떤 새로운 언어를 배워야 하거나, 다른 의복과 식생활에 적응해야 할 때도 있다. 하지만 이들 문화들은 서로 근접해 있거나 유사한 전통을 공유할 때가 많기 때문에 서양에서 온 사람보다는 그 적응이 훨씬 용이하다.

내 조국 인도에는 18개의 주요 언어들이 있고 그 문화가 제각기 다른 1,650개의 지방 언어들이 있지만,[3] 한 명의 인도인이 한 문화에서 다른 문화로 이동하고 적응하는 것은 비교적 쉽다. 실제로 파키스탄, 인도, 방글라데시, 미얀마, 네팔, 부탄, 태국, 스리랑카에 사는 사람들 대부분은 이웃한 문화 속에서 비교적 빠르게 사역할 수 있다.

다른 문화 속에서 새 언어를 배우고 교회를 세우려고 노력하는 자국인 사역자들은 특별한 도전들에 당면하고 있다. 아시아복음선교회는 자국인 선교사들이 이러한 도전들을 극복할 수 있도록 그들을 돕는 이 특별한 사역에 같은 마음을 품은 단체들과 함께 일하기 원한다.

아시아의 도전의 소리가 우리에게 절규처럼 들려온다. 십자가의 원수들이 주변에 들끓고 있지만, 우리가 주 예수님의 권세와 능력으로 진군할 때 아무도 우리를 대적하여 맞설 수 없다. 비록 우리가 당면한 문제들이 심각한 것들이기는 하지만 그것들은 수천 명의 자국인 선교사들을 통해서 극복될 수 있다.

제17장

남의 컵에 담긴 생명수

아시아의 엄청난 도전을 생각하면 그 나라들을 그리스도께 인도하기 위해 수많은 선교사들의 군대를 요청한다 해도 결코 지나치지 않다. 그리고 바로 지금 주님은 제 2/3세계의 모든 국가들에서 수만 명의 자국인 선교사들을 일으키고 계신다. 그들은 아시아 사람들이며, 복음을 전해야 할 바로 그 지역에 살고 있거나, 그런 미전도 지역에서 몇 백 마일 떨어지지 않은 비슷한 문화권에서 살고 있다.

19세기 서양 열강의 식민주의와 관련해서만 생각하면 세계 선교의 상황은 그리 밝지 않다. 세계 복음화의 실질적인 사명이 "백인 선교사를 보내는 것"에만 의존한다면, 지상 명령에 순종하는 것은 참으로 갈수록 더욱 불가능하다. 그러나 감사하게도 오늘날 그 사명을 성취하기 위해서 자국인 선교 운동이 급증하고 있다.

모든 성도와 목회자와 선교 지도자들을 위해 내가 하고 싶은 중요한 말은 우리가 지금 선교의 새 날을 목격하고 있다는 사실이다. 몇 년 전만 해도 아시아 교회가 선교의 마지막 주자가 되리라고는 아무도 상상조차 못했다. 그러나 헌신된 현지 사역자들이 나가서 그들의 동족에게 복음을 전하기 시작했다.

더욱 놀랄 만한 사실은 여기에 당신이 해야 할 역할이 있다는 것이다. 하나님은 그 행하시는 일에 동참하도록 우리 모두를 부르고 계신다.

우리는 수백만의 갈색, 황색 발들을 도와 예수님의 자유케 하는 복음을 들고 나아가게 할 수 있다. 그들은 기존 교회의 기도와 재정적인 지원으로 수많은 잃어버린 사람들에게 주님의 말씀을 전파할 수 있다. 그렇게 하려면 하나님의 모든 식구들이 필요하다. 성도들이 그들의 자원을 함께 나눔으로써 도와준다면 수천 명의 자국인 선교사들이 잃어버린 자들에게 나아갈 수 있다.

이것이 바로 하나님이 나를 미국으로 부르신 이유라고 믿는다. 내가 미국에 머무르는 단 한 가지 이유는 서양에 있는 성도들에게 아시아 형제들의 필요를 알림으로써 그들을 섬기고 도와주는 것이다. 모든 신세대 성도들은 선교에 이처럼 엄청난 변화가 이미 일어났음을 깨달아야 한다. 성도들은 자국인 형제들이 복음을 들고 갈 수 있도록 그들을 위해 기도하며 도와주는 "파송자"가 되어야 한다는 사실을 알아야 한다.

선교의 물은 진흙투성이가 되어 버렸다. 오늘날 많은 성도들이 사탄이 보낸 속이는 영 때문에 눈이 어두워져 중요한 문제들에 대해서 명료하게 판단하지 못하고 있다. 나는 이 말을 결코 가볍게 하는 것이 아니다. 사탄은 세계 복음화를 막으려면 성도들의 마음을 혼란에 빠뜨려야 한다는 것을 잘 알고 있다. 이 일을 사탄은 지금까지 꽤 효과적으로 수행해 왔다. 여러 사실들이 이를 잘 보여 준다.

북미의 일반 성도들은 세계 선교를 위해 일주일에 겨우 50센트(500원)

를 드린다.[1] 이것이 무엇을 뜻하는지 생각해 보라. 선교는 교회의 가장 우선적인 사명이며 우리 주님께서 승천하시기 직전에 마지막으로 우리에게 주신 명령이다. 예수님의 십자가 죽으심은 선교 운동의 출발이 되었다. 예수님은 우리에게 오셔서 하나님의 사랑을 보여 주셨고, 우리는 이 땅에서 그 사역을 지속해야 한다. 하지만 교회의 가장 중요한 이 사역을 위해서 투자되는 비용은 재정의 1%도 되지 않는다.

해외로 파송된 서양 선교사들 중 많은 이들이 복음을 전하고 교회를 세우는 우선적인 사역보다는 제 2/3세계의 사회 사업을 위한 노력에 참여하고 있다는 사실을 기억하라.

그리고 모든 선교 재정의 약 85%는 잃어버린 자들을 위한 개척 선교를 위해서가 아니라, 사역지에 이미 설립된 교회에서 활동하는 서양 선교사들을 위해서 사용되고 있다.[2]

결과적으로 미국의 일반 성도들이 선교를 위해서 매주 드린 50센트조차도 실제로는 그리스도의 복음을 전파하는 일보다는 대부분 사회 사업이나 활동에 사용되었다.

그러나 지난 60여년의 파란만장한 세월 동안 하나의 새로운 변화가 발생하였다. 50여년 전 2차 대전이 끝날 무렵만 해도 지상 명령을 성취하기 위한 거의 모든 활동이 소수의 백인에 의해서 이루어졌다. 이 선교 지도자들에게는 식민지 내의 수천 개의 상이한 문화권을 모두 전도하기란 상상조차 할 수 없는 일이었다. 그래서 그들은 교역과 통제가 손쉬운 대표적인 주요 문화권에 그들의 관심을 집중했다.

대부분의 아시아 국가에서는 거의 200년에 걸친 선교 사역이 1945년에 식민지 시대가 마침내 종식될 때까지 식민 정권의 경계의 눈초리 아래 수행되어 왔다. 그 당시에는 서양 선교사들이 서양 식민 정부를 구성하는 중요한 부분처럼 보였다. 심지어 주요 문화권 내에 세워진 몇 개 안 되는 교회들도 연약해 보였다. 이 교회들도 지방 정부나 경제처럼 외국인들의 직접적인 통제를 받았다. 서양 선교사들에게 의존하지 않는 자국인 교회는 거의 없었다. 그 당연한 결과로서, 일반 대중은 외래 종교의 이상한 건물을 기피하였다. 이것은 현재 미국 내에 있는 "크리슈나(Krishna) 선교회"를 대부분의 미국인들이 기피하는 것과 마찬가지이다.

이러한 상황에서 주요 문화권 너머로 사역을 넓혀 미완성된 사명을 성취하려는 노력은 자연히 뒷전으로 밀려났다. 시골 촌락에 사는 일반 대중과 약소 문화에 속한 인종과 부족민들과 소수 민족들은 더욱 오랜 시간을 기다려야만 했다. 물론 외국의 더 많은 백인 선교사들을 모집하여 그들에게 보내지 않는 한 이들을 가르친다는 것은 아직도 먼 훗날의 이야기이다.

그러나 그럴 수는 없었다. 식민 시대의 선교사들이 "그들의" 교회와 병원과 학교를 다시 관할하기 위해 돌아갔을 때, 그들은 정치적인 상황이 급격하게 변한 것을 발견했다. 그들은 아시아 국가들로부터 이전에 없었던 적대감을 느끼게 되었다. 제 2차 세계 대전 동안에 무언가 급격한 변화가 생겼다. 민족주의자들이 조직되어 세력을 형성한 것이다.

곧 정치적인 혁명이 제 2/3세계를 휩쓸었다. 국가들이 하나 둘씩 독립을 쟁취하면서 선교사들은 권력과 특권을 잃게 되었다. 제 2차 세계 대전 후 25년 동안 71개의 나라들이 서양의 통치로부터 벗어났다. 새롭게 자유를 찾은 그들 대부분은 추방해야 할 서양의 첫 번째 상징물에 서양 선교사들을 포함시켰다. 오늘날 세계 인구의 절반이 넘는 86개 나라들은 외국 선교사들의 입국을 금하거나 엄격하게 제한하고 있다.[3]

그러나 여기에는 긍정적인 면도 있다. 이 모든 것들은 아시아의 교회들이 급격하게 성장하는 계기를 마련해 주었다. 외부 선교사들의 후퇴는 복음의 확산을 누그러뜨리기커녕 오히려 외부 선교사들이 무의식적으로 복음과 함께 전해 준 서양의 전통으로부터 복음을 자유롭게 풀어 주었다.

자국인 선교의 선구자였던 인도의 성자 선다 싱(Sundar Singh)은 다음과 같은 이야기를 통해서 문화적으로 적절하게 복음을 전하는 것이 얼마나 중요한지를 잘 설명해 주었다.

어느 무더운 여름날 높은 신분의 힌두교인이 기차 역 안에서 더위를 먹고 실신하고 말았다. 그를 살리기 위해서 한 승무원이 수돗가로 달려가서 컵에 물을 채워서는 그에게로 가져왔다. 그러나 이 힌두교인은 자신의 절박한 상태에도 불구하고 그 물을 거부했다. 신분이 다른 사람의 컵에 담긴 물을 마시느니 차라리 죽고자 했던 것이다.

그때 누군가가 그 높은 신분의 힌두교인의 옆자리에 그의 컵이 있는 것을 발견하였다. 그래서 그 컵을 들고 뛰어가 물을 가득 담아서는 무더위에 헐떡거리는 그 힌두교도에게 가져왔고 그는 곧 감사를 표하고는 그 물을 받아 마셨다.

이야기를 마친 선다 싱은 청중들에게 이렇게 말하곤 했다. "이것은 내가 외국 선교사들에게 하고 싶었던 말입니다. 그들은 외국의 컵에 생명수를 담아서 인도 사람들에게 주려고 했기 때문에 우리는 그것을 잘 받아먹으려고 하지 않았습니다. 만일 그들이 우리의 컵—토착적인 형태—에 담아서 준다면 우리는 훨씬 쉽게 받아들일 수 있을 것입니다."

오늘날, 성령의 인도함을 따르는 젊고 새로운 자국인 지도자들은 그들의 고국 아시아를 완전히 복음화하기 위한 전략을 세우고 있다. 아시아의 거의 모든 나라마다 내가 개인적으로 알고 있는 현지 사역자들이 있는데 그들은 문화적으로 적절한 방법과 형태를 사용함으로써 사람들에게 효과적으로 복음을 전하고 있다.

아직도 대부분의 아시아 국가에는 핍박이 여러 형태로 존재하고 있지만, 식민지 시대 이후에는 자국인 선교사들에게 거의 무제한의 자유를 보장하고 있다. 서양인들이 들어갈 수 없다고 해서 교회의 성장이 멈추는 것은 아니다.

그런데 어떤 이유에서인지 이러한 극적인 변화에 관한 소식들에 대해서 오늘날 대부분의 성도들은 모르고 있다. 하나님이 성령님을 통해서 새로운 선교사들을 세우셔서 지상 명령을 수행하게 하셨는데 다른 많은 성도들은 꿈쩍도 하지 않고 있다. 내가 발견한 바로는 그들의 너그러움이 부족하기 때문에 그런 것이 아니다. 그들은 필요에 대해서 알게 되면 즉시 반응을 보인다. 다만 오늘날 아시아에서 일어나고 있는 일들을 정확하게 알지 못하기 때문에 동참하지 못하고 있을 뿐이다.

나는 우리 앞에 놓여 있는 이 엄청난 사역에 우리 모두가 기도와 물질로 참여하도록 주님의 부르심을 받았다고 믿는다. 이 일을 감당할 때 우리는 아마도 요한계시록 7장 9-10절의 놀라운 예언이 성취되는 것을 다함께 보게 될 것이다:

이 일 후에 내가 보니 각 나라와 족속과 백성과 방언에서 아무라도 능히 셀 수 없는 큰 무리가 흰 옷을 입고 손에 종려가지를 들고 보좌 앞과 어린 양 앞에 서서 큰소리로 외쳐 가로되 구원하심이 보좌에 앉으신 우리 하나님과 어린양에게 있도다 하니.

이 예언은 곧 실현될 것이다. 이제 우리는 역사상 처음으로, 세계 곳곳의 하나님의 백성들이 이 사명을 이루기 위해서 연합할 때 이 사명을 완수하기 위해 마지막으로 돌진하는 모습을 보게 될 것이다.

흥미로운 것은 특별히 이곳 서양에서 그들의 뛰어난 계획에 힘입지 않고도 자국인 선교 운동이 크게 부흥하고 있는 양상이다. 성령께서 자유롭게 역사하시도록 우리가 순종하기만 한다면 그분은 자연적인 성장과 확장을 가져오실 것이다. 우리가 자국인 선교 운동을 이 시대를 향한 하나님의 계획으로 인식하지 못하거나, 하나님이 행하시는 일을 위해 기꺼이 종이 되려고 하지 않는다면, 우리는 하나님의 뜻을 무너뜨리는 위험에 빠지게 된다.

제18장

세계를 향한 비전

그렇다면 아시아에 있는 모든 서양 선교사들이 아주 철수해 버려야 하는가? 결코 그렇지 않다! 하나님은 지금도 그분의 섭리 가운데 서양 선교사들을 부르셔서 아시아에서 유일하고 특수한 사역을 감당하게 하신다. 그러나 우리는 서양 선교사들이 과거처럼 교회 개척 사역을 더 이상 할 수 없는 오늘날의 상황에서는 재정적인 지원과 중보 기도를 통해서 현지의 선교 활동을 후원하는 것이 더욱 우선되어야 함을 깨달아야 한다.

조심스럽게 말하지만, 아시아 대부분의 지역에서는 여전히 반미 감정이 고조되어 있다. 사실 나는 이 장을 매우 두렵고 떨리는 심정으로 쓰고 있다. 하지만 우리가 오늘날 아시아의 선교 현장에서 하나님의 뜻을 성취하려면 이러한 사실을 바로 알아야 한다.

데니스 클라크(Dennis E. Clark)는 그의 저서 『제3세계와 선교』(The Third World and Mission)에서 이렇게 말했다. "아무리 재능이 많은 사람이라도 다른 문화권의 사람에게 복음을 더 이상 효과적으로 선포할 수 없는 시기들이 역사 속에 있었다. 1941년에는 독일인이 영국에서 복음을 전할 수 없었고, 1967년의 전쟁 중에는 인도인이 파키스탄에서 복음을 전할 수 없었다. 그와 마찬가지로 1980년대와 1990년대에는 미국인이 제 2/3세계에서 복음을 전하기가 매우 어렵게 될 것이다." [1] 이러한 상황은 지금 더욱 악화되고 있다.

예수님의 사랑이 우리를 강권하시기 때문에, 그리스도를 위해서 우리는 우리의 교회와 선교사 파송 단체의 재정 및 선교 정책을 점검해 볼 필요가 있다. 모든 성도들은 자신의 청지기로서의 행실을 재고해 보고, 어떻게 하면 가장 효과적으로 교회의 선교를 후원할 수 있는지에 대해 성령님의 인도하심에 순종해야 한다.

나는 교단의 선교 활동을 중단하거나 미국 내의 수백 개 선교 단체들을 폐쇄하라고 주장하는 것이 아니다. 다만 지난 200년간 계속되어 온 선교 정책과 관행을 우리 스스로 재고해 보자는 것이다. 이제는 몇몇 기본적인 변화들을 일으키고 역사상 가장 큰 선교 운동, 즉 서양의 인력보다는 현지의 사역자들을 우선적으로 돕고 파송하는 일에 주력해야 할 때이다.

내가 주장하는 원칙은 바로 이것이다: 우리는 아시아에 있는 영혼들을 오늘날 가장 효과적으로 그리스도께 인도할 수 있는 방법은 하나님이 제2/3세계에서 일으키고 계신 자국인 선교사들을 기도와 물질로 지원하는 것이라고 믿는다. 일반적으로 볼 때, 아래와 같은 이유들 때문에 나는 해외로부터 선교사를 파송하는 것보다 선교지의 자국인 선교사들을 후원하는 것이 더 지혜롭다고 믿는다.

첫째, 그것이야말로 지혜로운 청지기의 자세이다. 프론티어(Frontiers) 선교회의 캐나다 행정 감독이었던 밥 그랜홈(Bob Granholm)에 의하면, 선교지에 있는 서양 선교사 한 명을 후원하는 데에 1년에 2만5천 불에서

3만 불(2천5백만 원-3천만 원)이 소요된다고 한다. 그런데 이것은 프런티어, 오엠(OM), 예수전도단(YWAM)과 같은 선교 단체들의 경우에 그렇고, 기존의 보다 전통적인 선교 단체들의 경우에는 그 비용이 이보다 더욱 많은지도 모른다. 한 선교 단체에서는 인도에서 사역하는 한 미국 선교사 가정을 지원하는 데 연간 8만 불(8천만 원)이 들어간다고 보고하였다.[2] 연간 물가 상승률을 3% 정도로 낮게 계산해도 이 비용은 10년 이내에 10만 불(1억 원)을 초과하게 될 것이다.

최근에 열렸던 세계복음화협의회 기간에 서양의 선교 지도자들은 현재의 인구 증가 추세를 따라가려면 2,000년까지 20만 명의 새로운 선교사들이 필요하다고 내다보았다. 이 정도의 선교사들을 지원하는 비용만 해도 1년에 무려 200억 불(20조 원)에 해당한다. 2000년에 북미 성도들이 선교를 위해 55억 불(5조5천억 원) 이상 헌금했다는 사실을 고려할 때,[3] 우리는 천문학적인 기금을 마련해야 하는 상황에 직면하게 된다. 무언가 다른 대책이 있어야만 한다.

뉴욕에서 봄베이로 오는 항공료 정도면 이미 선교지에 있는 자국인 선교사가 몇 년간 사역할 수 있다! 이러한 사실들을 신중하게 고려하지 않는다면 우리는 이 세대의 수많은 사람들에게 복음을 전할 수 있는 기회를 놓치게 되고 말 것이다. 재정적인 측면만을 고려한다면, 북미 선교사를 해외에 파송하는 것은 오늘날 최악의 투자에 해당한다.

둘째, 많은 지역에서 서양 선교사들의 존재는 기독교가 서양의 종교라는 편견을 계속 심어준다. 밥 그랜홈은 "선교 인력의 국제화 추세는 매우 고무적인 발전인 반면, 하나님 나라를 확장하는 일에 서양인의 모습을 보이지 않는 것이 때로는 지혜롭다."고 말하였다.

롤랜드 알렌(Roland Allen)은 그의 저서 『교회의 자연적인 확장』(The Spontaneous Expansion of the Church)에서 이 점을 더 잘 설명하였다.

서양의 인력과 자금이 무제한적으로 공급되고 전 세계를 서양 선교사들로 가득 메우며 교회를 우후죽순처럼 세운다 할지라도 이러한 방법은 이미 그 약점을 보이기 시작했고 그 취약성을 곧 드러낼 것이다.

기독교가 서양 선교사들에 의해서 전파되며 전 세계에 걸쳐 외국 단체들에 의해서 확장된다는 사실은 이를 외국 교파의 성장으로 보는 자국민들을 분명히 격리시키고 말 것이다. 그들은 신앙의 독립성을 빼앗긴다고 생각할 것이며, 사회적 독립의 상실을 더욱 우려하게 될 것이다.

어떤 종류의 신앙이든지 이를 외국인들이 다른 국가 전체에 성공적으로 확산시키는 것은 결코 불가능하다. 그 신앙이 그 나라 국민들의 자체적인 생명력에 의해서 자연스럽게 받아들여지고 확산되지 않는다면 그것은 부정적이고 증오스런 영향을 끼치게 될 것이며 사람들은 이를 이질적인 것으로 여겨 두려워하며 회피하게 될 것이다. 그러므로 건전한 선교 정책은 결코 선교사의 증가와 선교 기지의 확장에만 기초를 두어서는 안 된다. 천 명으로도 부족할 수 있고, 열댓 명으로도 충분할 수 있다.[4]

우리 선교회와 유사한 한 선교 단체를 운영하는 친구가 아프리카의 몇몇 교회 지도자들과 나눈 대화를 내게 들려주었다.

그들은 다음과 같이 말했다. "우리는 민족을 복음화하기 원합니다. 그러나 백인 선교사가 머물러 있는 한 우리는 이를 수행할 수 없습니다. 사람들은 우리의 말을 듣지 않을 것입니다. 공산주의자들과 회교도들은 백인 선교사들을 자본주의적인 제국주의자들을 위해 그들 정부가 파견한 스파이라고 말합니다. 물론 우리는 그것이 사실이 아님을 알고 있지만, 신문에서는 일부 선교사들이 어떻게 CIA(미국 중앙정보국)로부터 자금을 받는지 보도하고 있습니다. 우리는 백인 선교사들을 주 안에서 사랑합니다. 우리는 그들이 머물 수 있기를 바라지만, 우리 조국을 복음화하기 위한 유일한 소망은 모든 백인 선교사들이 떠나 주는 것입니다."

엄청난 액수의 돈이 해외에 조직을 설립하고 이를 유지하려는 교단과 선교 단체들에 의해서 오늘날도 여전히 낭비되고 있다. 복음이 전해지지 않았던 이러한 나라들에 해외 선교사들이 들어가야 할 때가 과거에 있었다. 그러나 이제는 새로운 시대가 시작되었으며 이것을 우리가 솔직하게 인정하는 것이 중요하다. 하나님은 지상 명령을 감당하는 일에 외부인들보다 더 유능한 자국인 지도자들을 일으키셨다.

이제 우리는 재정의 큰 몫을 자국인 선교사들과 현지 교회의 성장을 위해서 보내야 한다. 그렇다고 우리가 서양 선교사들이 남긴 유산을 대수롭게 여긴다는 뜻은 아니다. 나는 우리의 선교 전략에 변화가 있어야 한다고 믿으면서도, 한편으로 서양 선교사들이 그리스도가 전혀 전파되지 않았던 제 2/3세계에서 이룩한 놀라운 공헌에 대해서 하나님을 찬양한다. 그들의 충성을 통해서 많은 영혼들이 예수님을 믿게 되었고 교회들이 시작되었으며 성경이 번역되었다. 이러한 개종자들이 바로 오늘의 자국인 선교사들이다.

남 인도에서 사역했던 캐나다인 사일러스 폭스(Silas Fox)는 그 지방 언어인 텔레구(Telegu)를 배워서 복음을 능력 있게 전함으로써, 그의 사역을 통해서 인도 안드라 프라데쉬(Andhra Pradesh)에는 오늘날 수백 명의 기독교 지도자들이 있다.

나는 허드슨 테일러와 같은 선교사들 때문에 하나님께 감사한다. 그는 자기를 파송한 해외선교부의 모든 기대에 어긋나게 중국인처럼 살면서 많은 사람을 그리스도께 인도했다. 나는 과거에 주님의 부르심을 받고 해외로 나간 수천 명의 충성스런 일꾼들의 발에 묻은 먼지조차 닦을 자격이 없는 사람이다.

예수님은 자국인 선교 사역의 모범을 보이셨다. "아버지께서 나를 보내신 것같이 나도 너희를 보내노라"(요 20:21). 그분은 우리를 하나님의 사랑으로 구원하시기 위해 우리와 같은 사람이 되셨다. 외계에서 온 우주 인이 될 수 없음을 아셨기에 우리의 몸을 입으시고 성육하신 것이다.

어떤 선교사든지 효과적으로 사역하려면 복음을 전하려는 대상과 자기 자신을 동일시해야 한다. 많은 서양인들이 그렇게 하지 못하기 때문에 효과를 거두지 못한다. 또 아시아인이든지 미국인이든지 서양의 선교 단체를 대표하는 자로서 나가기를 고집한다면 그러한 선교는 오늘날 효율적이지 못할 것이다. 우리는 아시아의 가난한 사람들 속에서 서구의 생활 방식이나 자세를 고집할 수 없다.

셋째, 해외 선교사들과 그들이 가져오는 돈은 현지 교회의 자연적인 성장과 독립을 위태롭게 한다. 북미 선교사들이 현지 지도자들을 고용해서 자기들의 조직을 운영할 때 북미 달러가 가진 경제력 때문에 왜곡된 인상을 주게 된다.

나는 최근에 미국의 한 대표적인 교단의 선교 담당자를 만난 적이 있다. 그는 내가 그리스도 안에서 깊이 존경하는 형제였지만, 식민주의적인 방법으로 아시아에 그의 교단을 확장하는 일을 주관하고 있었다.

우리는 서로가 알고 있는 친구들에 대해서, 그리고 인도 교회의 놀라운 성장에 대해서 이야기를 나누었다. 우리는 주 안에서 많은 이야기들을 나누었다. 대화를 나누면서 그 형제도 오늘날 하나님이 인도에서 사용하시는 자국인 형제들에 대해서 나처럼 깊은 존경을 가지고 있음을 발견했다. 그러나 그는 이렇게 분명히 하나님이 택하시고 사용하시는 자국인 형제들을 후원하려고 하지는 않았다.

나는 그 이유를 물었다. 그가 속한 교단은 아시아에 그들의 교회를 세우기 위해서 매년 수백만 불을 지출하고 있었다. 나는 그 돈으로 오늘날 성령께서 계속해서 세우시는 교회의 자국인 선교사들을 후원하는 것이 훨씬 더 효과적인 사용이라고 느꼈다.

그의 대답은 나를 깜짝 놀라고 슬프게 했다. 그는 부끄러움도 없이 "우리의 정책은 우리 교단의 특수성을 띤 교회를 확장시키는 일을 위해서만 현지인들을 이용하는 것입니다."라고 말했다. "현지인들을 이용한다." 는 말이 내 마음속에 맴돌았다. 이것이 바로 식민주의적 태도이며, 여전히 대부분의 선교 단체들이 가진 신(新)식민주의의 기본 신조이다. 많은 단체들이 자기 교파의 전통과 신조를 영속화하려고 돈과 기술로 사람을 사고 있다.

태국에서는 미국의 어떤 큰 선교 단체에 의해서 몇 명의 자국인 선교사들이 돈으로 매수되는 일이 있었다. 한때 태국식으로 자기 민족에게 효과적으로 전도하며 교회를 개척했던 그들의 지도자들이 미국에서 훈련받기 위해 장학금을 받았다. 미국 단체에서 그들의 필요 경비와 승용차를 제공하였고 방콕에 근사한 사무실까지 마련해 주었다.

그렇다면 자국인 지도자가 치른 대가는 무엇이었나? 그는 고도의 기술을 가진 미국 단체의 낯선 자료와 필름과 기본 전략을 사용해야 했다. 이러한 도구와 방법이 태국 교회를 발전시키는 일에 얼마나 효과적인지에 대해서는 전혀 고려하지도 않았다. 그 자료들은 단체의 훈련 지침서와 교본에 적혀 있다는 이유 때문에 효과적이든지 아니든지 그대로 사용될 것이다.

결국 그들의 논리는 이렇다. 이 프로그램들이 로스앤젤레스와 달라스에서 성공했으니까 태국에서도 성공할 것이라는 것이다.

이런 종류의 생각은 최악의 신식민주의이다. 자기들의 이론과 방법을 영속화하기 위해 하나님이 주신 돈으로 사람들을 고용하는 것은 구태의연한 제국주의가 가진 현대적인 방법일 뿐이다. 아마 이보다 더 비성경적인 방법은 없을 것이다.

슬픈 사실은 하나님이 이미 태국에서 성령님을 통하여 문화적으로 적합한 방법으로 놀라운 사역을 하고 계셨다는 것이다. 그런데 왜 이 미국 단체는 성령님께 겸손히 "주여, 당신의 뜻대로 하시옵소서."라고 순종하지 않았을까? 그들이 정말로 돕기 원했다면 내가 생각하기에 최선의 방법은 하나님이 이미 성령님을 통해서 행하고 계시는 일을 후원하는 일이었을 것이다. 그들이 자신들이 범한 실수를 깨달을 때쯤이면 지역 교회의 어려움을 끼친 선교사들은 안식년을 맞아 본국으로 돌아갈 것이며 아마도 다시는 돌아오지 않을 것이다.

그들은 선교 대회에서 미국 방식대로 태국에서 사역했던 성공 사례들을 자랑스럽게 이야기하겠지만, 아무도 "지금까지 남아 있는 사역의 열매는 어디에 있나요?"라는 가장 중요한 질문은 하지 않을 것이다.

때때로 우리는 자신의 조직을 확장하려고 혈안이 된 나머지 전 세계 민족들 가운데 움직이시는 하나님의 성령의 위대한 역사를 깨닫지 못한다. "우리의" 교회를 지으려는 욕망에 눈이 어두워져 그리스도께서 모든 나라에 어떻게 "그분의" 교회를 세우고 계시는지는 보지 못한다. 우리는 우리가 속한 특정 교단의 눈으로 잃어버린 세계를 바라보는 것을 멈추어야 한다. 그렇게 할 때 우리는 경제권을 쥔 선교본부를 기쁘게 하려고 인위적인 조직체를 늘려나가는 대신, 진정으로 잃어버린 영혼들을 예수님께 인도할 수 있게 될 것이다.

넷째, 해외 선교사들은 소위 "숨겨진 종족들"(hidden people)이 대부분 살고 있는 지역에 쉽게 들어갈 수 없다. 여기에 해당하는 사람들이 지금 이 세상에는 20억 명 이상이나 존재한다. 복음을 한 번도 듣지 못한 잃어버린 영혼들이 수십억이나 된다. 그들에게로 가야 한다는 호소를 우리는 자주 듣지만, 과연 누가 갈 것인가? 숨겨진 종족들의 거의 대부분은 미국과 유럽 선교사들의 입국이 금지되었거나 엄격하게 제한된 나라들에 살고 있다.

현재 활발하게 사역하고 있는 135,000명 이상의 미국 선교사들 중에서 1만 명 미만이 미전도 지역에서 사역하고 있다. 대부분의 선교사들은 이미 복음이 전파된 곳이나 그곳에 존재하는 교회에서 활동하고 있다고 추산하였다.[5]

비록 전 세계 국가의 1/3 이상이 서양 선교사들을 금하고 있지만, 자국인 선교사들은 가까운 지역의 숨겨진 인종들에게 갈 수 있다. 예를 들면, 인도 사람은 서양에서 온 사람들보다 훨씬 수월하게 복음을 들고 네팔에 들어갈 수 있다.

다섯째, 서양 선교사들은 아시아인들에게 복음을 전하거나 아시아의 촌락에 교회를 세우는 일에 오늘날 거의 비효과적이다. 하지만 서양 선교사와는 달리 자국인 선교사들은 서양인들이 직면하는 대부분의 장벽에 방해받지 않고 자유롭게 설교하고 가르치고 전도할 수 있다. 그들은 선교 대상 국가나 그 지역 출신이기 때문에 문화적인 금기 사항들까지 직관적으로 잘 알고 있다. 또 대개의 경우 그 지역의 언어와 방언까지도 이미 완벽하게 구사한다. 그들은 자유롭게 여행하며, 시대 상황에 관계없이 그 사회에 속한 자로서 잘 받아들여진다. 바다 건너 수천 km를 가야 할 필요도 없고, 특별한 훈련이나 언어 교육을 요구받지도 않는다.

나는 이런 슬픈 사실을 입증해 주는 많은 사건 중 하나를 기억한다. 인도 북서부에서 복음을 전파하던 시절에 나는 인도에서 25년간 사역하던 뉴질랜드 출신의 한 여자 선교사를 만났다. 마지막 임기 동안은 어느 기독교 서점에서 사역하고 있었는데, 어느 날 동료들과 함께 그녀의 서점에 가보니 문이 닫혀 있는 것이었다. 그래서 그녀의 선교 본부─온통 벽으로 둘러싸인 대저택─에 찾아가서 무슨 일이 있는지 물어보았다. "저는 고국으로 아주 돌아갈 거예요." 그녀가 대답했다.

서점 사역은 앞으로 어떻게 되느냐고 물었더니, 그녀는 "모든 책을 염가로 팔고 문을 닫았어요."라고 말했다.

그 말에 마음의 상처를 받은 나는 그 서점 사역을 계속할 수 있는 후임자를 찾을 수는 없는지 물었다.

"아니오, 아무도 찾지 못했어요." 이 말에 나는 어안이 벙벙했다. 그녀는 25년 동안 인도에 있었으면서 한 사람도 그리스도께 인도하지 못했고 자신의 사역을 계속 지속시킬 제자 한 명도 남기지 못했던 것이다. 그녀는 동료 선교사들과 함께 높은 담으로 둘러싸인 저택에서 서너 명의 하인들을 거느리며 살았다. 복음 전파를 위해 사용될 수 있었던 하나님의 귀한 돈과 자신의 삶을 소모해 버린 것이다. 그때, 나는 예수께서 우리를 주인이 아니라 종이 되도록 부르셨음을 떠올리지 않을 수 없었다. 그녀가 만약 종이 되었더라면 그녀의 삶을 향한 하나님의 부르심과 지상 명령을 성취할 수 있었을 것이다.

불행하게도 이러한 슬픈 현실은 외국인들이 주도하는 식민지 형태의 선교 현장에서 반복되고 있다. 유감스럽게도 서양 선교사들은 그러한 부진한 결과에 대한 책임을 느끼지 못하고 있으며, 그들의 실패는 본국으로 제대로 알려지지도 않는다.

하지만 이런 와중에도 자국인 선교사들은 영적인 부흥 운동을 통해 세계 각 대륙에서 수천 명의 영혼들을 그리스도께 인도하고 있다. 매주 수백 개의 새로운 교회들이 제 2/3세계의 자국인 선교사들에 의해서 세워지고 있다!

제19장

교회의 우선적인 과업

　분명히 하나님은 현지의 성도들 가운데서 강력하게 역사하고 계시다. 지금이야말로 기독교 역사의 마지막 시기이다. 초대 교회 당시에 부유한 교회가 가난한 교회에게 나누어 주었듯이 지금은 하나님의 온 식구들이 서로 연합해서 서로 나누어야 할 때이다.

　동양에 있는 그리스도의 지체들은 지금과 같은 추수 때에 서양에 있는 지체들이 그들의 손을 붙잡고 하나님이 부어 주신 물질적인 축복을 통해서 그들의 사역을 도와주기를 바라고 있다. 기성 교회 성도들의 사랑과 후원으로 우리는 자국인 사역자들과 그 식구들이 세계 복음화의 사명과 과업을 위해 힘차게 행진하며 이를 우리 세대 안에 성취할 수 있도록 도울 수 있다.

　나는 북미 전 지역을 다니며 강단에 설 때마다 자국인 형제들을 위해서 말씀을 전한다. 자신의 궁핍한 상황을 미국에 와서 스스로 말하지 못하는 형제들을 위해서 하나님은 나를 부르셔서 그들을 섬기는 종이 되게 하셨다.

설교하기 전에 기다리는 동안 나는 회중을 쳐다보고 종종 자국인 선교사들의 이름을 불러가며 기도한다. 주로 다음과 같은 내용의 기도이다. "주 예수님, 저는 오늘 밤 토마스 존과 P. T. 스티븐을 대신해서 강단에 서려고 합니다. 그들을 정성껏 잘 소개하게 하시고 이 모임을 통해서 우리가 그들의 필요를 채울 수 있도록 도와주옵소서."

물론 선교사들의 이름은 매번 바뀐다. 그러나 이 회중과 다른 수많은 회중들이 잃어버린 자들의 호소에 응답하지 않는다면, 하나님의 뜻은 우리 세대에 결코 이루어지지 않을 것이라고 나는 믿는다. 우리 각자는 하나님이 부르신 바로 그곳에서 주님을 따라야 한다. 자국인 선교사는 그의 선교지에서, 후원자들은 그들의 생활 현장에서, 어떤 사람은 선교 현장으로 순종하며 발걸음을 옮김으로써, 어떤 사람은 순종하며 후원함으로써 각각 하나님의 부르심에 순종해야 한다. 당신이 아시아로 갈 수 없다고 해도 당신은 자국인 형제들을 선교 최전방으로 보내는 일을 도움으로써 지상 명령을 성취할 수 있다.

이러한 사실뿐만 아니라, 선교에 관한 많은 유사한 진리를 서양인들은 더 이상 이해하지 못한다. 대부분의 교회에서는 선교에 관한 설교나 가르침이 없어져 버렸다. 우리는 그 슬픈 결과를 어디에서나 볼 수 있다. 대부분의 성도들은 선교사가 어떤 사람인지, 무슨 일을 하는지, 그리고 지상 명령과 관련된 교회의 활동이 무엇인지를 더 이상 분명하게 밝히지 못하고 있다.

선교에 대한 관심이 줄어드는 것은 교회와 성도들이 첫 사랑을 잃어버렸다는 분명한 증거이다. 서양의 도덕적 타락을 그 무엇보다도 잘 보여주는 것은 잃어버리고 죽어가는 세상을 위한 그리스도의 열정을 성도들이 잃어버렸다는 사실이다.

　나이가 들면서 나는 수백만 명의 사람들이 복음을 듣지 못한 채 지옥에 가는 참된 이유를 더욱 이해하게 되었다.

　사실 이것은 선교의 문제가 아니다. 앞에서도 말했듯이, 이것은 오해와 불신앙의 문제, 즉 신학적인 문제이다. 많은 교회들이 성경의 가르침으로부터 너무나 벗어났기 때문에, 성도들은 왜 주님께서 우리를 이 땅에 남겨 놓으셨는지 설명하지 못한다.

　우리 모두는 목적을 위해 부르심을 받았다. 몇 년 전 북 인도에 있었을 때 여덟 살 난 한 소년이 아침 경건회를 준비하고 있는 나를 쳐다보았다. 나는 그에게 예수님에 대해서 말하기 시작했고 몇 가지를 물어보았다.

　"하는 일이 뭐니?" 소년에게 물었다.

　"학교 다녀요." 그의 대답이었다.

　"학교는 왜 다니지?"

　"공부하려요." 그가 말했다.

　"공부는 왜 하니?"

　"똑똑해지기 위해서요?"

　"왜 똑똑해지기를 원하지?"

　"그러면 좋은 직장을 구할 수 있잖아요."

　"왜 좋은 직장을 구하려고 하니?"

　"그래야 돈을 많이 벌지요."

　"왜 많은 돈을 벌려고 하지?"

　"그래야 음식을 살 수 있잖아요."

　"왜 음식을 사려고 하니?"

　"그래야 먹을 수 있지요."

　"왜 먹으려고 하니?"

"살기 위해서요."

"너는 왜 사니?"

그 순간 어린 소년은 잠시 생각에 잠기다가 머리를 긁으며 내 얼굴을 쳐다보면서 "아저씨, 내가 사는 이유가 뭐지요?" 하고 되물었다. 그런 후 잠시 멈추더니 슬픈 목소리로 대답했다. "죽기 위해서지요!"

우리 모두에게도 "우리는 왜 사는가?"라는 동일한 질문이 던져진다.

예수 그리스도의 제자로서 당신이 이 세상에 살아가는 근본 목적은 과연 무엇인가? 부를 축적하는 것인가? 명예인가? 대중적인 인기인가? 육체적, 정신적 욕구를 채우는 것인가? 아니면 그럭저럭 살다가 마지막에 죽어서 천국에 가기를 바라는 것인가?

그렇지 않다! 성도로서 당신의 삶의 목적은 온 세상에 가서 복음을 전하라는 예수님의 말씀에 순종하는 것이어야 한다. 이것은 사도 바울이 주께 두 손 들고 나아와, "주님! 제가 무엇을 하기 원하십니까?"라고 물었을 때 했던 일이다.

만일 당신의 모든 관심사가 자기의 생명, 직업, 옷, 당신의 자녀들이 입는 좋은 옷, 건강한 몸, 좋은 교육, 자녀들의 결혼과 좋은 직장 등에서 그친다면, 당신의 관심사는 부탄이나 미얀마나 인도의 불신자들의 그것과 다를 바가 조금도 없다.

최근 몇 달간 나는 내 삶에서 가장 귀중한 경험 중의 하나로서 지난 칠년 동안의 마을 전도 시절을 회상해 보았다. 우리는 예수님의 발자취를 걸으면서, 복음을 전혀 듣지 못한 수많은 사람들에게 그분을 삶을 통해 보여 주며 증거하였다.

예수님이 세상에 계셨을 때 그분의 목적은 오직 성부 하나님의 뜻만을 행하는 것이었다. 우리의 헌신도 오로지 하나님의 뜻을 행하는 것이어야 한다. 예수님은 이제 이 땅에 계시지 않는다. 우리가 그분의 몸이며, 그분은 우리의 머리이시다. 이것은 우리의 입술이 예수님의 입술, 우리의 손이 그분의 손, 우리의 눈이 그분의 눈, 우리의 소망이 그분의 소망임을 의미한다. 내 아내와 자녀들도 예수님께 속하였다. 나의 돈과 재능과 교육 등 모든 것들이 예수님께 속하였다.

그러면 무엇이 하나님의 뜻인가? 그분이 우리에게 주신 이 모든 은사들을 가지고 우리는 이 세상에서 무엇을 해야 하는가?

예수님은 "아버지께서 나를 보내신 것 같이 나도 너희를 보내노라."고 말씀하셨다. "그러므로 너희는 가서 모든 족속으로 제자를 삼아 아버지와 아들과 성령의 이름으로 세례를 주고 내가 너희에게 분부한 모든 것을 가르쳐 지키게 하라. 볼지어다. 내가 세상 끝 날까지 너희와 항상 함께 있으리라"(요 20:21; 마 28:19-20).

잃어버린 세상에 주님의 이름으로 복음을 전하라는 그분의 부르심을 성취하려면 모든 성도들은 선교에 관한 아래의 세 가지 기본적인 질문에 대한 답을 알아야 한다.

첫째, 교회의 가장 으뜸가는 사명은 무엇인가? 사복음서는 지상 명령으로 알려진 예수님의 마지막 말씀, 즉 교회의 사명선언서를 우리에게 준다. 마태복음 28장 18-20절, 마가복음 16장 15-16절, 누가복음 24장 47절, 요한복음 20장 21절을 찾아보라.

지상 명령은 하나님이 우리를 이 세상에 남겨 두신 이유와 예수께서 자기 백성을 모으시기 위해 왕의 왕으로 오시는 날까지 교회가 해야 할 주된 활동이 무엇인지를 보여 준다. 하나님은 우리가 어느 곳이든지 찾아가서 잃어버린 세상에 하나님의 사랑을 선포하기를 원하신다. 우리는 하나님의 권세를 행사하고 그분의 능력을 나타내면서 복음을 전하고 제자를 삼고 사람들에게 세례(침례)를 베풀고 예수님의 모든 명령을 따르도록 가르쳐야 한다.

여기에는 전도지를 나누어 주거나, 가두집회를 열거나, 병들고 굶주린 사람들에게 사랑을 보여 주는 것 그 이상이 포함된다. 주님은 우리가 그분의 대리인이 되어 사람들을 구원하고 그들의 삶을 변화시키는 일을 계속해서 감당하기를 원하신다. 예수님의 말씀처럼 제자 삼는 일에는 지역 교회들을 설립하는 기나긴 과정이 포함된다.

우리가 또한 기억해야 할 것은 지상 명령이 언급될 때마다 하나님의 능력이 약속되어 있다는 사실이다. 교회를 전 세계에 확장하는 것은 하나님의 뜻을 분별하고 그분의 권세를 행사할 정도로 그분과 친밀하게 동행하는 특별한 사람들만이 할 수 있는 과업이다.

둘째, 선교사란 누구인가? 선교사는 그리스도의 증인이 없는 곳에 새로운 증인을 세우도록 주님께서 보내신 사람이다. 전통적으로 보면, 선교 활동에는 주로 자신의 문화를 떠나 다른 문화로 가거나, 언어나 국적이나 인종이 다른 사람들에게 복음을 전하는 것이 포함된다.

그런데 어떤 이유에서인지 미국인들은 서양에서 아시아나 아프리카나 다른 외국 땅으로 가는 사람만을 선교사라고 믿는다. 하지만 그렇지 않다. 예전에 힌두교도였던 브라만이 인도의 카스트 제도의 장벽을 뛰어넘어 낮은 계층의 사람들 가운데서 사역한다면 그는 미국 디트로이트에서 인도 캘커타로 가는 사람과 마찬가지로 선교사로서 여겨져야 한다.

서양의 성도들은 미국에서 파송된 백인 선교사만을 지원해야 한다는 매우 비성경적인 생각을 버려야 한다. 오늘날에는 인도 남부에서 인도 북부로 가거나 필리핀의 한 섬에서 다른 섬으로 가거나 한국에서 중국으로 가는 선교사를 후원하는 일이 매우 중요하다.

선교사를 정의할 때 은연중에 드러나는 인종 차별을 제거하지 않는다면 우리는 결코 이 세상이 복음화되는 것을 보지 못할 것이다. 제 2/3세계 국가들이 비록 서양 선교사들에게는 국경을 폐쇄하지만 본국인들에게까지 폐쇄할 수는 없다. 주님은 바로 지금 수많은 현지 선교사들을 일으키고 계시지만, 북미의 성도들이 과거에 서양 선교사들을 후원했던 것처럼 그 사역을 계속적으로 후원하지 않는다면 현지 선교사들은 결코 사역지로 갈 수 없다.

셋째, 어디가 선교지인가? 우리가 범하는 큰 실수 중 하나는 선교지를 국경에 따라서 구분하여 정의하는 것이다. 국경은 단지 전쟁을 통해 그어진 인위적인 경계선이나, 산맥이나 강처럼 자연적인 경계선에 따라 형성된 정치적인 구분에 불과하다.

보다 더 성경적인 개념은 언어나 종족에 따른 구분이다. 그러므로 선교지란 그리스도의 제자들이 형성되지 않은 문화 집단으로 정의된다. 예를 들면, 뉴욕의 아랍인들이나 달라스의 호피(Hopi) 인디언 부족은 미국 내의 미전도 종족들이다. 전 세계적으로 10,000개가 넘는 그러한 숨겨진 인종 집단들이 바로 오늘날 우리의 최전방 선교지이다.[1]

그들을 주님께 인도하려면 오직 다른 문화권의 사람이 그들에게 그리스도의 복음을 전하기 위해서 자신의 편안한 환경을 기꺼이 포기하는 희생이 있어야 한다. 또한 그가 가서 사역하려면 그를 위해 배후에서 기도와 물질로 후원할 성도들이 필요하다. 전 세계의 대부분의 미전도 종족들이 아시아에 군집해 있기 때문에 우리는 아시아의 자국인 선교 운동을 통해서 가장 쉽게 사역자들을 파송할 수 있다. 하지만 그들이 가난한 본국인들로부터 필요한 후원을 항상 받을 수 있는 것은 아니다. 바로 이 부분에서 서양의 성도들이 그들의 부유를 아시아의 사역자들과 나눔으로써 적극적으로 선교에 동참할 수 있다.

선교전문가 조지 버워(George Verwer)는 대부분의 북미 성도들이 여전히 놀기만 하는 군인들이라고 여긴다. 그러나 그는 아시아 복음화를 위해 필요한 선교사들을 후원하도록 미국이라는 잠자는 거인을 깨우려는 개인과 단체들이 미국 전역에 있다고 믿는다. 나도 그렇게 믿는다. 우리는 이 과업이 이루어질 때까지 쉬지 말아야 한다.

당신은 아시아의 잃은 영혼들에게 복음을 전하는 사명을 개인적으로 받지 않을 수도 있다. 그러나 당신은 본국에서도 군인과 같은 고난을 통해서 해외에 있는 수백만의 사람들로 하여금 복음을 듣게 할 수 있다.

오늘날 나는 성도들에게 그들의 맥없는 신앙을 내어버리고 영적인 전쟁을 위한 무기를 가지고 적진을 향해 나아갈 것을 호소하고 있다. 우리는 성경을 읽을 때 "아무든지 나를 따라 오려거든 자기를 부인하고 자기 십자가를 지고 나를 좇을 것이니라."는 구절(마 16:24)이나 "누구든지 자기의 모든 소유를 버리지 아니하면 능히 내 제자가 되지 못하리라."는 구절(눅 14:33)을 생략해서는 안 된다.

이 구절들이 과연 선교 현장에서 자기들의 믿음 때문에 매 맞고 돌에 맞고 굶주림을 당하는 자국인 선교사들만을 위해서 기록된 말씀인가? 아니면 말씀사경회나 음악회 등 교회의 활동에 편안하게 참여하는 기성 성도들을 위해서만 기록되었는가?

물론 그렇지 않다. 위의 구절들은 방콕이나 보스턴이나 봄베이에 있는 모든 성도들에게나 똑같이 적용된다. 조지 버워는 이렇게 말한다.

어떤 선교 잡지나 책을 읽어보면 세계 복음화는 이제 시간 문제라는 인상을 받게 된다. 하지만 더 면밀하게 조사해 보면 인구가 밀집된 지역에서는 선교 사역이 진전되는 것이 아니라 오히려 후퇴하고 있음을 보게 된다.

이런 관점에서 우리의 전략은 그야말로 터무니없다. 그리스도를 위한 우리의 노력 중 아마도 80%는 연약할 뿐만 아니라 여전히 세계 인구의 20%에만 집중되어 있다. 실제로 수억 불의 돈이 국내의 각종 기독교 활동, 특별히 건물을 짓는 일에 쏟아 부어지지만 정작 국내를 벗어나는 돈은 극소수에 불과하다. 선교에 별로 관심이 없는 성도들은 몇 백 불을 헌금하는 것으로 할 일을 다 했다고 믿는다. 우리는 너무도 오랫동안 주위 사람들의 기준으로만 우리 자신을 평가해 온 나머지 사도 바울이나 예수님이 친히 세우신 기준을 거의 찾아볼 수가 없게 되었다.

제 2차 세계 대전 중에 영국은 다른 많은 나라들처럼 놀랍도록 희생할 수 있음을 보여 주었다. 그들은 빈약한 식량으로 생활하였다. 철로를 잘라서 무기 공장으로 보냈다. 그러나 더욱 분명한 영적 전쟁의 시기라고 할 수 있는 오늘날, 성도들은 평화시의 군인들처럼 살고 있다. 바울이 디모데후서 2장 3-4절에서 디모데에게 준 교훈을 보라: "네가 그리스도 예수의 좋은 군사로 나와 함께 고난을 받을지니 군사로 다니는 자는 자기 생활에 얽매이는 자가 하나도 없나니 이는 군사로 모집한 자를 기쁘게 하려 함이라." 우리는 성도의 섬김에 대해서 이상한 생각을 품고 있는 듯하다. 우리는 기독교 서적을 구입하고 축복에 관한 강연을 듣고자 먼 길을 여행하며 가장 최근에 나온 복음성가를 듣기 위해 많은 돈을 지불하면서도 우리가 군인이라는 사실은 망각하고 있다." [2]

내가 매일같이 전하는 메시지는 오직 이것이다: "굶주리고 상처 입은 자국인 선교사들은 복음을 들고 이웃 마을로 가기 위해 기다리고 있지만, 그들에게는 여러분의 기도와 재정적인 후원이 필요합니다." 우리는 선교의 새로운 시대를 맞고 있지만 이것은 동서양에 있는 모든 성도들의 협력을 필요로 한다.

제20장

"주여 끝까지 진실하게 하옵소서!"

그렇다! 하나님은 오늘날 기적적인 방법으로 일하고 계시다. 누가 크게 장려하거나 홍보하지도 않았는데, 선교의 제 3의 물결을 향한 하나님의 비전을 깨닫는 성도들이 계속해서 늘어나고 있다. 우리는 부르심을 받고 이 사역에 동참하는 수천 명의 개인들에 대해서 이미 살펴보았다. 그러나 내가 믿기로 이것은 또한 앞으로 응답할 수백만 명에 비하면 시작에 불과하다. 북미의 많은 목사와 교회 지도자, 전직 선교사, 기독교방송사들 또한 아낌없이 도움의 손길을 주고 있다.

이러한 후원자들과 기증자들 외에도 자원 봉사자들이 미국과 캐나다 전역에 걸쳐서 기도회를 조직하거나 평신도 차원에서 단합된 노력을 주도하고 있다. 지역 일꾼들의 이러한 조직망은 지상 명령을 성취하는 일에 큰 일조가 되고 있다. 그들은 여러 선교 대회에서 아시아복음선교회를 대표해서 일하며 친구들에게 선교회 자료를 배부한다. 또한 교회의 집회,

성경 공부, 기도회 등 성도들의 각종 모임에 참석해서 주께서 자국인 선교사들을 통해 하시는 일들을 GFA의 비디오를 사용하여 보여 주기도 한다. 다른 후원자들을 연결함으로써 그들은 혼자서 할 수 있는 것보다 훨씬 많은 일들을 행한다.

나는 집회를 인도하던 중에 만났던 어느 은퇴한 미망인을 결코 잊을 수가 없다. 그녀는 비록 더 이상 일을 하지 않았지만 사회복지 연금으로 받는 금액의 일부를 떼어서 자국인 선교사 한 명을 돕겠노라고 서원하였다.

나는 육 개월 후에 그녀로부터 매우 슬픈 편지를 한 통 받았다. 그 편지의 내용은 이러했다. "K.P. 형제님, 선교사님을 후원하는 것은 제게 큰 특권입니다. 저는 현재 고정된 액수의 연금을 가지고 혼자 살고 있지요. 천국에 가면 그동안 저의 후원을 통해서 주님께 나아온 사람들을 만나게 될 것을 알고 있습니다. 하지만 생활비가 너무 올랐기 때문에 후원금을 줄일 수밖에 없군요. 충분한 후원금을 보낼 방법을 찾을 수 있도록 기도해 주세요."

아내 기셀라가 그 편지를 보여 주었을 때 나는 크게 감동되었다. 나는 그 미망인에게 전화를 걸어 그녀가 할 수 있는 최선을 다하고 있기 때문에 미안하게 생각할 필요가 없다고 말하였다. 그리고 상황이 더 어려워지면 후원금을 아예 보내지 말라고 조언했다.

두 주 후에 또 다른 편지가 왔다. "저는 그동안 저의 선교사님에게 보낼 더 많은 후원금을 찾을 수 있는 방법을 위해서 매일같이 기도해 왔습니다. 그렇게 기도했을 때 하나님이 한 가지 방법을 보여 주셨습니다. 저는 전화를 끊었습니다."

나는 그녀가 보낸 수표를 보았다. 이와 같은 그녀의 엄청난 희생을 생각하니 눈에 눈물이 솟구쳤다. '이분은 혼자 살고 계실 텐데 혹 병이라도 들면 어떡하지? 전화가 없으면 바깥세상과 연락이 단절되고 말텐데.'

"주여," 나는 수표를 두 손에 쥐고 기도했다. "우리가 당신께 언제나 진실하게 하옵시고, 이 위대한 희생을 기억하게 하소서."

이러한 희생적인 자세를 보여 주는 또 다른 경우는 13세 소년 타미(Tommy)가 보내온 선물이다. 그는 학교에 타고 다닐 새 자전거를 사려고 일년 넘게 돈을 모으고 있었다. 그러던 중 그는 인도 타밀 나두(Tamil Nadu) 주의 모한 램(Mohan Ram)과 그의 아내와 같은 자국인 선교사들에게 자전거가 매우 귀중하다는 사실에 대해서 읽게 되었다. 1977년부터 모한 램은 작렬하는 태양 아래 아내와 함께 여러 마을을 걸어다니면서 성경 공부, 노방 전도, 전도지 배부, 어린이 사역, 성경 번역 등을 통해서 교회를 개척하는 일을 하고 있었다. 그의 식구들은 한 칸짜리 셋방에 살고 있었고 수 km를 걸어서, 또는 버스를 타고 다니며 사역을 해야 했다. 미국인에게 한 대의 자동차가 주는 의미보다 자전거 한 대가 그에게 더 큰 의미를 준다.

인도에서 자전거는 유벽한 곳에 살고 있는 영혼들에게 복음을 전할 때 사용되는 가장 효율적인 교통 수단이다. 그러나 92불(9만2천 원) 정도면 구입할 수 있는 인도산 자전거조차도 그들의 생활비로는 도저히 어림도 없었다. 그런데 미국에 온 후에 나는 자전거가 미국에서 아이들의 장난감이나 살 빼는 수단 정도로만 여겨진다는 사실에 깜짝 놀랐다. 자국인 선교사들에게 자전거는 사역을 크게 확장하고 고통을 줄이는 한 가지 수단이다.

자국인 선교사들이 자전거를 사용하면 하루에 17-20마일(27-32km)의 거리를 다닐 수 있다는 말을 들은 타미는 큰 결심을 내렸다. 자전거를 사려고 저금해 온 돈을 GFA에 보내기로 결심한 것이다.

"저는 형이 타던 자전거를 타면 돼요," 그가 적은 내용이다. "아빠도 새 자전거 값을 자국인 선교사님께 보내도 좋다고 허락하셨어요."

어떤 사람들은 기발한 방법을 사용하여 자국인 선교사를 위한 후원금을 모으기도 한다. 어떤 공장 직원은 자기 직장에 있는 모든 쓰레기통을 뒤져 알루미늄 음료 캔을 모아다 파는데, 우리는 매월 그에게서 2명 이상의 선교사를 후원하기에 충분한 금액을 받고 있다.

교인 수가 12,000명이 넘는 미국 남서부의 어느 교회의 목사는 개인적으로 몇 명의 자국인 선교사들을 후원하고 있다. 다른 목사들과 마찬가지로 그도 자국인 선교사들의 사역에 대해 알고자 해외를 방문하였다. 그 교회 성도들이 매월 보내는 점증하는 후원금 이외에도 그는 GFA의 사역자들을 초청해서 몇 차례 보고를 듣기도 하였다. 그 결과 수백 가정들이 자국인 선교사 후원에 적극적으로 참여하게 되었다. 이 목사의 영향력을 통해서 다른 많은 목사들도 그들의 선교 예산에 GFA 후원을 포함하기 시작하였다.

한 젊은 여인은 인도에서 30년 동안 선교사로서 사역했던 자기의 부모에 대해서 다음과 같이 말했다. "저는 부모님의 사역을 통해서 왜 사람들이 예수께로 나아오지 않는지 항상 이상하게 생각했습니다. 하지만 이제 저는 많은 열매를 거두는 신실한 자국인 선교사를 후원할 수 있어서 기쁩니다."

미국의 다른 기독교 단체들도 독특한 방법으로 우리를 후원해 주었다. 예를 들면, 우리는 유명한 기독교 가수 키이쓰 그린(Keith Green)의 추모 연주회에 제 2/3세계 선교의 공식적인 대표로서 초대를 받은 적이 있었다.

GFA의 절친한 친구 중 한 명이 미국 일리노이 주 휘튼의 메인스테이 사역(Mainstay Ministries) 담당자인 데이빗 메인스이다. 내가 그의 방송에 손님으로 출연함으로써 후원자들이 미국 전역으로부터 도움의 손길을 펴기 시작했다. 데이빗과 그의 아내 캐런은 본서의 출판을 포함해서 도움이

이들 GFA 선교사들은 네팔 산간 지역의 미전도 부족들에게 복음을 전하고 있다. 미전도자들에게 복음을 증거하기 위해서 그들은 때때로 자기들의 목숨까지도 무릅쓰고 험난한 산간 지방을 여행해야 한다.

아시아복음선교회는 복음에 극심하게 굶주려 있는 수많은 사람들에게 복음을 전하기 위해서 매년 18개의 언어들로 번역된 3억만 부의 전도용 소책자들을 발간하고 있다.

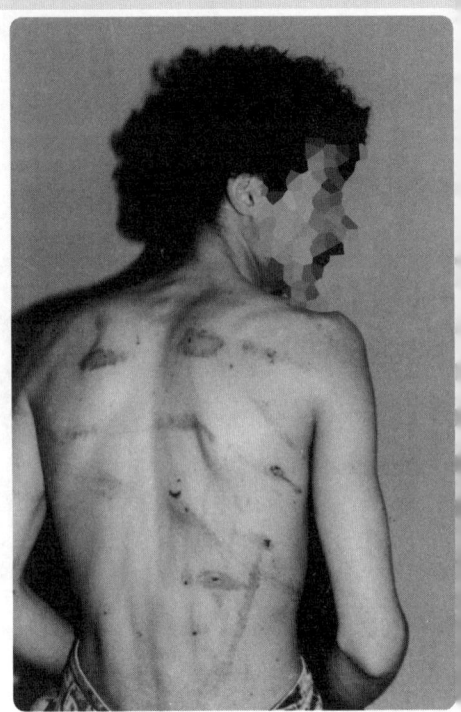

매년 수십 명의 자국인 선교사들이 복음을 전하는 이유로 구타와 매질을 당하고 있다. 어떤 이들은 병원에 입원해야 하기도 하며, 또 어떤 이들은 심지어 그리스도를 위해서 순교를 당하기도 한다. 그럼에도 불구하고 그들은 이러한 위험을 알면서도 아시아의 미전도 지역들에 예수 그리스도의 메시지를 전하려는 마음의 열정을 가지고 계속적으로 활동하고 있다.

GFA의 자동차 팀들은 가장 강력한 전도 수단들 중의 하나이다. 그들은 여러 기독교 서적, 예수님의 생애를 묘사한 영화, 발전기, 확성기 등을 구비하고 마을과 마을을 다니면서 복음을 전하며 교회를 개척하고 있다.

자국 선교사들은 때때로 미전도 마을
에 가기 위해서 10-15마일을 걸어야
할 때도 있다. 자전거가 있으면 그들은
여러 곳에 다닐 수가 있다. 매년 아시
아복음선교회는 수천 대의 자전거들
을 구입하여 선교사들이 더 먼 곳까지
신속하게 여행할 수 있도록 돕고 있다.

아시아 여러 지역의 높은 문맹률(60-80%) 때문
에, 아래와 같은 플립 챠트(flip charts)가 복음
을 분명하게 전달하는 데 도움을 준다. 마을 주
민들은 자국인 선교사가 예수 그리스도에 대해
서 설명하는 것을 유심히 듣고 있다. 때때로 바
로 그 자리에서 그들은 예수님을 마음에 영접
하기도 한다.

라디오는 미전도 지역에 복음을 전할 수 있는 지극히 효과적인 수단이다. 국제 방송사들과의 제휴 속에서 아시아복음선교회는 매일 83개의 아시아 언어로 복음방송을 제작한다. 매월 5만 명 이상이 주님을 더욱 알고자 자료를 요청하는 내용의 편지를 보내고 있다.

한 가족이 GFA의 네팔 라디오 방송을 청취하고 있다. 매년 먼 지역까지 GFA의 라디오 방송을 통해서 교회들이 개척되고 있다. 수백만 명의 사람들이 이 대중 매체를 통해서 예수님의 이름을 듣는다.

절실히 필요한 많은 영역에서 조언과 도움을 주었다.

그들은 희생적인 헌금에 관해서는 아무 말도 하지 않았지만 나는 그들의 사역마저 재정적인 어려움을 겪는 기간에도 우리를 도와주었다는 사실을 알고 있다. 하지만 "주라, 그리하면 너희에게 줄 것이니……"라는 말씀(눅 6:38)은 참으로 옳은 말씀이다. 천국의 불변하는 법칙 중 하나는 우리가 좋을 때나 나쁠 때나 항상 우리의 것을 나누어야 한다는 것이다. 얼마나 많은 미국의 교회와 기독교 단체, 그리고 개개인들이 이처럼 나누라는 하나님의 분명한 명령에 불순종한 까닭에 경제적인 어려움을 겪고 있는가?

도와준 사람들을 수도 없이 열거할 수 있지만 그 중에서 꼭 언급하고 싶은 사람은 편집인이자 발행인인 밥 워커(Bob Walker)이다. 성령님께 민감한 그는 우리에 대해서 기도한 후에 우리의 사역에 대한 기사를 쓰라는 하나님의 인도를 느꼈다. 다른 많은 사람들은 우리의 새로운 사역에 내해서 팔짱을 낀 채 두고 보자는 태도였지만, 그는 독자들의 발송자 명단을 우리가 사용하도록 함으로써 우리의 사역을 승인해 주었고, 그의 독자들에게 자국인 선교 운동을 후원할 것을 강력하게 권유했다.

이와 같은 적극적인 도움에 힘입어 아시아복음선교회의 사역은 힘 있게 시작하게 되었고 지금도 계속 성장하고 있다. 우리는 주중 저녁 기도회와 매일 아침 직원 기도회에서 이러한 고마운 도움들을 계속적으로 기억하며 하나님께 감사하고 있으며, 더 많은 미국의 지도자들이 마음에 감동을 받아 제 2/3세계의 필요를 위해 그들의 자원을 나눌 수 있도록 기도하고 있다.

가장 놀라운 장기적인 발전이라면 아마도 자국인 선교 운동에 대한 북미주 선교 단체들과 교단들의 느리지만 꾸준한 태도 변화일 것이다.

오래된 선교 단체와 교단들이 하나둘 씩 현지인을 반대하던 정책을 바꾸고, 복음 사역을 위한 동등한 동역자로서 자국인들을 후원하기 시작했다. 고질적인 인종 차별과 식민주의적인 사고방식은 서서히, 하지만 분명하게 사라지고 있다.

나는 이것이 장기적인 영향력을 끼칠 수 있다고 믿는다. 북미의 교단들과 역사 깊은 선교 단체들이 자국인 선교사를 위한 광범위한 후원 조직망을 사용한다면 우리와 같이 자국인 선교 사역을 감당하는 단체들이 제2/3세계에 수십만 명이 넘는 자국인 선교사들을 파송하고 후원하는 일이 가능해질 것이다.

존 하가이(John Haggai)는 이렇게 묻는다. "제 3세계 인구의 3/4이 외국 선교사를 전적으로 금하거나 방해하는 곳에 살고 있는 이 시대에, 온 세계에 복음을 전하라는 그리스도의 명령에 어떻게 하면 우리가 순종할 수 있을까? 수많은 신중한 성도들에게 그 답은 점점 더 분명해지고 있다. 즉, 폐쇄적인 나라에서는 훈련된 현지 지도자들을 통한 전도가 합리적인 방법이다. 어떤 사람들은 그것이 유일한 방법일지도 모른다고까지 말한다."

자국인 선교 운동의 시대가 이제 도래하였다. 씨앗은 이미 뿌려졌다. 우리 앞에는 양육하고 키우는 일들이 많이 남아 있지만, 사도 바울이 고린도후서 8-9장에서 보여 준 것처럼 오직 우리의 자원을 나눌 때 이 일이 이루어질 수 있다. 바울은 부유한 성도들에게 돈을 거두어 가난한 교회를 도움으로써 그리스도의 몸 전체를 "평균케" 하라고 권면하였다. 바울은 그리스도께서 이미 본을 보이셨기 때문에 가진 자는 가지지 못한 자와 나눌 의무가 있다고 주장하였다.

"우리 주 예수 그리스도의 은혜를 너희가 알거니와 부요하신 자로서 너희를 위하여 가난하게 되심은 그의 가난함을 인하여 너희로 부요케 하려 하심이니라"(고후 8:9). 이것은 내가 서양의 부유하고 풍족한 성도들에게 반복해서 강조하는 신약 성경의 외침이다. 타인을 구원하시려고 몸소 가난해지신 예수님의 본을 많은 사람들이 더욱 기꺼이 따르려고 하고 있다.

영원을 위해 살면서 보다 희생적인 생활을 통해 예수님의 본을 따를 준비가 된 사람들이 얼마나 될까? 또 자국인 형제들의 고난에 기꺼이 동참하려는 사람들이 얼마나 될까? 자국인 선교사들은 그리스도를 위해 헐벗고 굶주리며 집도 없이 살고 있다. 나는 서양의 성도들에게 그들처럼 감옥에 가거나 길거리에서 잠자라고 요구하는 것이 아니다. 하지만 나는 성도들이 가능한 한 가장 실제적인 방법으로, 즉 물질의 나눔과 중보 기도를 통해서 참여하기를 당부한다.

이 메시지에 감동을 받은 한 부부의 편지는 진정한 영적 통찰력을 보여준다. 최근에 그들이 보낸 편지의 내용이다. "선교회에서 보낸 계간지 《SEND!》를 읽는 동안 주께서 우리에게 인도로 가라고 말씀하셨습니다. 이 문제를 곰곰이 생각하면서 주님께 기도했을 때 주님은 거듭해서 '육체적으로 가는 것이 아니라 영적으로, 재정적으로 가라.'고 말씀하셨습니다."

"주님을 찬양합니다. 여기 인도로 향해 가는 우리의 '첫 발걸음'을 드립니다. 가장 필요한 곳에 이 돈을 사용하세요. 하나님의 풍성한 축복이 당신과 당신의 사역 위에 함께 하기를 바랍니다."

그 편지에는 1,000불(100만 원)짜리 수표가 들어 있었다. 그리고 '그리스도 안의 동역자 짐(Jim)과 베티(Betty)'라는 서명이 적혀 있었다.

나는 오늘날 전 세계의 교회에 말씀하시는 주님의 음성에 영적인 민감함을 가지고 경청할 수 있는 짐과 베티 같은 수십만 명의 성도들을 위해서 기도한다.

제21장

직면하는 시험

그는 번쩍거리는 큰 책상 너머로 나에게 따뜻한 미소를 보냈다. 나는 그에게서 꽤 좋은 인상을 받았다. 그는 미국에서 가장 큰 규모의 사역 중 하나를 이끌고 있었는데, 그것은 내가 수년 간 동경해 온 사역이었다. 위대한 설교가이자 저술가요 지도자인 그를 많은 목사와 평신도들이 존경하며 따랐다.

그는 자기의 사역을 인도에서 확장하는 것에 관하여 내 조언을 듣고자 비행기 표를 보내어 나를 초청하였다. 나는 몸 둘 바를 몰랐다. GFA와 자국인 선교 운동에 대한 그의 관심이 내가 기대했던 것보다 훨씬 높았기 때문에 나는 무척 기뻤다. 그가 내게 처음 전화했을 때부터 나는 그가 여러 면에서 우리의 귀한 친구가 될 수 있을 것이라고 느꼈다. 어쩌면 그는 우리의 후원을 기다리고 있는 수백 명의 선교사들에게 후원자들을 연결해 주며 큰 도움을 주게 될지도 모른다.

그러나 실제로 나는 그의 제안을 받아들일 준비가 되어 있지 않았다. 나중에 분명해진 사실이지만 그 일은 나와 우리 선교회 앞에 닥친 여러 시험 중 첫 번째 시험이었다.

"K.P. 형제," 그는 천천히 말했다. "당신이 이곳 미국에서 하고 있는 일을 포기하고 우리 선교회를 특별히 대표해서 인도로 가는 것을 고려해 보시지 않겠습니까? 우리는 하나님이 당신을 부르셔서 우리 교회의 메시지를 인도 사람들에게 전하도록 동역하게 하신다고 믿습니다. 저희가 전적으로 당신을 지원하겠습니다."

"당신에게 필요한 것이 무엇이든지 드리겠습니다." 그는 숨도 쉬지 않고 계속했다. "윤전 인쇄기와 소형 트럭과 전도용 문서를 보급하겠습니다. 우리는 당신 스스로 모금할 수 있는 것보다 훨씬 많은 금액으로 당신을 후원할 수 있습니다."

그것은 기막힌 제안이었다. 그는 더 달콤하게 이렇게 제안하였다. "당신은 모금을 위해 이렇게 힘들게 여행하는 것을 그만둘 수 있습니다. 사무실이나 직원도 필요하지 않을 것입니다. 우리가 당신을 위해 그 모든 일을 하겠습니다. 아시아에 머물고 싶으시죠? 그곳이야말로 사역이 있는 곳이니까요. 그렇다면 당신이 그곳에 가서 마음껏 사역하도록 해 드리지요."

나의 수많은 기도가 단번에 응답되는 것 같은 생각에 흔들린 나는 마음속으로 가능성들을 따져 보았다. 나는 이것이야말로 우리가 받은 기도 응답 중에서 가장 큰 응답이 될지도 모른다고 생각했다. 대화를 나누는 중에 나는 책상 건너편에 놓인 그의 가장 잘 팔리는 강의 테이프를 무심결에 쳐다보았다. 그 테이프들은 당시에 미국을 휩쓸었던 몇몇 논쟁적인 문제들을 체계적으로 잘 다룬 연속물이었다. 그러나 그것은 아시아의 필요나 문제들과는 아무런 관계도 없는 것들이었다.

내가 그 카세트테이프에 관심을 둔 것으로 생각한 그는 갑자기 자신감에 넘쳐 말했다. "우리는 이 테이프를 가지고 먼저 시작할 것입니다." 그는 테이프를 내게 건네주며 말했다. "당신이 인도에서 이 테이프를 제작하는데 필요한 비용을 지원하겠습니다. 또한 이 테이프를 인도의 주요 언어들로 번역할 수도 있습니다. 테이프를 수백만 개로 복사해서 이 메시지를 모든 인도 성도들의 손에 전달해 주세요."

전에도 나는 이런 어처구니없는 생각을 다른 사람들에게서 들었다. 그 테이프는 인도에서는 무용지물이 될 것이다. 지옥으로 향해 가고 있는 수백만 명의 사람들에게 필요한 것은 결코 이 사람의 메시지가 아니다. 나는 비록 그의 생각이 어처구니없는 것이라고 생각했지만 끝까지 예의를 갖추려고 노력했다.

"글쎄요," 나는 어색하게나마 이렇게 제안했다. "인도의 상황에 맞게 수정해서 소책자로 인쇄할 수 있는 자료들이 있겠지요."

갑자기 그의 얼굴이 굳어졌다. 내가 말을 실수했다는 느낌이 들었다. "안됩니다," 그는 완고하게 딱 잘라서 말했다. "한 글자도 바꿀 수 없습니다. 이것은 하나님이 제게 주신 메시지입니다. 이것은 우리의 분신이라고 할 수 있습니다. 이 문제들은 아직은 아닐지라도 앞으로 곧 인도의 문제가 될 것입니다. 이 메시지를 아시아 전역에 확산하는 일에 당신의 도움이 필요합니다."

그는 근본적으로는 하나님의 선한 일꾼일지 모르지만, 순간적으로 그 본색을 드러냈다. 그의 마음은 결코 아시아의 교회들이나 잃어버린 영혼들을 위해 불타고 있지 않았다. 그에게는 다른 속마음이 있었고 자기의 해외 사역을 위해서 나를 고용할 돈이 있다고 생각했던 것이다. 그것은 결국 종교적인 신(新)식민주의를 보여 주는 또 다른 진부한 사례에 불과했다.

나는 다시금 흉측한 교만과 욕심을 대면하게 된 것이다. 나는 이 사람과 그의 사역을 존경하고 좋아했지만, 그가 가진 한 가지 문제는 이것이었다. 그는 과거 많은 사람들이 그랬던 것처럼, 하나님이 세상에서 무슨 일을 하실 경우에 자기를 통해서 그 일을 하실 것이라고 믿었던 것이다.

나는 가능한 한 정중하게 그 자리를 피하였고 다시는 그에게 연락하지 않았다. 그는 과거에 서양 교회들이 자기 교단의 교리와 프로그램을 아시아의 신생 교회들에 수출하여 퍼뜨리던 식민지 선교 시대 속에 여전히 살고 있었다.

아시아에 있는 그리스도의 몸 된 교회는 19세기와 20세기에 활동한 훌륭한 선교사들에게 큰 빚을 지고 있다. 그들은 아시아인들에게 복음을 전하였고 교회를 개척하였다. 그러나 지금의 교회는 서양의 지배로부터 벗어나야 한다.

서양인들을 향한 나의 메시지는 간단하다: "하나님은 세계 곳곳의 성도들로 하여금 주님이 친히 아시아에서 그분의 교회를 세우고 계심을 깨닫도록 부르시고 계십니다. 하나님이 세우시는 자국인 선교사들을 통해서 그분의 교회를 확장하는 일을 위해 여러분의 후원이 필요합니다. 결코 어떤 인위적인 통제나 사람의 가르침을 동양의 교회들에게 강요하기 위해서가 아닙니다."

아시아복음선교회는 다른 시험들도 겪었다. 아마도 가장 큰 시험은 역시 그 이름을 밝힐 수 없는 다른 단체로부터 찾아왔다. 이번에는 지금까지 우리에게 제안되었던 가장 막대한 단일 후원금과 연관된 시험이었다.

이 단체의 회원들과 맺은 우정과 사랑은 지난 몇 년 동안 깊어졌다. 우리는 하나님이 그들에게 예수님의 복음이 전 세계에 하나님의 능력으로 전파되는 것을 보고자 하는 마음의 부담을 심어 주시는 것을 보았다. 하나님은 그들에게 현지 목회자와 전도자를 양성하는 일에 참여하고자 하는 열정을 주셨고 그들은 지난 몇 년 동안 GFA의 활동을 재정적으로 도와주었다.

한번은 아주 우연히 이 단체를 대표하는 네 명의 미국 형제들을 인도에서 만난 적이 있다. 나는 그들이 우리의 자국인 선교사들을 몇 명 만나 본 후에 이 인도 선교사들의 삶을 통해서 큰 도전과 감동을 받은 것을 알 수 있었다. 집에 돌아왔을 때 감사 편지들이 나를 기다리고 있었는데, 그 중 몇 사람이 자국인 선교사를 돕겠다고 나섰다. 그들은 이미 우리의 다른 사역을 재정적으로 돕자고 투표한 사람들이었기에 그러한 제안은 나를 놀라게 했다. 이 때문에 나는 그들이 교회의 재정을 맡은 공적인 의무를 뛰어넘어 개인적으로 동참하는 것을 보아 자국인 형제들의 사역을 진정으로 신뢰하고 있는 줄로 확신했다.

두 주 후에 그 단체의 대표로부터 또 다른 전화를 받았을 때 나는 너무도 기쁜 나머지 소리를 지르며 사무실 주위를 춤추고 나섰다. 그는 자기들의 선교 예산에서 큰 액수를 우리에게 보내기로 결정했노라고 말하였다! 그런 막대한 액수의 헌금은 상상조차 하기 힘들었다. 전화를 끊었을 때 사무실 직원들은 내가 정신이 나간 줄로 생각하였다. 그 돈이 얼마나 필요했던가! 사실 나는 마음속으로 이미 그 돈을 몽땅 써버렸다. 우선 그 돈은 새로운 선교사들을 위한 훈련원을 시작하는 데 사용되어야 한다고 생각했다.

아마도 그처럼 기대가 컸기 때문에 그 다음에 따라온 충격이 막대했는지도 모른다. 그 단체의 이사회가 모여서 이 일을 논의하는 중에 신뢰와 통제에 관한 문제가 제기되었던 것이다. 그들은 내게 전화하여, 그 단체의 대표 한 명이 인도 훈련원의 이사회에 포함되어야만 이사회에서 그 계획을 지원할 것이라고 그들의 결정을 알려 왔다. 그 말은 결국 그 많은 돈을 "아무런 조건 없이" 줄 수는 없다는 것이었다.

그들의 요구는 마치 칼처럼 나의 마음을 찔렀다. 이것은 정말 충격적이었다. 그동안 나는 우리가 아시아에서 지원하는 어떠한 자국인 선교 단체라도 그 위원회에 소속되기를 개인적으로 거절해 왔다. 우리는 언제나 현지 사역에 대한 통제권을 일체 요구하지 않고 도움을 주었다. 이 새로운 현지 사역의 위원회에 외부인을 포함시키자는 제안은 내 형제들을 배반하는 것이며 그들을 다시 사람의 속박 아래 두는 것이다.

나는 숨을 깊게 들이마시고 주님께 도움을 구하면서 그에게 GFA의 정책에 대해서 설명해 주었다.

"저희 지도자들은 금식하고 기도하면서 모든 결정을 내립니다. 우리의 돈을 보호하려고 그들의 위원회에 관여할 필요가 없습니다. 그것은 어찌 되었건 우리의 돈이 아닙니다. 하나님께 속한 것입니다. 그분은 GFA나 당신의 단체보다도 크신 분입니다. 하나님께서 그분의 관심사를 보호하시도록 합시다. 자국인 형제들은 당신이나 나를 그들의 지도자로 필요로 하지 않습니다. 예수님이 그들의 주인이시며, 그들이 후원금을 올바로 쓸 수 있도록 예수님이 인도해 주실 것입니다."

전화를 건 상대방은 오랫동안 침묵하였다.

"죄송합니다, K.P. 형제님," 감독은 마침내 입을 열었다. "당신의 생각을 우리 실행위원들에게 어떻게 전해야 할지 모르겠군요. 그들은 후원금을 감독하기 원합니다. 위원회에 사람을 앉히지 않는다면 어떻게 그렇게 할 수 있습니까? 한 번 생각해 보세요. 당신은 돕고자 하는 우리를 매우 난처하게 만들고 있습니다. 이 정도 액수의 후원금에 대해서 이것은 기본적인 정책입니다."

내 마음은 급하게 뛰었다. 은밀한 음성이 이렇게 속삭였다. "그냥 허락하지. 그들이 원하는 것이란 쓸데없는 종이 한 장일뿐이야. 그런 것을 괜스레 문제 삼을 필요는 없어. 어쨌거나 이 돈은 네가 받은 것 중에서 가장 큰 후원금이야. 아무도 그렇게 큰 돈을 아무런 통제도 없이 그냥 주지는 않아. 바보처럼 굴지마."

그러나 나는 그 제안에 동의할 수 없다는 것을 알고 있었다. 그 돈을 받기 위해서는 미국인이 지구 반 바퀴를 날아와서 그 돈의 사용을 승인해 주어야 한다고 아시아 형제들을 대면해서 말할 자신이 없었다.

"안됩니다." 나는 말했다. "우리의 사역의 순수성이 흐려진다면 당신의 돈을 받을 수 없습니다. 현지 위원회에 임명된 경건하고 신뢰할만한 사람들을 통해서 우리는 자체적으로 충분히 통제할 수 있습니다. 나중에 아시아에 오시면 건물을 직접 볼 수 있을 것입니다. 미국인을 현지 위원회에 둠으로써 사역의 자율성을 깨뜨릴 수는 없습니다. 당신들의 제안은 마치 구약 성경에서 웃사가 흔들리는 '법궤를 붙잡으려는' 것과 같습니다. 그는 하나님의 역사를 감히 통제하려고 했기 때문에 하나님의 진노를 받아 즉사했습니다. 성령께서 움직이셔서 그분의 사역을 행하실 때 우리가 그 일을 통제하려고 하기 때문에 우리의 마음이 편하지 못합니다. 그것은 육신의 타고난 연약함입니다. 당신들의 제안에 담긴 본심은 후원금에 연결된 보이지 않는 줄로 아시아의 사역을 통제하려는 것입니다. 후원금으로 드려진 돈은 여러분의 것이 아니라 하나님의 것이기 때문에 당신들은 그 것을 포기하는 법을 배워야 합니다."

그리고는 나의 진심을 입에 담아 마지막으로 그에게 말하였다. 그 후원금을 원했지만 그들을 설득할 수 없다면 그 모든 것을 기꺼이 잃을 각오까지 품었다.

"형제님," 나는 조용히 말했다. "저는 수십만 불(수억 원)의 수표에 서명해서 매달마다 선교 현장으로 보냅니다. 그 거액의 수표를 손에 쥐고는 여러 번 이렇게 기도했습니다. '주님, 이것은 주님의 돈입니다. 저는 다만 주께서 보내라고 명하시는 곳에 이 돈을 보내는 청지기에 불과합니다. 현지 지도자들을 도우셔서 이 돈을 사용하여 수백만의 잃은 영혼들을 주님께로 인도하게 하시고 예수님의 이름에 영광을 돌리게 하옵소서.' 우리가 마땅히 염려해야 할 것은 우리의 역할을 수행하는 것입니다. 저는 주님의 돈을 분배할 때에도 성령님의 뜻에 순종합니다. 내가 결단코 하지 않을 일을 자국인 형제들이 하도록 부탁하라고 제게 요구하지 마십시오."

나는 말을 멈추었다. 더 무슨 말을 할 수 있겠는가?

"그렇다면……" 상대방의 목소리가 반복되었다. "우리는 진심으로 당신을 돕고 싶습니다. 당신의 뜻을 전달해 보겠습니다만 당신은 저를 너무 난처하게 만드시는군요."

"당신의 요구를 들어줄 다른 기관들이 분명히 있을 것입니다." 나는 확신 있게 말했다. "하지만 저희는 그렇게 할 수 없습니다. 복음 안에서 교제하는 것은 좋지만 외부적인 통제는 비성경적이며 결국은 사역을 돕기보다는 해를 끼치게 됩니다."

나는 확신 있게 말했지만, 속으로는 그 후원금을 놓치게 되었다고 생각했다. 작별의 인사말 외에는 할 말이 없었다.

아무런 연락도 없이 두 주가 지나갔다. 나는 하나님이 그 위원회 임원들에게 깨달음을 주시도록 매일 기도했다. 후원금에 관해서 알고 있던 몇몇 직원들은 새로운 소식이 없는지 궁금해 하며 계속 나에게 물었다. 모든 직원들이 기도하고 있었다.

"우리는 하나님이 우리에게 명하신 일을 수행하면서 좁은 길을 걸을 뿐입니다." 나는 직원들에게 용감하게 말했다. 그러면서도 속으로는 하나님이 이번만큼은 나로 하여금 원리 원칙을 누그러뜨리도록 허락하시기를 바라고 있었다.

그러나 우리의 신실함은 결국 열매를 가져왔다. 어느 날 전화벨이 울려 받아보니 지난 번 그 사람이었다. 지난밤에 위원회가 소집되었고, 그가 나의 입장을 그들에게 전달했다는 것이었다.

"K.P. 형제님," 그는 미소를 머금은 목소리로 말했다. "우리는 모여서 이 문제를 두고 매우 신중하게 의논하였습니다. 저는 자국인 형제들의 자율성을 강조했습니다. 그들은 마침내 아무런 통제도 없이 당신을 후원할 것을 만장일치로 가결했습니다."

옳은 것을 고수한다고 해서 이처럼 항상 좋은 결과만을 누린다는 보장은 없다. 하지만 그것은 중요하지 않다. 하나님은 우리가 현재 있는 그곳에 머물면서 이 세상의 부유한 성도들을 도전하여 그들로 하여금 궁핍한 성도들을 돕도록 하시려고 우리를 부르셨다.

하나님은 죽어가는 영혼을 돌보고 물질적인 필요를 채우며 그들을 구원하는 도구로서 그분의 교회를 세우고 계시다는 사실을 기존의 성도들이 깨닫도록 부르신다. 하나님은 복음을 듣지 못한 영혼들을 염려하는 많은 성도들을 사용하셔서 자국인 선교 지도자들을 후원하게 하심으로써 이 새로운 운동에 참여하게 하신다.

하나님은 부유한 교회들이 "우리의 방법만이 유일한 방법이다."라고 고집하는 교만한 태도를 버리고, 외부의 도움이 없다면 죄 가운데 죽게 될 사람들에게 나누어 주도록 부르신다. 그들은 "너희가 여기 내 형제 중에 지극히 작은 자 하나에게 한 것이 곧 내게 한 것이니라."(마 25:40)고 하신 예수님의 말씀을 기억하면서 궁핍한 성도들에게 나누어 주어야 한다.

자국인 선교사들이 실수를 범했는가? 물론 그렇다. 그리고 어떠한 사역이든지 그 신실함과 인격을 확인하지도 않고 우리의 돈을 마음대로 주는 것은 결코 지혜로운 청지기의 모습이 아니다. 하지만 그렇다고 해서 자국인 선교 운동을 돕지 말아야 하는 것은 아니다.

미국은 이제 기로에 서 있다. 제 2/3세계의 필요에 대해서 마음을 완고하게 닫음으로써 계속 교만과 이기심 가운데 지낼 수도 있고, 회개하고 성령님과 함께 움직일 수도 있다. 우리가 어떤 방향으로 가든지 하나님의 법칙은 계속 작용할 것이다. 만일 우리가 지옥으로 향하는 잃어버린 사람들에 대해 우리의 마음을 닫아버린다면 하나님의 심판을 자초하며 우리의 풍요로움을 잃게 될 것이다. 그러나 우리가 마음을 열고 나눈다면 그것은 새로운 축복과 부흥의 시작이 될 것이다.

그렇기 때문에 나는 북미 성도들의 반응이야말로 매우 중요하다고 믿는다. 마음에서 우러나오는 나의 절규는 마치 돈을 구걸하는 편지나 잔치의 초대장처럼 쉽게 무시되는 그런 종류의 선교 요청 그 이상이라고 믿는다. 죽어가는 세상의 필요에 대한 응답은 각 성도의 영적 신념과 영적 건강에 직결된다. 한편, 아시아의 이름 없는 형제들은 하나님께 계속해서 그들의 필요를 두 손 들고 갈구하고 있다. 그들은 매우 뛰어난 재능을 가진 사람들이다. 그들은 값을 주고도 살 수 없다. 그들 중 많은 이들은 하나님께 깊이 헌신한 나머지 이윤을 꾀하는 종교 단체나 사람의 종이 되는 것을 혐오한다.

그들이야말로 성경이 말하는 그리스도의 참된 형제들로서, 정령 숭배자, 불교도, 공산주의자, 힌두교도, 회교도 등 하나님의 사랑과 복음을 아직도 듣지 못한 많은 사람들에게 그리스도를 전하기 위해 폭력과 핍박을 무릅쓰며 이 마을 저 마을을 다닌다.

그들은 사람을 두려워하지 않고 자신의 믿음을 전하기 위해서 길거리에서 자거나 굶주리거나 심지어 죽음까지도 불사하면서 예수님처럼 살려고 하는 자들이다. 그들은 선교 후원금이 바닥났다고 말해도 복음을 위해 전진한다. 고난이 뒤따를 것을 알면서도 복음을 전하고자 결심한 사람들이다. 그 이유가 무엇일까? 그리스도를 모른 채 매일매일 죽어가는 잃어버린 영혼들을 사랑하기 때문이다. 그들은 하나님의 뜻을 실천하는 일에 너무도 바쁜 나머지 교회의 정치, 이사회, 재정 모금 운동, 홍보 등에 관여할 여유가 전혀 없다.

재정적인 도움을 통해 그들의 사역에 참여하는 것이야말로 부유한 성도들이 누릴 수 있는 큰 특권이다. 만일 우리가 그리스도의 사랑에 순종하지 않고 그들을 돌보거나 후원하지 않는다면, 우리는 하나님의 사랑을 전혀 듣지 못한 채 영원한 지옥으로 향해 가는 영혼들에 대해서 책임을 져야 할 것이다. 아무도 후원해 주지 않기 때문에 자국인 선교사가 나갈 수 없다면, 그들을 도울 수 있는 물질을 가진 성도들에게 그 책임이 돌아간다. 그리고 그러한 물질은 주님께 드려지지 않을 때 곧 사라지고 말 것이다. 성도들이 세상에서 빛이 되지 않는다면 주님은 촛대를 옮기실 것이다.

가난한 사람과 잃어버린 사람들이 아예 존재하지도 않는다고 스스로를 속일 수도 있다. 그러나 진리를 외면한다고 우리의 죄책이 감소하지는 않는다. 아시아복음선교회는 부유한 성도들에게, 이 세상에는 예수님이 사랑하사 위해서 돌아가신 배고프고 궁핍하고 잃어버린바 된 사람들이 아직도 많다는 사실을 상기시켜 주기 위해 존재한다. 그들을 섬기는 일에 당신도 참여하지 않겠는가?

아시아복음선교회는 예수님이 사랑하사 위해서 돌아가신 배고프고 궁핍하고 잃어버린바 된 사람들이 아직도 이 세상에 많이 있다는 사실을 부유한 성도들에게 상기시켜 주기 위해 존재한다.

제22장

아시아의 잃어버린 영혼들을 향한 비전

선교에 관심을 둔 많은 서양인들은 "미국인을 보내자!"는 전형적인 구호를 들으면서 성장하였다. 그들은 변화하는 지리적-정치적 상황에 보다 적합한 다른 방법에 대해서는 고려해 볼 기회조차 가진 적이 없다. 어떤 사람들은 내가 서양 선교사들이 말하는 어려움과 열매 없는 사역의 이야기들을 낡고 부적합한 방법의 결과라고 재해석하면 별로 달가워하지 않는다.

하지만 대부분의 북미 사람들이 뛰어넘어야 할 가장 큰 장애물은 다른 곳의 누군가가 그들보다 더 훌륭하게 사역할 수도 있음을 인정하는 것이다. 우리 선교회의 전략과 재정 정책에 대한 질문은 때때로 좋은 동기에서 제기될 때도 있지만, 어떤 경우에는 깊은 불신과 편견으로부터 나타나기도 한다.

한 번은 미국 서해 연안을 여행하던 중에 75명의 미국 선교사들을 후원하는 어느 교회의 초대로 그 교회의 선교위원회와 만난 적이 있다. 자국인 선교사를 후원하는 우리의 비전을 이야기하자 선교위원장은 이렇게 말했다. "전에도 현지 선교사를 후원해 달라는 요청을 받은 적이 있었지만, 과연 그들이 우리가 보낸 후원금이나 그들이 하는 사역에 대해서 얼마나 충실한지를 제대로 확인할 수 없었습니다." 나는 그가 위원회 전체를 대표해서 말하고 있음을 알아차렸다.

나는 곧바로 대답했다. 이러한 신뢰 문제는 제 2/3세계의 자국인 선교사를 후원할 때 가장 빈번하게 제기되는 반론인데, 나는 그 이유를 이해할 수 있다. 사실상 사역의 모든 부분에서 적절한 신뢰 체계를 반드시 가지고 있어야 한다는 점에는 나도 동의한다. 선한 청지기 직분은 그것을 요구한다.

그래서 나는 우리가 이 문제를 어떻게 다루어야 하는지 자세하게 설명했다.

"사람들로 하여금 책임을 다하도록 하려면 그들의 활동을 평가하는 어떤 기준이 필요합니다." 내가 말했다. "하지만 어떤 기준을 사용해야 할까요? 우리 선교사들에게 매년 회계보고서를 제출하게 하면 그들이 하나님의 돈을 지혜롭게 사용했는지 적절하게 확인할 수 있을까요?"

나는 다른 문제들을 제기했다. "그들이 세운 교회나 추진 중인 활동들은 어떻게 평가해야 합니까? 선교 본부나 교단에서 규정한 형식과 목표에 따라서 그들을 평가해야 할까요? 그들이 전도한 영혼들과 훈련시킨 제자들은 어떻게 해야 합니까? 과연 어떤 교단이 그들을 평가할 수 있는 기준을 가지고 있을까요? 그리고 선교사들의 생활 양식이나 사역의 열매는 어떤 기준으로 평가할 수 있습니까? 이러한 기준들 중에서 도대체 어떤 기준을 사용해야 자국인 선교사들에게 책임을 물을 수 있겠습니까?"

의자에 기대고 앉아 있던 사람들이 지금은 똑바로 앉아 있었다. 그들이 예전에 결코 생각하지 못했던 부분에 대해서 하나의 기초를 제공한 셈이었다. 나는 이어서 계속했다: "여러분이 해외로 파송하는 미국 선교사들에게도 여러분은 책임을 물으십니까? 여러분이 지원하시는 선교사들에게 지금까지 투자한 수백만 불의 돈을 어떤 기준을 사용해서 감독했습니까?"

나는 위원장을 쳐다보며 대답을 기다렸다. 그는 몇 마디 어물어물하다가 마침내 미국 선교사들에 대해서는 책임을 물을 생각조차 한 적이 없었고 이를 문제시한 적도 없었다고 시인하였다.

나는 이렇게 설명했다. "문제는 책임을 묻는 데에 있는 것이 아니라, 편견과 불신과 우월감에 있습니다. 바로 이러한 것들이 자기 동족을 그리스도께 인도하기 위해 수고하는 제 2/3세계의 형제들을 사랑하고 후원하지 못하게 합니다." 나는 다음과 같은 예를 덧붙였다.

"삼 개월 전에 저는 우리가 후원하는 형제들을 방문하고자 아시아를 여행했습니다. 어느 나라에서 미국인 선교사를 만나게 되었는데, 그는 자기 교단을 위해 14년간 사회 복지 활동을 개발하고 있었습니다. 그는 자신의 선교 본부를 세우려는 꿈을 가지고 그 나라에 왔고 성공적으로 사역을 하고 있었습니다. 그의 선교 본부 안으로 들어가면서 저는 총을 메고 문 앞에 서 있는 사람들을 보았습니다. 선교 본부는 수많은 건물들로 둘러싸여 있었는데, 적어도 예닐곱 대가 넘는 수입 승용차들이 주차되어 있었습니다. 직원들은 서양식 복장을 하고 있었고, 하인이 선교사의 한 자녀를 돌보고 있었습니다. 그 장면은 마치 왕이 호화스러운 궁전에서 많은 노예들을 거느리며 사는 모습을 연상케 했습니다. 나는 18년 동안 여행하면서 이러한 장면을 수도 없이 목격했습니다."

"몇몇 자국인 선교사들과의 대화를 통해서 저는 이 미국인 선교사와 그의 동료들이 실제로 하인들과 자가용을 갖고 왕처럼 살고 있었음을 알게 되었습니다. 그들은 인근 마을들의 가난한 사람들과는 전혀 접촉하지 않았습니다. 다 헤진 옷을 입고 맨발로 다니며 때로는 아무것도 먹지 못한 채 며칠씩 지내기도 하는 자국인 선교사들과는 너무도 다르게 심지어 이 미국 선교사처럼 미국에서보다 더 호화로운 생활을 누리는 선교사들에게 하나님의 돈이 투자되고 있습니다. 제 생각에는 이러한 자국인 선교사들이야말로 십자가의 참된 군병들입니다. 우리가 후원하는 형제들은 모두 12개월 이내에 교회를 하나씩 개척하였으며, 어떤 형제들은 삼 년 내에 20개 이상의 교회를 개척하기도 했습니다."

나는 인도에서 일어난 또 다른 일에 대해서도 이야기했다. 인도에는 새로운 선교사들을 받아들이지는 않지만 어떤 서양 선교사들은 과거부터 계속 남아 있는 경우가 있고 어떤 교단에서는 의사나 교사 같은 새로운 전문인을 보내기도 한다. 나는 이러한 의사 선교사들과 그들의 동료들이 일하고 있는 인도 남부의 어느 선교병원을 방문한 적이 있다. 그들은 모두 화려한 가구들로 채워진 대저택에서 살고 있었다. 어떤 사람은 자기와 식구들을 돌보기 위해 하인을 12명이나 거느리고 있었다. 정원을 돌보는 하인, 자가용을 관리하는 다른 하인, 아이들을 돌보는 하인, 부엌에서 요리하는 두 명의 하인, 식구들의 옷을 빨래하는 하인 등등. 이 선교사는 팔 년 동안 교회를 세우기는커녕 한 명의 영혼도 예수님께 인도하지 못했다.

나는 담대하게 질문했다. "이 사람들을 파견한 두 복음주의 교단에서는 그들에게 책임을 묻기 위해서 어떤 기준을 사용했습니까? 다른 곳에 있는 어떤 병원은 수백만 불을 들여 지었고 유럽인과 미국인 직원들을 두고 운영하는 일에 또 수백만 불을 투자하고 있습니다. 하지만 75년 동안 지금까지 존속하는 성경적인 개념의 교회는 하나도 개척하지 못했습니다. 이렇게 열매가 없는 사역에 대해서 그 누가 책임을 물으려고 한 적이 있었을까요? 이러한 예들은 동떨어진 이야기들이 아닙니다."

나는 더욱 확고하게 말했다. "저는 18년 동안 아시아 전역을 여행하면서, 서양 선교사들이 현지인들보다 경제적으로 월등히 높은 수준으로 생활하는 것을 수없이 보았습니다. 게다가 그들과 함께 사역하는 현지인들은 종처럼 취급당하였고, 서양 선교사들은 사치스런 생활을 누리는데 반해 그들은 가난에 허덕이며 살고 있습니다."

나는 이런 예들을 자국인 선교사들의 사역과 비교하였다.

"수백만 불을 들여 병원은 지었지만 교회는 하나도 세우지 못했던 예를 기억하시지요? 사 년 전부터 우리는 그 병원에서 불과 몇 마일 떨어지지 않은 곳에서 선교 사역을 시작한 자국인 선교사 한 명과 그의 동역자 30명을 후원해 오고 있습니다. 그의 동역자들은 349명으로 늘었고, 교회는 수백 개로 늘어났습니다. 그의 동역자 중 한 선교사는 삼 년 이내에 교회를 30개 이상 개척했습니다. 이 형제들이 어디에서 사는지 아십니까? 그들은 그곳 사람들과 똑같이 작은 움막에서 살고 있습니다. 저는 이처럼 헌신된 사람들의 사역의 열매를 보여 주는 이야기들을 수백 개 이상이라도 들려줄 수 있습니다. 그것은 마치 사도행전이 다시 기록되는 것과도 같습니다. 여러분은 자국인 선교사들에게 책임을 추궁할 수 있는 방법을 찾고 있습니다. 그들을 후원하기 위한 필수 조건으로서 말입니다. 그렇죠? 하지만 예수님이 하신 말씀을 기억하십시오. '요한이 와서 먹지도 않고 마시지도 아니하매 저희가 말하기를 귀신이 들렸다 하더니 인자는 와서 먹고 마시매 말하기를 보라 먹기를 탐하고 포도주를 즐기는 사람이요 세리와 죄인의 친구로다 하니 지혜는 그 행한 일로 인하여 옳다 함을 얻느니라' (마 11:18-19)."

나는 강조해서 말했다. "사역의 열매야말로 참된 평가 기준입니다. 예수님은 '……그 열매로 그들을 아느니라.' (마 7:20)고 말씀하셨습니다. 바울은 디모데에게 두 가지를 행하도록 부탁했습니다. 그 두 가지는 신뢰를 위한 성경적인 기준이라고 저는 믿습니다. 그는 디모데에게 자신의 삶을 돌아보고 자기에게 맡겨진 사역을 돌보라고 권면했습니다. 선교사의 삶은 그의 메시지를 전달하는 매체입니다."

세 시간이 지나갔지만 방안은 여전히 조용했다. 계속 말해도 괜찮다는 허락으로 받아들였다.

"여러분은 제게 자국인 선교사들에게 책임을 물을 수 있는 방법을 알려달라고 부탁했습니다. 앞서 제기한 문제들과는 별도로 저희 아시아복음선교회는 주님께서 우리에게 맡기신 돈과 기회를 잘 관리하는 청지기가 되기 위한 분명한 방법들을 가지고 있습니다. 하지만 우리의 요구 조건들과 방법은 선교에 대한 다른 시각과 방법을 반영합니다.

"첫째, 아시아복음선교회는 우리가 섬김을 받기 위해서가 아니라 섬기기 위해서 부름 받았음을 기본 전제로 하고 있습니다. 우리는 아시아의 수백만 명의 가난하고 궁핍한 사람들 앞에서 우리의 삶을 그들이 볼 수 있도록 하나의 살아있는 간증과 모범으로서 살고 있습니다. 사랑하고 구원하라고 주께서 내게 명하신 수백만 명의 죽어가는 영혼들을 생각하면서 숨쉬고, 잠을 자고 음식을 먹습니다."

이렇게 말한 후에 나는 하나님이 프로그램을 통해서가 아니라, 헌신된 형제들 개개인의 삶을 사용하셔서 어떻게 잃어버린 영혼들을 구원하시는지 설명했다. 그러므로 우리는 선교사들과 그들의 지도자들이 어떻게 살아야 하는지에 최고의 우선권을 둔다. 우리가 어떤 형제를 후원하기 시작했을 때, 그는 콘크리트 바닥의 두 칸짜리 작은 방에서 살고 있었다. 그와 아내와 네 아이들은 바닥에 매트를 깔고 잠을 잤다.

그것은 사 년 전의 일이었다. 최근에 인도를 방문했을 때 나는 그의 동역자가 30명에서 349명으로 늘었는데도 불구하고 그가 여전히 같은 집에서 같은 매트를 깔고 자는 것을 보았다. 그는 이 엄청난 사역을 위해 수십만 불의 돈을 관리하지만 그의 생활 수준은 전혀 바뀌지 않았다. 그를 통해서 사역에 동참하게 된 형제들은 그들의 지도자가 사도 바울처럼 그리스도를 위해 철저하게 헌신된 것을 보았기 때문에 그들도 그리스도를 위해 죽음까지도 불사했다.

"서양에서는 권력과 재물을 가진 사람을 우러러봅니다. 그러나 우리 아시아인들은 간디처럼 자기를 따르는 자들에게 영감을 끼치기 위해 모든 것을 버리고 기꺼이 가난한 사람이 되고자 하는 사람을 동경합니다. 책임과 신뢰의 문제는 선교사의 삶에서부터 시작됩니다."

나는 계속해서 설명했다. "우리가 고려하는 두 번째 기준은 삶의 열매입니다. 우리가 투자하는 돈은 삶이 변화되고 교회가 설립되는 결과로 나타납니다. 어떻게 이보다 더 큰 책임과 신뢰를 요구할 수 있겠습니까?

"서양 선교사들이 제 2/3세계에 가면 그들을 따르는 현지인들을 찾을 수 있습니다. 그러나 현지인들 역시 선교사들이 선해 주는 교단적인 특성에 사로잡히는 일이 빈번합니다. 콩 심은 데 콩 나는 격이지요. 교단의 파송을 받고 비행기를 타고 이 아시아 국가들에 온 이들 선교 지도자들은 최고급 호텔에 살면서 자기들과 비슷한 소위 '현지인' 지도자들을 끌어들입니다. 그런데 불행하게도 단지 서양 선교사들의 모습을 보고 배운 이 '현지인' 지도자들이 선교비를 낭비하거나 오용한다는 책망을 받고 있습니다."

나는 다시 위원장에게 말했다. "당신이 후원하는 미국 선교사들의 생활과 사역을 조사해 본 적이 있습니까? 여러분은 그들 중에서 그리스도를 전하는 일에 직접적으로 관련된 자들이 매우 적으며 많은 경우에 일종의 사회 사업과 같은 일을 수행하고 있는 것을 발견하게 될 것입니다. 제가 설명한 성경적인 원리들을 적용해 보신다면 당신은 그들 중 손꼽을 정도 외에는 후원하려고 하지 않을 것입니다."

그리고 나는 위원들에게도 스스로를 점검해 볼 것을 부탁했다. "만일 여러분의 삶이 그리스도께 완전히 헌신되지 않았다면 여러분은 이 선교 위원회를 맡을 자격이 없습니다. 이 말은 여러분의 시간과 재능과 돈을 여러분 마음대로 사용할 수 없다는 뜻입니다. 만약 그렇게 살면서도 선교하는 일을 위해 성도들을 감독할 수 있다고 생각하신다면 그것은 하나님을 조롱하는 것입니다. 여러분은 돈의 사용과 행하는 모든 일들에 대해서 영원(永遠)의 관점에서 평가해야 합니다. 여러분 각자가 살아가는 모습 그 자체가 이 세상의 잃어버린 자들을 구원하는 우리의 사명이 시작하는 출발점입니다."

주께서 그들 중 많은 이들에게 친히 말씀하시는 것을 보고 나는 감사드렸다. 눈물을 흘리는 자도 있었고 그리스도의 임재를 느끼는 자도 있었다. 내게 고통스러운 시간이었지만 그 시간이 지나자 마음은 기뻤다. 하지만 아시아의 잃어버린 영혼들을 향한 비전을, 그들을 도울 수 있는 부유한 서양의 형제 자매들과 함께 나누도록 명하신 주님의 부르심에 나는 충성해야만 했다.

선교의 묘지로 알려진 인도 북부의 비하르(Bihar) 주…… 내가 오엠 선교 팀과 그곳에서 보냈던 여름 몇 달을 어찌 잊을 수 있겠는가! 우리는 복음을 전한다는 이유로 여러 마을로부터 쫓겨나거나 돌팔매질을 당했다. 그때가 1968년이었다.

7천5백만 명의 주민과 원시적인 마을들로 구성된 비하르는 세상에서 가장 복음이 전해지지 않은 마을로 알려져 있다. 1993년에 아시아복음선교회는 비하르의 란치(Ranchi)에 선교사 훈련 센터를 세우고 이처럼 영적으로 갈급한 지역에 선교사들을 훈련해서 파송하기 시작하였다.

시몬 쿠줄(Simon Kujur) 형제는 이 훈련 센터에서 훈련을 받은 젊은이였다. 우리가 운영하는 모든 학교마다 학생들에게 훈련을 마치고 어느 곳으로 파송을 받을지에 대해서 하나님께 열심히 기도하고 그분의 뜻을 구하도록 크게 격려한다. 훈련원에서 공부하는 동안 시몬은 주님의 인도하심을 구하였고 잃어버린 영혼들에게 복음을 전하고 적어도 하나 이상의 교회를 개척할 수 있는 장소로 인도해 달라고 기도하였다. 주님은 비하르 주의 한 부족을 향한 특별한 부담을 그의 마음 가운데 주셨고, 졸업 후에 시몬은 위해서 기도해 왔던 영혼들에게 복음을 증거하고 섬기기 위해서 그곳으로 파송되었다.

그 후 삼 년 동안 그는 다섯 개의 교회들을 그곳에 설립하였다! 이 모든 것은 만쥴라(Manjula)라는 한 여인의 회심으로부터 시작되었다.

수년 동안 만쥴라는 그 마을에서 성녀(聖女)라는 평판을 얻게 되었다. 많은 마을 사람들이 그녀를 추종하게 되었고 그녀에게 상담을 구하기도 하였다. 그녀는 여신 칼리(Kali)와 더르가(Durga)의 여사제였기 때문에, 사람들은 그녀에게 선물을 가져오거나 제물을 바쳤다. 소문에 의하면 그녀는 많은 기적을 행하거나, 심지어 질병이나 죽음을 초래하는 능력을 가졌다.

시몬이 그 지역에 도착하자 사람들은 그에게 만쥴라에 대해서, 그녀가 얼마나 능력이 많은지, 그리고 그녀의 마술적인 능력이나 그녀를 돕는 강력한 여신들에 대해서 말해 주었다. 시몬은 또한 만쥴라가 삼 년 전에 중병에 걸렸다가 지금은 목 아래가 완전히 마비되어 버렸다는 사실도 알게 되었다. 이 젊은 형제는 이런 상황이야말로 그가 만쥴라에게 복음을 전하도록 하나님이 예비하신 기회임을 깨달았다.

자기의 목숨에 대한 위협에도 불구하고, 시몬은 만쥴라에게 주 예수 그리스도에 대해서 전하고자 길을 떠났다. 길을 가는 도중에 그는 만쥴라에 관해서 더 많은 것을 알게 되었다. 몇 주일 동안 그녀의 치유를 위해서 많은 푸자(puja), 또는 제물을 바치며 드리는 예식적인 기도가 수행되고 있었다. 수백 명의 추종자들이 그녀를 위해서 여신에게 기도하라는 지시에 순종하고 있었지만 아무 것도 그녀를 치료하지는 못했다. 자기보다 힘이 센 귀신들의 공격을 받고 있다고 생각한 그녀는 더욱 강력한 무당을 찾아가서 특별한 치유 의식을 치르기로 결심하였다. 하지만 역시 아무런 치료도, 소망도 없었다.

바로 그러한 때에 시몬이 그 동네에 온 것이다. 만쥴라의 집에 도착한 시몬은 그녀에게 주 예수 그리스도에 대해서 전하기 시작했다. 그녀는 주의 깊게 듣고 나서는 이렇게 말했다. "나는 삼 년 동안 이 성질 사나운 신들을 달래려고 시도해 보지 않은 것이 없어요. 하지만 그들은 아무런 대답도 하지 않아요. 이제 저는 어찌할 바를 모르겠고 너무나 무서워요."

시몬은 만쥴라에게 물었다. "만약 예수님께서 당신을 고쳐주시고 낫게 해 주시면 어떻게 하시겠어요?" 그녀는 주저하지 않고 말했다. "당신이 말하는 예수 그리스도가 나를 고쳐 낫게 해 줄 수 있다면 내 남은 일평생 그분을 섬기겠어요." 시몬은 그녀에게 하나님의 사랑에 대해서, 그리고 유일하신 구세주 예수 그리스도께서 어떻게 그녀를 죄에서 해방시키시고 영원한 저주로부터 그녀를 구원하실 수 있는지를 설명해 주었다.

하나님은 은혜 가운데 만쥴라의 눈을 뜨게 하셔서 진리를 보게 하셨다. 만쥴라는 마침내 마음에 결심하고는 예수님께 죄 용서와 구원을 갈구하였다. 시몬은 옆에 무릎을 꿇고 예수께서 그녀의 병을 고쳐 주시도록 기도하였다. 큰 소리로 기도하면서, 시몬은 또한 마음속으로 다음과 같이 간절하게 기도하였다. "수 예수님, 이것이 어쩌면 이 마을 전체가 당신께로 나아올 수 있는 저의 유일한 기회일지도 모르겠습니다. 주님, 당신의 나라를 위해서 이 여자를 고쳐 주십시오. 주님은 나와 함께 하실 것을 약속하셨습니다. 기적을 행하시면 이 사람들이 주님을 믿게 될 증거로 여기겠습니다."

시몬 형제가 만쥴라를 위한 기도를 마치자, 성령님의 능력과 하나님의 은혜가 곧 그녀에게 임하였고, 그녀는 그 즉시로 구원을 받고 나음을 얻었다. 몇 시간 만에 그녀는 기뻐 뛰면서 "예수님, 감사합니다! 예수님, 감사합니다! 예수님, 감사합니다!" 하며 소리쳤다.

이 소문을 들은 많은 사람들이 이 광경을 보려고 만쥴라의 집 앞에 모여들었다. 삼 년 동안 마비되었던 그녀가 이제 완전히 고침을 받은 것이다. 그녀는 얼굴에 눈물을 줄줄 흘리면서 예수님을 찬양하며 그분의 이름을 외쳤다. 만쥴라는 그 마을에서 예수님을 믿은 첫 번째 사람이 되었다.

그 다음 주에는 20명이 넘는 사람들이 예수님께 나아와 침례를 받았다. 만줄라는 이러한 새신자들이 정기적으로 모여 주 예수 그리스도를 예배할 수 있도록 자신의 집을 개방하였다. 에베소교회가 시작된 사도행전 19장처럼, 모든 악한 풍습들과 예식들이 완전히 근절되었고 이 마을에 새로운 출발이 시작되었다.

시몬은 그 인근 마을들에도 복음을 전하기 시작하였고, 더욱 많은 사람들이 주 예수 그리스도께 나아오기 시작하였다.

이러한 일들에 대해서 듣게 된 훈련원의 우리 지도자들은 시몬에게 그 이웃 선교사들을 찾아가서 교회 개척을 도와줄 수 있는지 물어보았다. 시몬은 여행을 시작했고 그의 사역으로 네 개의 교회들이 추가로 설립되었으며 몇몇 새로운 선교 지부들이 개설되는 결과가 나타났다. 시몬은 이것이 단지 시작에 불과하며, 이 지역에 사는 수천 명의 사람들이 주님께로 돌아오는 더욱 놀라운 일들이 장차 발생할 것이라고 믿고 있다.

얼마 전에 나는 시몬의 지도자와 대화하는 가운데, "시몬 쿠줄 형제의 사역의 비결이 무엇이죠? 주님께서 그를 그처럼 효율적으로 사용하시는 이유는 무엇이죠?" 라고 물어보았다. 시몬의 지도자는 "K.P. 형제님, 그의 경우는 결코 예외적이지 않습니다. 선교지에 있는 우리의 많은 형제들도 동일한 일들을 경험하고 있지요. 지금이야말로 추수할 때입니다." 하고 대답하였다.

그렇게 말한 후에 그는 시몬의 생활에 대해 내게 이야기해 주었다. 그는 우리의 성경학교에서 공부하던 동안에, 매일 아침 일찍 일어나 주님과 최소한 세 시간씩 교제하며, 무릎을 꿇고 기도하며 하나님의 말씀을 묵상하곤 하였다. 시몬은 졸업하고 선교 현장에 가서도 이것을 지속하였다. 그가 기도에 소요하는 시간은 오히려 늘어났다. 시몬은 이러한 것들을 결코 공개적으로 이야기하지 않았고 조용하고 겸손하게 다니며 복음을 전하였다. 그의 삶을 통해서 수백 명의 영혼들이 그리스도께 돌아오고 있다.

오늘날, 전도자들이 한 명도 존재하지 않는 마을이 인도에만 거의 50만 개가 넘는다. 그 외에도 부탄, 미얀마, 네팔 등과 같은 나라들이 추가되는데, 여기에는 수백만 명의 사람들이 흑암 속에 살면서 시몬과 같은 전도자가 복음의 빛을 그들에게 가져오기를 고대하고 있다.

로마서 10장 13-17절은 흑암 가운데 앉아 있는 이 수백만 명의 사람들도 주 예수 그리스도께 부르짖으면 구원을 받게 될 것이라고 말한다. 하지만 그들이 주님을 믿지 않는다면 어떻게 예수님께 부르짖을 수 있겠는가? 그리고 둘째로, 그들에게 아무도 주님에 관해서 말해주지 않으면 그들이 어떻게 예수님을 믿을 수 있겠는가? 마지막으로 당신과 나는 이 질문을 듣게 된다: 누군가가 보내지 않는다면 시몬과 같은 사람이 어떻게 갈 수 있겠는가? 우리가 대답해야 할 질문은 바로 이것이다.

오늘날, 하나님은 미전도 지역에 갈 준비가 된 선교사들을 보내는 파송사(派送使)가 되도록 우리를 부르고 계신다. 우리는 우리 세대의 잃어버린 영혼들이 주 예수 그리스도를 알게 되도록 우리의 삶을 시몬과 같은 형제들의 삶에 연결시킬 수 있는 놀라운 특권을 가지고 있다.

나는 당신이 이와 같은 자국인 선교사들을 한 명, 또는 여러 명을 후원하도록 하나님이 당신을 부르고 계시는지 주님께 간구할 것을 당부한다. 당신이 이것을 마음에 품고 있다면 당신의 결정을 우리에게 알려주기 바란다. 후원하기로 결정하고 우리에게 연락한다면 당신이 위해서 기도하고 후원하게 될 자국인 선교사의 사진과 간증문을 받게 될 것이다.

한 명의 자국인 선교사를 전적으로 후원하기 위해서는 한 달에 대략 90-150불의 경비가 들어가지만(결혼 유무, 부양 가족의 수 등에 따라서 다르다), 적게는 한 달에 30불만 가지고도 당신은 복음을 갈망하고 있는 미전도 지역에 한 명의 선교사를 보내는 것을 도울 수 있다. 기도와 후원을 통해서 당신은 그 선교사가 복음을 효과적으로 전달하며 지역 교회들을 세우는 것을 도울 수 있다.

비하르에서 사역하는 시몬 쿠줄을 위해서 기도하고 후원하는 특권이 바로 당신에게 있다고 생각해 보라. 당신은 장차 영원한 천국에서 주님의 보좌 앞에 서게 될 때 시몬과 그의 식구들, 그리고 그의 삶과 사역을 통해서 주님께로 나아오게 된 수천 명의 영혼들을 만나게 될 것이다.

부록 1_

질의 응답

우리가 가졌던 모임들 중에서 가장 의미 있는 시간은 질의응답 시간이다. 많은 사람들이 매우 과감한 질문을 던졌는데, 그 질문들은 그들이 들은 메시지에 대해서 얼마나 진지하게 생각하고 있는지를 보여 준다. 어떤 질문들은 우리 선교회의 정책이나 활동에 관한 구체적인 내용들을 묻는다. 반복적으로 나타나는 질문들과 이에 대한 나의 대답은 다음과 같다.

질문: 당신이 후원하는 선교사의 자격 요건은 무엇인가?

대답: 우리는 복음 전파와 교회 설립을 위해 가장 복음이 전파되지 않은 지역에까지 가고자 하는 분명한 소명을 가진 사람들을 찾고 있다. 이것은 단순히 하나의 직업이 아니다. 고용인은 일이 힘들면 그만둔다. 하지만 우리는 오직 하나님의 인정하심과 하나님의 영광만을 추구하는 남녀들, 돈으로 매수되지 않고 주님의 사역 가운데 자신들의 이득을 추구하지 않는 자들을 훈련하고 파송하는 것을 사명으로 여긴다.

그들은 또한 하나님의 말씀과 바른 가르침에 헌신된 자들이어야 하며, 매사에 추호의 의심도 없이 성경 말씀에 기꺼이 순종하는 자들이어야 한다. 그들은 주님과 동행하는 면이나 식구들과의 관계에서도 전혀 책망 받을 것이 없는 자들이어야 한다.

우리는 잃어버린 영혼들을 찾아가기 위해서 파송 받은 선교 현장에서 열심히 일하고자 하는 자들을 찾고 있다. 각 선교사는 또한 주님께서 맡기신 양떼들을 돌보는 목자이다. 그는 하나님 말씀을 이 새로운 성도들에게 가르치며 그들로 하여금 다른 잃은 영혼들을 주께로 이끌 수 있도록 무장시킴으로써 그들을 보호하며 그리스도 안의 성숙으로 인도하게 될 것이다.

질문: 자국인 선교사들은 누구에게 보고하는가?

대답: 선교사들의 신뢰 체계(accountability system)가 실패하지 않고 수행되도록 우리는 몇몇 단계를 취하고 있다. 각 선교 현장에서 선교사들은 한 달에 최소 한 번씩 만나, 며칠 동안 금식하고 기도하며, 각 선교지에서 그들이 하나님 나라를 건설해 나아가는 이야기들을 함께 나눈다. 모든 경우에 자국인 선교사들은 사역지의 지도자들로부터 감독을 받는다. 그리고 이 현장 지도자들은 경건한 노인 지도자들과 많은 시간을 보낸다. 사역을 관장하는 이 상급 지도자들은 오랫동안 그들의 삶과 사역을 통해서 연마된 성품과 신앙의 사람들이다.

질문: 선교 현장의 재정 장부를 감독하는가?

대답: 그렇다. 선교 기금이 의도한 목적에 따라서 사용되도록 선교지의 행정 사무실에서 재정 장부를 조사한다. 마을 전도나 수련회, 특별 활동 등과 같은 행사에는 상세한 회계 보고를 지면으로 제출해야 한다. 선교사 후원금은 서명된 후에 지도자들과 선교사들에게 전달되며, 그 영수증은 보관된다. 선교지의 모든 재정 기록들은 또한 매년 독립된 공인 회계사의 감사를 받는다.

질문: 10/40창은 마치 거의 모든 선교 단체의 초점이 되어버린 듯하다. 10/40창의 미전도 종족들을 위한 아시아복음선교회의 시각은 무엇인가?

대답: 인도의 표현에는 다음과 같은 고대 속담이 있다: "사진 속의 소는 결코 밖으로 나와서 풀을 뜯어먹을 수 없다." 10/40창이나 복음을 갈망하는 20

억 이상의 사람들에 관해서는 엄청나게 많은 의견과 정보들이 쏟아져 나왔다. 하지만 우리가 이 사람들에게 복음이 전파되는 것을 보려면 정보(information)에 머무르지 않고 이를 수행(implementation)으로 옮겨야 한다.

전 세계 미전도 종족의 97%가 소위 "저항 지대"(Resistant Belt) 안에 살고 있다. 이 특별한 지역은 점차 10/40창으로 알려지게 되었는데 10/40창을 자세히 관찰해 보면, 지구상의 다른 어느 곳보다도 인도 북부에 미전도 종족이 더욱 많다는 사실을 알 수 있다. 아시아복음선교회는 창립된 지 25년이 넘었으며, 14,000명 이상의 자국인 선교사들을 후원하고 있다. 이 일꾼들은 주로 10/40창에 위치한 빈곤한 아시아 국가들에서 살고 있다. 비록 초기부터 우리는 이 지역의 미전도 종족들 가운데에서 활동해 왔지만 가장 열악한 미전도 지역에 대한 우리의 전략을 다듬고 강화한 것은 10년 전부터였다.

20세기 후반에 와서는 여러 교파들과 단체들이 2000년까지 세계 복음화의 사명을 성취하기 위한 진지한 계획과 전략들을 전 세계적으로 발전시켰다.

이 모든 것이 놀라운 일이기는 했지만, 지난 10여 년을 돌아볼 때 지금까지 어느 정도의 진전을 이루었는가? 2000년도에 전 세계적으로 1인당 155차례의 제자 훈련의 기회—그리스도의 제자가 되도록 부르는 초청—가 주어졌다. 하지만 불행하게도 이 엄청난 초청들의 84%는 이미 믿은 성도들에게 제공되었으며, 15.9%는 이미 복음을 들었지만 믿지 않는 사람들에게 제공되었다. 오직 0.16%만이 복음을 전혀 들어보지 못한 사람들에게 제공되었을 뿐이다.[1]

2000년은 이미 지나갔다. 변화된 것이 있는가? 여러 선교 전략과 활동들을 통해서 미전도 지역 복음화를 향한 큰 자각과 도전이 생긴 것은 분명하다. 하지만 세계 복음화라는 과업은 여전히 성취되지 못한 채 남아 있다.

우리가 가진 자원의 대부분을 직접 10/40창으로 돌림으로써 이러한 낮은 수치를 바꾸지 않는 한, 우리가 사심 없는 태도로 서로 협력하지 않는 한, 그리고 자국인을 통한 선교 운동을 지역 교회에서 기꺼이 후원하고 지지하지 않는 한, 아무런 변화도 이루지 못한 채 또 한 해가 지나가고 말 것이다!

복음이 가장 전파되지 않은 지역에 복음을 전하고 교회를 설립하기 위한 목적으로 10만 명의 선교사들을 추가로 모집하고 훈련하도록 주님께서 우리의 마음에 열정을 주신 이유가 바로 여기에 있다.

그리고 과거 몇 년 동안 우리의 54개 성경학교를 통해서 주님께서 행하신 일들을 살펴볼 때, 우리는 하나님의 은혜로 말미암아 적어도 10만 명의 신실한 용사들을 10/40창의 핵심부와 미전도 지역으로 보낼 수 있게 되리라고 확신한다.

질문: 자국인 선교사들은 어떻게 훈련을 받는가?

대답: 아시아복음선교회는 10/40창의 핵심 지역에 54개의 성경학교를 설립하였다. 현재 8,000명 이상의 학생들이 등록하여 훈련을 받고 있으며, 이 과정이 끝나면 교회를 설립하기 위해서 미전도 지역으로 가게 될 것이다.

이 학생들을 위한 훈련은 매우 강도가 높다. 그들의 일과는 새벽 다섯 시부터 시작된다. 하루의 첫 시간을 기도하며 하나님 말씀을 묵상하는 데 보낸다. 학업과 실제적인 훈련은 하루의 남은 일과 전체에 걸쳐서 진행되며, 밤 11시가 되어서야 일과가 끝난다.

매주 금요일 저녁은 금식을 시행하며 두 시간이 넘도록 기도한다. 학생들은 매 주말마다 인근의 미전도 마을에 가서 복음을 전한다. 훈련 과정이 끝나기도 전에 그들 대부분은 이러한 주말 전도 활동을 통해서 수십 개가 넘는 가정 교회들과 선교 지부(mission station)들을 시작하게 된다. 삼 년 기간의 훈련을 끝마치기 전에 학생들은 성경 전체를 적어도 세 번 이상 정독한다.

학생들은 매월 첫 금요일에 철야 기도회로 모여 특별히 미전도 종족들과 다른 나라들을 위해서 기도하고 있다. 이러한 기도 시간을 통해서 잃어버린 세상에 대한 열정이 그들의 마음속에 크게 싹트게 된다. 성경대학에서 보내는 삼 년의 기간을 통해서 학생들은 수십 개의 미전도 종족들을 위해서 기도할 기회를 얻는다. 이와 동시에 그들은 주님께서 그들이 어느 곳에 선교사로 가기를 원하시는지 그분의 뜻을 구한다.

우리의 모든 훈련 중에서 가장 첫째가는 우선순위는 학생들이 성품과 인격에서 그리스도를 더욱 닮도록 돕는 것이다. 우리가 가장 원하는 것은 학생들이 그들의 삶 속에서 주님을 더욱 친밀하게 알게 되는 것이다. 둘째로, 우리는 그들에게 하나님의 말씀을 가르침으로써 그들이 전도 사역을 잘 감당할 뿐만 아니라, 그들이 설립하는 교회에서 유능한 목회자와 선생이 될 수 있도록 무장시키고자 노력하고 있다. 귀납법적 성경 연구 과정은 졸업을 위한 필수 과정이다. 셋째로, 삼 년의 기간 동안 학생들은 개인 전도, 교회 성장, 목회와 양육 등을 포함하여 사역의 모든 면들을 배우기 위해서 엄청난 양의 실제적인 훈련을 받음으로써 주님의 일을 효과적으로 감당하도록 도움을 받는다.

질문: 많은 선교 단체들은 마치 전도에만 초점을 두는 듯하고, 예수님의 지상 명령 중에 나타난 교회 설립에는 깊게 참여하지 않는 것처럼 보인다. GFA는 전도에만 집중하는가? 아니면 교회를 세우는 단체인가?

대답: 우리 세대의 가장 복음이 전파되지 않은 곳에 복음을 전하는 것! 이 놀라운 비전은 하나님이 아시아복음선교회에 처음부터 주신 유일한 목표이다.

그러한 사명을 우리가 어떻게 하면 성취할 수 있는가? 대부분의 미전도 종족들은 10/40창이나, 외국 선교사들에게 문호가 제한되었거나 폐쇄된 국가들 가운데 살고 있다. 주님께서는 이러한 상황 속에서 우리로 하여금 가장 효과적인 방법을 사용하도록 분명하게 인도하셨다. 그것은 본국인이 자기 동족들에게 복음을 전함으로써 마태복음 28장 19-20절에 기록된 지상 명령을 수행하도록 돕는 방법이다. 그들은 같은 문화나 유사한 문화, 또는 다른 문화 속에서 이 일을 감당하고 있다.

적은 수의 현장 사역자들을 지원하던 미약한 시작에서부터, 전도지와 자전거, 소형 버스, 영화, 영사기, 발전기 등과 같은 도구들을 제공하는 일에 이르기까지 주님께서 GFA의 성장을 친히 주관하셨음에는 의심의 여지가 없다. 그 후에 우리는 일곱 개 나라들의 현지 사역자 수천 명을 우리의 후원 목록에 첨가하였고, 지도자들과 담당자들 사이의 조직망과 신뢰 체계를 시작하였다.

주님께서는 GFA로 하여금 인도어로 라디오 방송을 시작하고 추후 활동을 계획할 수 있도록 인도하셨다. 그 이후로 라디오 사역은 83개의 언어로 방송을 전파함으로써 매일 수백만 명의 사람들이 청취하고 있다. 후속 활동의 일환으로, GFA는 신앙 서적, 전도지 등의 문서를 제작하여 배포하기 시작했다.

아시아의 선교 전선에 수백 명의 새로운 일꾼들을 배치하기 위해서 GFA는 삼 개월에 걸친 단기 선교 훈련 과정을 시작하였다. 이 과정은 나중에 삼 년 과정의 성경대학으로 확장되었고, 현재는 54개의 성경대학과 한 개의 정규 신학교(GFA Biblical Seminary)로 그 수가 엄청나게 증가하였다.

이러한 학교들을 통해서 매년 수천 명의 새로운 일꾼들이 배출되어 미전도 선교지로 나아가고 있다. 그 직접적인 결과로서 GFA는 성도 교회(Believers Church)라는 교회 개척 사역을 시작하였다. 이것은 특별히 성경대학에서 파송된 사역자들을 통해서 주님께 나아온 새신자들을 관리하기 위해 시작된 사역이다.

과거에는 아시아복음선교회 내의 이런 모든 발전들이 마치 서로 아무런 관련도 없는 퍼즐 조각처럼 보였다. 그러나 지금 우리는 GFA의 성장과 확장의 모든 단계들이 하나의 전략적인 계획의 일부였음을 보게 된다. GFA가 10만 명의 일꾼들을 훈련하여 10/40창의 미전도 지역에 파송하며 교회를 개척하는 사명을 감당하게 된 것은 주님의 준비하심이 있었기 때문이다.

우리가 이처럼 어떤 조직을 후원하고 재정적으로 지원하는 일로부터 시작해서 선교사를 훈련하고 교회를 설립하는 일에 이르는 하나의 완전한 순환 과정을 이룰 수 있으리라고는 결코 상상조차 못했다!

사역 초기에 우리는 자신들의 문화나 이웃한 문화 속에서 복음을 전하고 있던 기존의 사역자들을 찾아서 지원하는 일에만 전력했다. 우리는 그들에게 재정적인 도움과 사역을 위한 물품들을 공급함으로써 할 수 있는 최선을 다해서 그들을 도왔다. 그러던 중 1988년 인도에서 가진 한 중요한 GFA 지도자 모임에서 우리의 사역을 위한 새로운 방향이 제시되었다. 25명의 지도자들은 우리가 미전도 지역에 복음을 잘 증거하고 있는지를 진지하게 평가하고 반성하기 위해서 함께 만났다.

우리의 평가는 난감한 현실을 보여 주었다. 기존 선교사들의 수고는 복음을 전혀 들어보지 못한 사람들을 효과적으로 공략하지 못하고 있었다. 그날, 많은 기도를 드린 후에, 우리는 주님께서 사역의 새로운 국면을 시작하도록 우리를 부르시는 것을 느꼈다. 그 결과로서, 우리는 자국인 선교사들을 훈련하고 파송하여 지역 교회를 개척하기 위한 매우 분명하고 뚜렷한 결정을 내리게 되었다. 이것이 54개의 성경대학들이 생겨나게 된 배경이다. 바로 이러한 이유 때문에, 과거에 아무도 예수님의 이름을 듣고 들어가 본 적이 없는 마을에 우리의 졸업생들과 일꾼들이 21,000개가 넘는 성도 교회 및 선교 지부들을 지난 몇 년 동안에 개척할 수 있었다.

선교 단체로서 우리는 완전한 순환을 이루었고, 이를 통해서 수확한 열매들로 인해서 기뻐하고 있다. 하지만 아직도 더욱 많은 일들이 성취되어야 한다! 수백만의 영혼들이 복음을 듣기 위해 아직도 갈급하게 기다리고 있다.

우리는 10만 명의 일꾼들을 아시아의 무르익은 추수 밭으로 파송할 수 있도록 주님께서 우리에게 힘주실 것을 믿으면서 계속 전진할 것이다.

질문: 자국인 선교사들이 사용하는 방법들은 어떤 것인가?

대답: 영화, 라디오, TV, 비디오 등은 아시아에서도 점점 더 보편화되고 있

지만, 가장 효과적인 방법들은 여전히 사도행전에 등장하는 것들과 유사하다!

가장 효과적인 전도는 길거리에서 얼굴과 얼굴을 대면함으로써 이루어진다. 대부분의 자국인 선교사들은 미국 개척 시대의 감리교 순회 설교자들과 매우 흡사하게 이 마을 저 마을을 도보로, 또는 자전거로 다닌다.

확성기를 사용하는 노방 전도나 옥외 설교는 복음을 선포하는 가장 일반적인 방법이다. 전도자들은 전도를 위한 시가 행진이나 천막 집회 등을 계획하거나, 간단한 복음 소책자들을 일주일에 걸친 특별 전도 기간 동안 마을에 배부하기도 한다.

세계적으로 10억이 넘는 문맹자들 대부분이 아시아에 살고 있기 때문에, 때때로 우리는 전도지 없이 그들에게 복음을 전해야 한다. 이런 경우에는 예수님의 생애를 주제로 한 영화를 상영하거나, 카세트테이프나 플립 차트, 그리고 기타 시청각 자료들을 사용하여 복음을 전한다.

트럭, 소형 버스, 간단한 확성 장비, 자전거, 전도지, 소책자, 신앙 서적, 현수막이나 깃발 등은 우리의 선교사들을 위한 가장 중요한 도구들이다. 사용하기 쉬운 라디오, 카세트 연주기, 영사기, 그리고 TV 등이 여기에 더욱 보완되었다. 이런 종류의 대중 매체들은 아시아에도 저렴하게 보급되어 있고, 수입 관세 없이 현지에서도 구입할 수 있다. 더욱이 자국인 선교사들도 이러한 도구들에 익숙해 있고, 이런 도구들은 문화적인 충격을 일으키지도 않는다.

질문: 자국인 선교 운동을 강조하는 당신은 아시아에 아직도 서양 선교사들을 위한 자리가 있다고 느끼는가?

대답: 그렇다. 서양의 선교사들을 위한 자리는 아직도 있다. 첫째로, 어떤 나라에는 교회가 전혀 존재하지 않기 때문에 자국인 선교사들을 발굴해서 모집할 수가 없다. 모로코, 아프가니스탄, 몰디브 섬 등이 그런 경우이다. 이러한 지역에서는 외부—서양이나, 아프리카, 아시아 등지—로부터 온 선교사

들이 복음의 확산을 위한 좋은 역할을 할 수 있다.

둘째로, 서양의 성도들은 제 2/3세계 교회의 일꾼들이 필요로 하는 전문적인 기술을 가지고 있다. 위클리프 성경번역선교회(Wycliffe Bible Translators)의 사역이 그 좋은 예이다. 아직도 성경이 없는 6,800개 이상의 언어들로 성경을 번역하고 있는 그들의 수고와 도움은 매우 귀중한 것이다. 그러므로 제 2/3세계의 교회들이 서양인들을 초청해서 도움을 구할 때, 주님께서 그 일에 함께 하신다면 서양인들은 마땅히 이에 응답해야 할 것이다.

셋째로, 내가 특별히 귀중하게 여기는 것은 단기 제자 훈련이다. 오엠선교회나 예수전도단(Youth With a Mission) 등의 단체는 아시아와 서양의 교회 모두에게 촉매와 같은 영향을 끼쳤다. 이들은 복음을 듣지 못한 아시아의 수백만 영혼들뿐만 아니라, 서양의 참여자들에게도 많은 유익을 주는 기관들로서 특별히 제자 훈련을 강조한다. 나도 개인적으로 1966년에 오엠 선교사들에 의해서 선발되어 북인도로 파송을 받은 적이 있다.

이러한 단체들은 다른 문화와 인종과의 접촉을 통해서 서양인들에게 아시아의 상황을 보다 잘 이해할 수 있도록 하기 때문에 특별히 중요하다. 그 과정을 수료한 사람들은 다른 사람들이 제 2/3세계의 참된 필요들을 잘 이해할 수 있도록 도와준다.

물론, 성령님께서 오늘날도 한 문화에서 다른 문화로 복음을 전하도록 개개인들을 부르신다는 것은 분명한 사실이다. 성령님께서 부르실 때 우리는 반드시 응답해야 한다.

질문: 제 2/3세계의 현지 교회들은 왜 그들의 선교사들을 후원하지 않는가?

대답: 그들도 후원하고 있다. 사실, 나는 아시아의 성도들 대부분이 그들의 수입에 비추어 볼 때, 서양 성도들보다 훨씬 많은 것을 선교를 위해 드린다고 믿는다. 나는 그들이 돈이 없어서 대신 달걀이나, 쌀, 망고, 타피오카(tapioca)

뿌리 등을 가져오는 것을 수없이 많이 보았다. 사실상, 아시아에서 가장 빨리 성장하는 교회들은 대부분 가난한 사람들로 구성되어 있다. 이 사람들은 한 주에 겨우 몇 불로 생계를 꾸려가는 세계 인구의 1/4에 속하는 사람들이다.

우리는 유능한 선교사가 사역의 급격한 성장으로 말미암아 오히려 어려움을 당하는 것을 여러 차례 목격한다. 성령님의 위대한 역사가 한 마을에 나타나면, 유능한 선교사는 지교회를 세울 준비를 갖춘 잘 훈련되고 다재다능한 "디모데"와 같은 동역자들을 발견한다. 하지만 그런 급속한 성장으로 말미암아 생기는 어려움은 추가로 늘어난 사역자들을 모교회가 지원할 능력이 없다는 사실이다. 외부의 도움이 절실하게 필요한 때가 바로 이러한 경우이다.

하나님의 성령께서 계속 역사하실 때, 많은 새로운 선교 단체들이 생겨난다. 세계적으로 규모가 큰 몇몇 선교 단체들이 아시아에 위치하고 있다. 예를 들어, 아시아복음선교회 자체적으로만 14,000명이 넘는 자국인 선교사들을 후원하고 있는데, 이 수는 엄청난 비율로 증가하고 있다. 하지만 선교지의 필요를 고려할 때 실질적으로 수십만 명의 선교사들이 더 필요하며 이것은 결국 더 많은 외부적인 지원을 요구하게 될 것이다.

유감스럽게도, 어떤 자국인 교회들은 서양 교회와 마찬가지의 이유로 그들을 후원하지 않는다. 그 이유란 비전의 결여, 목회자와 성도들의 삶 속의 죄 때문이다. 하지만 그렇다고 성도들이 뒤로 물러앉아서, 잃어버린 영혼들을 예수께로 인도할 수 있는 가장 좋은 기회를 놓쳐서는 안 된다.

질문: 자국인 선교사 후원 정책이 자국인 전도자들로 하여금 자국인 교회보다 서양의 교회들을 더욱 의존하게 함으로써 반대 효과를 가져올 위험은 있지 않는가?

대답: 사실상 성장하는 교회를 약화시키는 것은 외부의 후원금이 아니라 외부의 통제이다. 외부 후원금으로 현재 자국인 선교사들은 자유롭게 하나님의 부르심을 따르고 있다.

서양 식민주의자들의 오랜 지배 끝에 대부분의 아시아 국가들은 외부의 자금을 통한 외세의 간섭과 통제를 날카롭게 잘 인식하고 있다. 이 점은 자국인 선교 지도자들에 의해서 토의 중에 자주 거론되었는데, 대부분의 자국 선교 위원회는 외세의 통제 없이도 책임과 신뢰를 구축할 수 있는 정책과 방안을 모색해 왔다.

아시아복음선교회는 외부 후원금이 자국의 귀중한 자율성을 깨뜨리지 않고 현지인 선교사들에게 책임 있게 전달되도록 하기 위해서 다음과 같은 몇 가지 단계를 밟고 있다.

첫째로, 우리는 무엇보다도 올바른 자세를 가진 남녀 사역자들, 특히 자신의 후원을 위해서 사람보다는 하나님을 의지하는 선교사들을 우선적으로 선발하고 훈련하는 데에 초점을 두고 있다.

둘째로, 자국인 사역자들의 선교 활동은 간접적이든, 직접적이든, 결코 외부의 후원자들에 의해서 간섭받지 않는다. 후원자는 주님의 물질을 아시아복음선교회를 통해서 선교사들에게 보내며, 우리는 그것을 각 선교 현장에서 재정을 관리하는 현지 지도자들에게 전달한다. 그러므로 자국인 전도자는 선교금의 출처로부터 이중적으로 격리되는 셈이다. 이러한 과정은 현지 사역을 위해 서양으로부터 선교 기금을 모집하는 다른 몇몇 단체들에 의해서도 사용되고 있으며 매우 좋은 효과를 보이고 있다.

마지막으로, 새로운 일이 수행되면 그 즉시 자국인 선교사는 인근의 미전도 마을들을 복음화하기 위한 지부를 개설할 수 있게 된다. 그가 개척하는 새로운 교회들은 전도 사역을 위해 아낌없이 드리면서도 마침내는 그를 전적으로 지원하기에 충분한 재정적인 독립을 얻게 될 것이다. 나는 궁극적으로 현지의 교회들이 대부분의 선교 활동을 직접 지원할 수 있게 되리라고 확신하지만, 아직은 외부의 도움이 없이 그 일을 수행하기에는 너무도 벅찬 형편이다.

나는 아시아의 교회들이 자급자족할 수 있도록 그들을 가장 신속하게 도울 수 있는 길은 점증하는 자국인 선교 운동을 지원하는 것이라고 믿는다. 새로운 교회들이 개척되면 복음의 축복이 더욱 풍성하게 될 것이며, 아시아의 새로운 성도들이 복음을 전파하는 일에 더욱 크게 참여하게 될 것이다. 선교 후원금은 마치 하나님의 사업에 대한 투자 자본과도 같다. 이제 아시아의 교회들이 독립할 수 있도록 우리가 도울 수 있는 최상의 길은 가능한 한 많은 자국인 선교사들을 후원하는 것이다.

질문: 우리 교회는 서양 선교사 한 명을 지원하려면 매년 5만 불 이상이 필요하다고 말하는데, 어떻게 아시아복음선교회는 일 년에 겨우 1,080-1,800불로 자국인 선교사를 지원할 수 있는가?

대답: 아시아 농민들의 생활—자국인 선교사들도 마찬가지—과 서양의 기준에 따른 생활 사이에는 엄청난 차이가 있다. 우리가 현지 선교사들을 후원하는 대부분의 나라에서는 하루에 2-4불 정도면 생활할 수 있다. 대부분의 경우, 이것은 그들이 전도하는 사람들의 일인당 수입과 거의 동일하다.

하지만 서양 선교사는 많은 추가적인 생활비를 충당해야 한다. 여기에는 국제 항공 요금, 선교지까지 물건 운송비, 언어 연수 학비, 자녀 교육을 위한 영어학교, 그리고 서양식의 주거비 등이 포함된다. 이와는 달리, 자국인 선교사들은 그들이 사역하는 마을의 주민들과 동일한 수준에서 생활한다.

서양 선교사는 또한 비자 문제와 다른 법적인 절차에 소요되는 비용들, 후원자들에게 연락하기 위해 드는 비용, 의료비, 수입 관세, 그의 본국에 내는 세금 등을 부담해야 한다. 만일 선교사가 다른 서양인들을 대접하며 수입된 음식을 먹으며 요리사를 고용한다면 음식비는 더욱 늘어나게 될 것이다.

때때로 선교지의 국가들은 외국의 선교사들에게 특별한 세금이나 비용들을 지불하도록 요구하고 있다.

수입된 서구의 의복이나 신발 등에 소요되는 비용도 많다. 하지만 많은 자국인 선교사들은 샌달을 신거나 그 지역 주민들처럼 옷을 입는다.

자녀가 있는 서양 선교사들은 서구의 생활 방식을 유지해야 하기 때문에 큰 압박감을 받고 있다. 선교사 자녀들이 다니는 외국인 학교에는 주로 외교관과 국제 사업가의 자녀들이 많으므로 그들의 부유함 때문에 선교사의 자녀들은 열등감을 느끼기도 한다.

마지막으로, 자국인 선교사들에게는 관계가 없는 일이지만, 서양 선교사들은 휴가를 즐기거나 국내에서 여행하는 일을 중요하게 여긴다. 수입해 온 영어 서적, 잡지, 전축, 카세트테이프 등도 자국인 선교사들의 생활에서는 볼 수 없는 것들로서 많은 비용을 소모하게 한다.

이런 모든 결과로서 서양 선교사들은 자국인 선교사를 후원하는 비용의 30배 내지는 40배를 필요로 하게 된다.

질문: 나는 좋은 기독 단체들로부터 거의 매일같이 후원 요청을 받고 있다. 어느 단체가 진실하고 정말로 하나님의 뜻 가운데 있는지 어떻게 알 수 있는가?

대답: 많은 성도들이 온갖 종류의 종교 단체들로부터 매달 후원을 요청하는 편지를 받고 있다. 물론 그런 모든 요청에 당신이 다 응답할 수는 없을 것이다. 그렇다면 어떤 기준으로 결정을 내려야 할까? 아래의 몇 가지 지침들은 선교 사역을 위해 우리가 마련한 것으로서 도움이 되리라고 믿는다.

● 후원을 요청하는 단체가 하나님 말씀의 기본적인 진리들을 믿고 있는가? 아니면, 자유주의적인 신학을 따르고 있는가? 하나님의 일을 수행하려는 선교회라면 그분의 말씀에 전적으로 헌신되어 있어야 한다. 혹시 후원금을 요청하는 단체가 "기독교"의 미명 하에 복음의 진리를 거부하는 자유주의 단체는 아닌가? 그 단체의 구성원들은 그들의 신앙을 공개적으로 증거하고 있는가? 오늘날 너무도 많은 단체들이 그리스도의 원수나 친구를 막론하고 아무

에게서나 후원금을 얻으려고 아무런 입장도 밝히지 않은 채 회색 지대에 서 있다. "······경건의 모양은 있으나 경건의 능력은 부인하는 자"라는 하나님의 말씀(딤후 3:5)은 바로 그러한 사람들에게 적용된다.

• 그 단체의 사명이 영혼을 구원하는 것인가? 아니면 사회 복음에 초점을 맞추고 있는가? 자유주의자들은 인간이 본질적으로 선하다고 믿고 있다. 그러므로 환경만 바꾸면 인간의 문제가 해결된다고 생각한다. 사람들을 지옥으로 보내기 위해 사탄이 사용하는 가장 큰 거짓말 중 하나는 "배고픈 사람에게 어떻게 복음을 전할 수 있겠는가?"이다. 하지만 성경은 부자나 가난한 자 할 것 없이 모두가 회개하고 그리스도께로 돌아와야 한다고 가르치고 있다. 당신에게 후원금을 요청하는 그 단체는 어떤 복음을 전파하고 있는가?

• 그 선교 단체는 재정적으로 신뢰할만 한가? 그들은 후원자들이 헌금한 목적대로 돈을 사용하는가? 아시아복음선교회에서는 선교사를 후원하기 위해서 헌금된 돈은 아무리 그 액수가 적을지라도 그 목적대로 사용한다. 우리 선교회의 본부도 그 필요를 충당하기 위한 목적으로 헌금된 돈으로 유지되고 있다. 그들의 재정이 적절한 절차를 거쳐서 공인 회계사의 감사를 받고 있는가? 요청하는 사람에게 이처럼 감사를 필한 재정 보고서를 발송하는가?

• 그 단체의 구성원들은 믿음으로 살고 있는가, 아니면 사람의 지혜로 살고 있는가? 하나님은 자신의 계획을 결코 변경하시지 않는다: "의인이 믿음으로 살리라"(갈 3:11). 만약 어떤 단체가 복음 전파를 위해서보다 자체 관리를 위해서 후원금을 계속적으로 요청한다면 문제가 있다. 그들은 마치, "하나님이 후원을 약속하셨지만 지금 어려움을 당하고 계시기 때문에 우리가 하나님의 어려운 곤경을 도와드려야 합니다."라고 말하는 것과 같다. 하나님은 지키지 못할 약속은 결코 하시지 않는다. 만일 그 단체가 후원금을 계속적으로 요청한다면 그들이 과연 하나님이 원하시는 것을 행하고 있는지 질문해 볼 필요가 있다. 우리는 조용히 기다리며 하나님의 뜻을 구해야 하며, 어리석게 하나

님보다 앞서가기보다는 그분이 인도하시는 대로 행해야 한다. 결코 목적이 수단을 정당화해서는 안 된다.

- 마지막으로, 주의할 사항은 하나님의 일에 드리지 않아도 되는 이유를 찾지 말아야 한다는 것이다. 우리가 기억해야 할 사실은 "일할 수 없는 밤이 오기 전에"(요 9:4) 우리에게 꼭 필요한 것들만 남기고는 드릴 수 있는 모든 것을 복음을 전파하는 일을 위해서 드려야 한다는 것이다. 문제는 너무 많이 드리는 것이 아니라 너무 적게 드리는 데 있다. 귀한 영혼들이 예수님을 모른 채 죽어 지옥으로 가는데 곧 썩어 없어질 재물을 이 땅에 쌓아두고 이기적으로 살아가는 것이 문제이다.

질문: 어떻게 하면 자국인 선교사를 후원할 수 있는가?

대답: 아시아복음선교회를 통해서 자국인 선교사를 후원하려면 아래의 사항들을 참고하기 바란다.

- www.gfa.org를 방문하거나 258쪽에 열거된 사무실 중 한 곳으로 연락하기 바란다. 또는 본서의 마지막에 절취할 수 있게 삽입된 카드를 사용하여 선교회로 보내주기 바란다.
- 당신의 첫 번째 후원금을 동봉해서 보내기 바란다. 대부분의 후원자들은 매월 30불로 선교사를 돕고 있다.
- 당신의 선교사에 관한 정보를 받는 대로, 그와 그의 가족을 위해서 매일 기도하라.
- 선교사를 후원하는 동안 당신은 매월 보내는 후원금에 대한 영수증을 받게 될 것이다. 이 영수증의 아래 부분을 뜯어 다음달 후원금과 함께 반송 봉투에 넣어 우리에게 보내기 바란다. 비용을 최소한 절약하기 위해 우리는 월별 보고서를 발송하지 않는다.

부록 2_

후원자들이 하는 말

"저는 선교야말로 서양 성도들이 가장 하기 힘든 일들 중의 하나라고 믿습니다. 그 이유는 어릴 때부터 우리는 물질적이고 자기중심적으로 자라왔기 때문입니다. 이것은 하나님이 목적하신 바가 아닙니다! 우리 교회가 GFA에 참여함으로써 두 가지의 극적인 일들이 일어났습니다. 첫째, 우리의 생활 방식이 뒤바뀌었습니다. 우리는 이제 전 세계를 향한 선교에 관심을 가지게 되었습니다. 우리 교회 성도들은 그들의 집 뜰을 벗어나고 있습니다. 둘째로, 우리는 선교를 위해서 사용하는 금액을 더욱 면밀하게 관리하면서, '여기에 어떤 낭비가 있지는 않는가?' 라고 자문하게 되었습니다. 우리는 아시아복음선교회를 통해서 60명의 자국인 선교사들을 지원하고 있으며, 우리 교회의 각 가정은 제 2/3세계의 성도들과 관계를 맺을 수 있는 기회도 누리고 있습니다. 우리는 그들의 사진들을 보고, 그들의 간증을 읽으며, 그들을 위해서 기도합니다. 나는 우리 교회가 아시아복음선교회에 참여하게 된 것을 매우 감사하게 생각합니다."

— L.B. 목사, 유바 시(Yuba City), 캘리포니아

"저는 30세에 구원을 받았습니다. 저의 구원 체험은 극적이었고, 제 삶은 완전히 뒤바뀌었습니다. 저는 잃어버린 영혼의 상태가 무엇인지 잘 알고 있으며, 미전도자들, 즉 예수님에 대해서 전혀 들어보지 못한 자들을 향한 깊은 부담을 가지게 되었습니다. 아시아복음선교회에 대해서 알게 되었을 때, 나도 중요한 역할을 할 수 있음을 발견하고 매우 기뻐했습니다. 저의 후원을 통해서 수천 명의 영혼들이 지옥에 떨어지지 않고 예수님을 알게 될 수 있다는 사실을 저는 깨닫습니다. 지옥의 문을 부수고 영원한 결과를 가져온다는 것을 생각할 때 기쁘고 감사할 뿐입니다."

— J.F. 자매, 시카고, 일리노이

256 «««« 세계 선교의 혁명

"우리 가족은 아시아복음선교회를 통해서 자국 선교사들을 지원하는 일에 깊게 참여해 왔습니다(사실, 우리의 자녀들도 각각 한 명씩 후원하고 있습니다). 우리는 미국 중서부의 한 작은 마을에서 살고 있고 먼 곳을 여행한 적도 별로 없습니다; 그렇기 때문에 주님께서 우리에게 이런 기회를 주셨을 때, 우리의 시각은 크게 변하게 되었습니다! 우리는 덜 자기중심적이 되었고, 미전도 지역의 구원받지 못한 영혼들을 향한 우리의 열정은 크게 증가하였으며, 영원한 것에 더 큰 관심을 두게 되었습니다. 이제는 우리를 향하신 하나님의 뜻을 보다 더 구체적으로 알기를 갈망하고 있습니다. 우리는 '주님, 우리를 사용해 주옵소서. 우리가 당신을 위해서 더 할 수 있는 일이 무엇입니까?' 라고 계속해서 기도하고 있습니다."

―T.G. 부부와 식구들, 홀드리지(Holdrege), 네브라스카

사무실 연락처

더 자세한 정보를 원하는 독자들은 아시아복음선교회의 사무실로 연락 바랍니다.

서울: 서울특별시 영등포구
            여의도 우체국 사서함 984 (우) 150-609
            전화 080-801-0191
            infokorea@gfa.or.kr

미국: 1800 Golden Trail Court
            Carrollton, TX 75010
            1-800-WIN-ASIA
            (1-800-946-2742)
            info@gfa.org

캐나다: 245 King Street E.
            Stoney Creek, ON L8G 1L9
            1-888-WIN-ASIA
            (1-888-946-2742)
            infocanada@gfa.org

독일: Postfach 13 60
                  79603 Rheinfelden (Baden)
                  07623 797477
                  infogermany@gfa.org

영국: P.O. Box 166
                  York
                  YO 10 5WA
                  01904 643233
                  infouk@gfa.org

뉴질랜드: P.O. Box 302-580
                  North Harbour
                  Auckland 1330
                  0508-918-918 (Toll Free)
                  infonz@gfa.org

오스트레일리아: P.O. Box 3587
                  Village Fair
                  Toowoomba QLD 4350
                  07 4630-1580
                  infoaust@gfa.org

남아프리카: P.O. Box 28880
                  Sunridge Park
                  6008
                  Port Elizabeth
                  041 3600 198
                  infoza@gfa.org

각주_

제4장 황홀경에 빠지다

1.   Robert L. Heilbroner, The Great Ascent: The Struggle for Economic Development in Our Time (New York, NY: Harper & Row, 1963), pp. 33-36.

2.   Economic Research Service, U.S.D.A., "Percent of Consumption Expenditures Spent on Food, 1999, by Selected Countries" (http://www.era.usda.gov/publications/sb965).

3.   David B. Barrett and Todd M. Johnson, eds., World Christian Trends, AD 30-AD 2200 (Pasadena, CA: William Carey Library, 2001), p. 417.

제5장 속박된 채 잠든 나라

1.   Patrick Johnstone and Jason Mandryk, eds., Operation World, 21st century ed. (Carlisle, Cumbria, U.K.: Paternoster Lifestyle, 2001), p. 663.

2.   Barrett and Johnson, World Christian Trends, AD 30-AD 2200, p. 44.

3.   Rochunga Pudaite, My Billion Bible Dream (Nashville, TN: Thomas Nelson Publishers, 1982), p. 129.

4.   Barrett and Johnson, World Christian Trends, AD 30-AD 2200, p. 421.

5.   Kingdom Radio Guide (Holland, MI: Kingdom Radio Guide, Inc., 2003), p. 3.

6.   Barrett and Johnson, World Christian Trends, AD 30-AD 2200, p. 45.

7.   Ibid., pp. 417-419.

8.   Ibid., p. 40.

9.   Ibid., p. 60.

제8장 선교의 새 시대

1.   Barrett and Johnson, World Christian Trends, AD 30-AD 2200, p. 416.

2.   Charlotte Hails, "Christianity in China," Overseas Missionary Fellowship (http://www.us.omf.org/content.asp?id=27474).

3.   Barrett and Johnson, World Christian Trends, AD 30-AD 2200, p. 426.

4.   The World Bank, World Development Report 2000/2001: Attacking Poverty (New York, NY: Oxford University Press, 2001), pp. 21-24.

5.   The World Bank, "World Development Indicators Database," April 2004 (http://www.worldbank.org/data/countrydata/countrydata.html).

제10장 심판을 지체하시는 하나님

1.   William McDonald, True Discipleship (Kansas City, KS: Walterick Publishers, 1975), p. 31.

2.   A.W. Tozer, The Pursuit of God (Harrisburg, PA: Christian Publications, Inc., 1948), p. 28.

제11장 괜히 문제를 일으킬 필요가 있을까?

1.   C. Peter Wagner, On the Crest of the Wave (Ventura, CA: Regal Books, 1983), p. 150.

2.   Watchman Nee, Love Not the World (Fort Washington, PA: CLC, 1968), pp. 23-24.

제12장 선행과 복음

1.   Barrett and Johnson, World Christian Trends, AD 30-AD 2200, p. 429.

2.   A. W. Tozer, Of God and Man (Harrisburg, PA: Christian Publications Inc., 1960), p. 35.

제13장 여러 이름을 가진 희망

1.   Human Rights Watch, "The Small Hands of Slavery: Bonded Child Labor in India," (www.hrw.org/reports/1996/India3.htm).

제14장 혁명의 필요성

1.   C.S. Lewis, The Problem of Pain (London, U.K.: Fontana Publishers, 1957), pp. 106-107.

제15장 진범은 영적 흑암

1. Johnson and Mandryk, Operation World, 21st century ed., p. 310.
2. Barrett and Johnson, World Christian Trends, AD 30-AD 2200, p. 428.

제16장 십자가의 원수들

1. Barrett and Johnson, World Christian Trends, AD 30-AD 2200, p. 32.
2. Ibid., p. 655.
3. Johnson and Mandryk, Operation World, 21st century ed., p. 310.

제17장 남의 컵에 담긴 생명수

1. Barrett and Johnson, World Christian Trends, AD 30-AD 2200, p. 655.
2. Ibid., p. 40.
3. Ibid., p. 61.

제18장 세계를 향한 비전

1. Dennis E. Clark, The Third World and Mission (Waco, TX: Word Books, 1971), p. 70.
2. "Understanding the Cost of Mission," Reformed Church in Missions (http://www.rca.org/mission/rcim/understanding.php).
3. Barrett and Johnson, World Christian Trends, AD 30-AD 2200, p. 655.
4. Roland Allen, The Spontaneous Expansion of the Church (Grand Rapids, MI: William B. Eerdmans, 1962), p. 19.
5. Barrett and Johnson, World Christian Trends, AD 30-AD 2200, p. 421.

제19장 교회의 우선적인 과업

1. Barrett and Johnson, World Christian Trends, AD 30-AD 2200, p. 60.
2. George Verwer, No Turning Back (Wheaton, IL: Tyndale House Publishers, 1983), pp. 89-90.

부록 1 질의 응답

1. Barrett and Johnson, World Christian Trends, AD 30-AD 2200, p. 58.